Hurrelmann
Einführung in die Sozialisationstheorie

D1997439

Die Reihe »Beltz Studium« wird herausgegeben
von Jürgen Oelkers und Klaus Hurrelmann

Klaus Hurrelmann

Einführung in die Sozialisationstheorie

9. Auflage

Beltz Verlag · Weinheim und Basel

Dr. Klaus Hurrelmann, Professor für Public Health and Education an der Hertie School of Governance Berlin.

Die Kopiervorlagen dieses Bandes stehen für Vervielfältigungen im Rahmen von Veranstaltungen in Schulen, Seminaren und in der Lehrerfortbildung zur Verfügung. Die Weitergabe der Vorlagen oder Kopien in Gruppenstärke an Dritte und die gewerbliche Nutzung sind untersagt.

Das Werk und seine Teile sind urheberrechtlich geschützt. Jede Nutzung in anderen als den gesetzlich zugelassenen Fällen bedarf der vorherigen schriftlichen Einwilligung des Verlages. Hinweis zu § 52a UrhG: Weder das Werk noch seine Teile dürfen ohne eine solche Einwilligung eingescannt und in ein Netzwerk eingestellt werden. Dies gilt auch für Intranets von Schulen und sonstigen Bildungseinrichtungen.

Lektorat: Peter E. Kalb

8., vollständig überarbeitete Auflage 2002
9., unveränderte Auflage 2006

© 2002 Beltz Verlag · Weinheim und Basel
www.beltz.de
Herstellung: Lore Amann
Satz: Mediapartner Satz und Repro GmbH, Hemsbach
Druck: Beltz Druckpartner, Hemsbach
Umschlaggestaltung: Federico Luci, Köln
Umschlagabbildung: Toni Stone, München
Printed in Germany

ISBN 978-3-407-25440-5

Inhaltsverzeichnis

Einleitung

Die Sozialisationstheorie fasst Annahmen und Aussagen zusammen, die sich mit der menschlichen Persönlichkeitsentwicklung als »Subjektwerdung« befassen. Der Mensch wird als »Subjekt« verstanden, wenn er als erlebendes, denkendes und handelndes Individuum den materiellen, sozialen und kulturellen »Objekten« seiner Umwelt gegenübertritt.

Die Sozialisationstheorie stellt sich die Frage, wie ein Mensch mit seiner genetischen Ausstattung an Trieben und Bedürfnissen und seinen angeborenen Temperaments- und Persönlichkeitsmerkmalen zu einem Subjekt mit der Fähigkeit zur Selbstreflexion wird und es schafft, dabei die Anforderungen von Gesellschaft, Kultur und Ökonomie zu bewältigen. Die Sozialisationstheorie ist intensiv mit dem Problem beschäftigt, welche sozialen Bedingungen gegeben sein müssen, damit Menschen ihre Persönlichkeit frei entfalten und ihre Identität sichern können. Dazu gehören auch Bildung und Erziehung eines Menschen, um ihn in seiner persönlichen, biografischen Entwicklung zu stärken.

Der Darstellung in diesem Buch liegt die folgende Definition von Sozialisation zu Grunde: Sozialisation bezeichnet den Prozess der Entwicklung der Persönlichkeit in produktiver Auseinandersetzung mit den natürlichen Anlagen, insbesondere den körperlichen und psychischen Grundmerkmalen (der »inneren Realität«) und mit der sozialen und physikalischen Umwelt (der »äußeren Realität«). Die Definition geht von der Annahme aus, dass der Mensch durch seine Umwelt stark beeinflusst wird, sie aber zugleich durch seine eigenen Aktivitäten auch mit gestaltet. Der Begriff »produktive Auseinandersetzung« soll auf diese aktiven Impulse für die Gestaltung der eigenen Lebenspraxis verweisen, die jeder Mensch in jedem Lebensabschnitt und jeder Lebenslage gibt.

In diesem Buch wird ein Modell der Sozialisation vorgestellt, das von der These ausgeht, ein Mensch setze sich sein ganzes Leben lang mit den inneren und äußeren Anforderungen der Lebensrealität auseinander und forme dabei flexibel seine eigene Persönlichkeit. Das Gesamtgefüge der Aussagen dieses Modells wird als »Sozialisationstheorie« bezeichnet.

In die hier vorgestellte Sozialisationstheorie gehen Basistheorien aus der soziologischen und psychologischen Tradition ein:

- In der psychologischen Tradition werden durch Persönlichkeitstheorien, Lerntheorien und Entwicklungstheorien systematische Überlegungen angestellt, in welchen Stufen und Phasen sich die menschliche Persönlichkeit entwickelt und weiterentwickelt. Dabei steht die Frage im Vordergrund, wie die grundlegenden Fähigkeiten zum Wahrnehmen, Denken und Handeln entstehen und sich bei Übergängen von einem Lebensabschnitt zum nächsten sowie in Krisen- und Spannungssituationen verändern.
- In der soziologischen Tradition stehen in Systemtheorien, Handlungstheorien und Gesellschaftstheorien die Fragen im Vordergrund, durch welche Mechanismen eine Gesellschaft die Übernahme der vorherrschenden Werte, Normen und Verhaltensmuster durch ihre neu hinzukommenden Mitglieder sichert, wie ein Mensch zum Mitglied in sozialen Gruppen und Organisationen wird und in welcher Weise sich soziale Strukturen in den Persönlichkeitsmerkmalen der Gesellschaftsmitglieder niederschlagen.

In dieser »Einführung in die Sozialisationstheorie« geht es darum, zunächst das erkenntnisleitende Modell von Sozialisation abzuleiten und zu begründen, dann die verschiedenen psychologischen und soziologischen Basistheorien der Sozialisation auf dieses Modell zu beziehen und anschließend in weiteren Schritten zu demonstrieren, welche Ergebnisse die Sozialisationsforschung in den vergangenen Jahrzehnten bereits gewinnen konnte. Der Schwerpunkt liegt dabei auf dem Kindes- und Jugendalter.

Bei der vorliegenden Neufassung des Buches wurden der Aufbau und die Abfolge der Kapitel verändert. Kapitel 1 und 2 wurden umgestellt, sodass die Ausführungen mit der Präsentation der erkenntnisleitenden Vorstellungen von Sozialisation beginnen und erst dann die psychologischen und soziologischen Theorien dargestellt werden. Die Kapitel im mittleren Teil des Buches wurden erweitert, um die Sozialisation in Familie, Erziehungs- und Bildungssystem und in der soziokulturellen Umwelt ausführlicher als in der bisherigen Fassung darstellen zu können. Durch diese Umstellungen konnte das bisherige abschließende Kapitel »Schwerpunkte der angewandten Sozialisationsforschung« entfallen. Die dort angesprochenen Themen sind überwiegend in die erweiterten Kapitel im mittleren Teil des Buches eingegangen.

Für die souveräne technische Betreuung des Manuskriptes möchte ich mich bei Anne Gudereit bedanken. Olaf Hirschmann hat in umsichtiger Weise die redaktionelle Bearbeitung übernommen.

1. Sozialisation als produktive Verarbeitung der Realität

In diesem Kapitel wird das erkenntnisleitende Modell von Sozialisation vorgestellt, das diesem Buch zu Grunde liegt. Zunächst wird nachgezeichnet, wie sich seit etwa 1900 allmählich in Soziologie und Psychologie ein tragfähiges Konzept von Sozialisation herausgebildet hat. Die heute verbreitete Definition von Sozialisation wird von früheren abgegrenzt. Im Zentrum des Kapitels steht eine systematische Präsentation der erkenntnisleitenden Annahmen der Sozialisationstheorie. In Form von Thesen werden die Annahmen formuliert, die dem Modell von Sozialisation als produktiver Verarbeitung der inneren und äußeren Realität zu Grunde liegen. Abschließend werden Überlegungen zu den methodischen Arbeitsweisen der Sozialisationsforschung vorgetragen.

1.1 Definitionen und Konzepte von Sozialisation

Die Beschäftigung mit der Frage, wie Menschen sich in ihrer Persönlichkeit entwickeln und welchen Einfluss darauf die Umwelt hat, ist so alt wie die Geschichte der Geistes- und Sozialwissenschaften. Wie Dieter Geulen (1991, S. 21) in seinem Überblick über die Geschichte der Sozialisationstheorie herausgearbeitet hat, wird der Begriff »Sozialisation« zwar in enzyklopädischen Werken schon seit dem frühen 19. Jahrhundert benutzt, in einer wissenschaftlichen Abhandlung aber zum ersten Mal 1896 verwendet, und zwar vom amerikanischen Sozialphilosophen Edward A. Ross.

Der französische Soziologe Emile Durkheim (1858–1917) gilt als der eigentliche Begründer dieses Konzepts. Bei seiner Untersuchung des Übergangs von einfachen zu arbeitsteilig organisierten Industriegesellschaften stellte er die Frage, wie in komplexen Strukturen soziale Integration hergestellt werden kann. Seine Antwort:

Nur wenn alle Gesellschaftsmitglieder die Normen und Zwangsmechanismen verinnerlichen, wenn die Gesellschaft gewissermaßen in sie eindringt und ihre Persönlichkeit von innen her organisiert, ist der Bestand von modernen Industriegesellschaften zu sichern. Die gesellschaftlichen Normen, so Durkheim, stoßen auf ein Individuum, das sich triebhaft, egoistisch und asozial verhält und erst durch den Prozess der Sozialisation gesellschaftsfähig wird. Diesen Prozess nennt er »Sozialisation« (Durkheim 1972).

Traditionelle Definition von Sozialisation

Durkheim hat damit einen Begriff von Sozialisation geprägt, der die Diskussion in den Geistes- und Sozialwissenschaften bis in die 1970er-Jahre hinein beherrschte. Er verstand Sozialisation als »Vergesellschaftung der menschlichen Natur«, gewissermaßen als sozialen Vereinnahmungsprozess der Persönlichkeit. Diese Definition wirkt aus heutiger Sicht soziologisch verkürzt, weil sie allein auf die Unterwerfung des Menschen unter gesellschaftliche Anforderungen abhebt (Tillmann 2000, S. 35). Zu Beginn des 20. Jahrhunderts aber stand Durkheims Konzept für einen Aufbruch der soziologischen Theorie in Richtung einer Persönlichkeits- und Erziehungstheorie und gab wichtige Impulse für die interdisziplinäre Forschung.

Durch Durkheim teilweise mit angestoßen, teilweise unabhängig von seinem Werk sind in verschiedenen Theorien der Psychologie und der Soziologie Konzepte der Persönlichkeitsentwicklung des Menschen in einer sich verändernden gesellschaftlichen Umwelt entfaltet worden:

- Wichtige Impulse kamen aus der Persönlichkeitspsychologie von Sigmund Freud (1856–1939), der Lerntheorie von John B. Watson (1878–1958) und der strukturgenetischen Entwicklungspsychologie von Jean Piaget (1896–1980). Diese psychologischen Theorien spielen bis heute eine große Rolle für Sozialisationstheorie und -forschung. Sie gehen auf das Verhältnis eines Menschen zu seiner unmittelbaren sozialen und dinglichen Umwelt ein und stellen systematische Überlegungen zur Entwicklung der Persönlichkeit und ihrer individuellen Eigenschaften vor.

- In der soziologischen Tradition ist die strukturell-funktionale Theorie der Zusammenhänge von individueller und gesellschaftlicher Entwicklung von Talcott Parsons (1902–1979) sehr einflussreich geworden. Auch die zeitgleich zu Durkheim entstandenen Arbeiten von George Herbert Mead (1863–1931) zur Rolle von Sprache und Kommunikation für die Persönlichkeitsentwicklung haben bis heute Bedeutung. Eine eigenständige Entwicklung nahm die historisch-materialistische Linie der soziologischen Theoriebildung, die von Karl Marx (1818–1883) grundgelegt wurde und Bewusstseins- und Bildungsprozesse auf unterschiedliche wirtschaftliche und gesellschaftliche Formationen zurückführte.

Bei diesen »klassischen« Theorien handelt es sich um bis heute einflussreiche Basistheorien aus Psychologie und Soziologie, die für die Sozialisationstheorie eine zentrale Rolle spielen. Im Kapitel 2 werden diese Theorien nachgezeichnet, in ihren Kernaussagen vorgestellt und in ihrer jeweiligen Weiterentwicklung porträtiert.

Die von Durkheim zu Grunde gelegte Definition von Sozialisation als »Vermittlung der Gesellschaftsstruktur in das Innere des Individuums« war stark von der damaligen Gesellschaftsentwicklung abhängig (Baumgart 1997, S. 32). Die meisten oben genannten Theorien entstanden in der Zeit der Etablierung der arbeitsteiligen Industriegesellschaften, in denen durch gezielte gesellschaftliche Aktivitäten sichergestellt werden sollte, dass soziale Regeln und Normen von den Gesellschaftsmitgliedern verinnerlicht werden, um die Funktionsfähigkeit der Gesellschaft aufrechtzuerhalten. Die Sichtweise des Zusammenhangs von Persönlichkeitsentwicklung und Gesellschaftsentwicklung war durch diese historische Entwicklung stark beeinflusst (Fend 1969; Goslin 1969; Münch 1988).

Heutige westliche Gesellschaften sind keine Industriegesellschaften mehr wie zu Durkheims Zeit. Vielmehr sind sie durch eine große Vielfalt von sozialen und kulturellen Lebensformen und ein Zusammenspiel von eigenständigen Organisationen und Systemen gekennzeichnet. Eine soziale Integration, die im Sinne Durkheims den Gesellschaftsmitgliedern durch psychisch fest »implantierte« Wert- und Symbolsysteme aufgezwungen wird, ist nicht mehr funktional, zumal Gesellschaften durch internationale Verflechtung (Globalisierung) nur noch zum Teil staatlich organisierte und überschaubare Kulturgemeinschaften sind. Die sozialen und kulturellen Bindungskräfte, die noch zu Zeiten Durkheims für die soziale Integration in die Gesellschaft des Nationalstaates sorgten, schwächen sich ab. Moderne Gesellschaften können nur mit selbstständigen Persönlichkeiten funktionieren. Entsprechend wird von jedem Gesellschaftsmitglied nicht die mechanische und »außengeleitete« Internalisierung von sozialen Regeln verlangt, sondern eine flexible, sensibel auf soziale Bedingungen Rücksicht nehmende »innengeleitete« Selbstorganisation der eigenen Wertvorstellungen und Handlungen (Faulstich-Wieland 2000, S. 34; Veith 1996, S. 94, 2001; Zimmermann 2000).

Auf diese Veränderung haben – wie die Darstellung in Kapitel 2 im Einzelnen zeigt – die neueren soziologischen und psychologischen Theorien reagiert und von Durkheims Modell abweichende Konzepte für den Zusammenhang zwischen menschlicher Persönlichkeitsentwicklung (Ontogenese) und struktureller Gesellschaftsentwicklung (Soziogenese) vorgelegt. Trotz erheblicher Unterschiede zwischen den einzelnen Theorien besteht dabei weit gehende Übereinstimmung, dass Sozialisation nicht mehr in erster Linie über das Erlernen von sozialen Rollenmustern und der Verinnerlichung von gesellschaftlichen Normen erfolgt, sondern als selbsttätige und selbst organisierte Aneignung von kulturell und sozial vermittelten Umweltangeboten. Dennoch ist eine Kernidee des Konzeptes »Sozialisation«, wie sie von Durkheim ursprünglich formuliert wurde, erhalten geblieben: Sozialisation ist Persönlichkeitsentwicklung im sozialen und kulturellen Kontext, eine Form der stets spannungsreichen Konstruktion der Biografie und der Behauptung der Identität in der Umwelt, im teilweisen Widerspruch zur »ärgerlichen Tatsache der Gesellschaft«.

Neudefinition von Sozialisation

Die Diskussion über die notwendige Neufassung des Sozialisationsbegriffs setzte mit vollem Schwung in den 1960er-Jahren ein, damals verbunden mit der gesellschaftspolitischen These, dass Sozialisation und Erziehung für das erhebliche Ausmaß an sozialer Ungleichheit verantwortlich seien. Es kam zu scharfen wissenschaftlichen und öffentlichen Kontroversen über das Verhältnis von Vergesellschaftung und Individualisierung. Während der Studentenunruhen von 1968 wurden die theoretischen Positionen immer weiter zugespitzt. Damit erreichte die Sozialisationstheorie eine enorme öffentliche Aufmerksamkeit (Geulen 1973, 1991, S. 39; Mühlbauer 1980; Walter 1973).

Diese Diskussion strahlte in die Kindheits-, Jugend-, Familien-, Biografie- und Lebenslaufforschung aus. Zugleich wuchs der Bedarf an einer breiten theoretischen Fundierung und an einer einheitlichen Definition. Für beides spielte das »Handbuch der Sozialisationsforschung« (Hurrelmann und Ulich 1980; Neuauflage als »Neues Handbuch der Sozialisationsforschung 1991) eine entscheidende Rolle. Sozialisation wurde jetzt definiert »als der Prozess der Entstehung und Entwicklung der Persönlichkeit in wechselseitiger Abhängigkeit von der gesellschaftlich vermittelten sozialen und materiellen Umwelt. Vorrangig thematisch ist dabei, wie sich der Mensch zu einem gesellschaftlich handlungsfähigen Subjekt bildet.« (Geulen und Hurrelmann 1980, S. 51) Diese Definition wandte sich von den anpassungsmechanistischen Vorstellungen Durkheims endgültig ab und setzte sich bis heute in der wissenschaftlichen Diskussion durch.

Sozialisation bezeichnet nach dieser Definition den Prozess, in dessen Verlauf sich der mit einer biologischen Ausstattung versehene menschliche Organismus zu einer sozial handlungsfähigen Persönlichkeit bildet, die sich über den Lebenslauf hinweg in Auseinandersetzung mit den Lebensbedingungen weiterentwickelt. Sozialisation ist die lebenslange Aneignung von und Auseinandersetzung mit den natürlichen Anlagen, insbesondere den körperlichen und psychischen Grundmerkmalen, die für den

Menschen die »innere Realität« bilden, und der sozialen und physikalischen Umwelt, die für den Menschen die »äußere Realität« bilden.

Als Definitionsbestandteil von »Sozialisation« wird der Begriff »Persönlichkeit« verwendet. Mit Persönlichkeit wird das unverwechselbare Gefüge von Merkmalen, Eigenschaften, Einstellungen und Handlungskompetenzen bezeichnet, das sich auf der Grundlage der biologischen Ausstattung als Ergebnis der Bewältigung von Lebensaufgaben eines Menschen ergibt. Als »Persönlichkeitsentwicklung« lässt sich entsprechend die Veränderung wesentlicher Elemente dieses Gefüges von individuellen Merkmalsbesonderheiten im Verlauf des Lebens bezeichnen. Als umweltbezogene und lernfähige Wesen verändern Menschen bei gleich bleibender Grundstruktur der Merkmale je nach den Herausforderungen im Lebenslauf ihre Verarbeitungsstrategien und bilden so ihre eigene Lebensgeschichte. In der biologischen und anthropologischen Forschung wird für diese Entwicklung der Persönlichkeit im Lebenslauf der Begriff »Ontogenese«, in der psychologischen Forschung der Begriff »Psychogenese« verwendet. Die Lebensgeschichte wird auch als »Biografie« bezeichnet.

Korrespondierende Begriffe

In enger Beziehung zum Begriff Sozialisation stehen die Begriffe Bildung, Erziehung, Reifung und Enkulturation:

- **Bildung:** Der Begriff »Bildung« hat eine lange geisteswissenschaftliche Tradition und ist seit über zwei Jahrhunderten ein Zentralbegriff der Pädagogik. In älteren pädagogischen Definitionen wird hierunter die Kultivierung der verschiedenen Facetten von Menschlichkeit verstanden, um an den in einer Gesellschaft üblichen Lebensformen teilhaben zu können. In den deutschen Traditionen des Idealismus und Neuhumanismus wurde dieser Akzent überhöht, sodass unter Bildung vor allem die Herausformung von inneren Werten und die Vervollkomm-

nung der subjektiven Erlebnistiefe in Einsamkeit und Freiheit verstanden wurde. In einer modernen Definition lässt sich unter Bildung die Förderung der Eigenständigkeit und Selbstbestimmung eines Menschen verstehen, die durch die intensive sinnliche Aneignung und gedankliche Auseinandersetzung mit der ökonomischen, kulturellen und sozialen Lebenswelt entsteht (Adorno 1971, S. 44). Selbstbestimmung setzt den Aufbau von Fähigkeiten der Selbststeuerung voraus, wozu der Erwerb von Kenntnissen, Informationen und Wissen gehört, die ein eigenständiges Handeln in der sozialen Umwelt erlauben. Bildung schützt gegen die soziale und kulturelle Funktionalisierung des Menschen und sichert seine Individualität. Sie ist in diesem Verständnis die normative Zielsetzung des Sozialisationsprozesses. Die Aufgabe der »Bildungsforschung« liegt darin, die kulturellen, sozialen und ökonomischen Rahmendingungen für Erziehung zu analysieren und Möglichkeiten ihrer positiven Beeinflussung herauszuarbeiten. Dazu gehören auch die Strukturen des Bildungssystems und Vorschläge für eine angemessene öffentliche Bildungspolitik und Bildungsplanung.
- **Erziehung:** Der Begriff »Erziehung« bezeichnet alle gezielten und bewussten Einflüsse auf den Bildungsprozess (Oelkers 2001, S. 24). Als Erziehung werden die Handlungen bezeichnet, durch die Menschen versuchen, auf die Persönlichkeitsentwicklung anderer Menschen Einfluss zu nehmen. Ebenso wie »Bildung« ist »Erziehung« ein Unterbegriff von »Sozialisation«. Sozialisation umfasst alle Impulse auf die Persönlichkeitsentwicklung, unabhängig davon, ob sie geplant und beabsichtigt sind, und auch unabhängig davon, welche Dimension der Persönlichkeitsentwicklung (Wissen, Motive, Gefühle, Bedürfnisse, Handlungskompetenzen) beeinflusst wird. Erziehung hingegen konzentriert sich meist auf einen Ausschnitt davon, vor allem die absichtsvollen Interaktionen zwischen Eltern/Pädagogen und Kindern in Familie, Kindergarten, Schule und Hochschule, wobei die Wissens- und die Motivebenen im Vordergrund stehen.
- **Reifung:** Zur Bezeichnung des Ergebnisses eines gelungenen Prozesses der Sozialisation wird häufig der Begriff »Reifung«

verwendet. In psychologischer und pädagogischer Denkweise wird unter Reife ein Entwicklungsstand der Persönlichkeit gefasst, bei dem ein optimales Maß von Verhaltenssicherheit und sozialer Orientierung erreicht ist, sodass ein Mensch in bestmöglichem Einklang mit seinen persönlichen Ressourcen den Anforderungen der Umwelt gerecht werden kann und zu einer vollen Teilhabe am kulturellen und gesellschaftlichen Leben in der Lage ist. In diesem Verständnis hat der Begriff Reifung eine Nähe zum Begriff der (geglückten) Bildung, nimmt also eine normative Zielsetzung für die Sozialisation vor. Die Begriffe »Individuation« und »Individuierung« bezeichnen in einem ähnlichen Grundverständnis Schritte zu einer ausgereiften und autonomen Persönlichkeitsstruktur, die sich gegen den Anpassungsdruck der Gesellschaft behaupten kann (Heitmeyer und Olk 1990; Keupp und Höfer 1997). Der erreichte gelungene Stand kann als »Individualität« bezeichnet werden.

- **Enkulturation:** Auch der Begriff der »Enkulturation« lässt sich als ein Unterbegriff von Sozialisation verstehen. Enkulturation bezeichnet den Prozess, über den ein Mensch von Geburt an die kulturellen Überlieferungen der Gesellschaft erlernt (Wurzbacher 1963, S. 15). Dazu gehört zentral das Erlernen der Sprache. Ebenso wie der Sozialisationsprozess allgemein vollzieht sich der spezifische Prozess der Enkulturation nur teilweise als eine bewusste Vermittlung von Inhalten und Techniken; die meisten Aspekte werden unbewusst in die alltägliche Interaktion und Kommunikation mit wichtigen Bezugspersonen einbezogen (Schmerl 1978). Hierdurch werden Menschen zu Mitgliedern einer »Kultur«. Jede Kultur stellt über die Gestaltung ihrer sozialen Institutionen und sozialen Umwelten und in Form von sozialen Mustern und Normen »Mitgliedschaftsentwürfe« bereit. Dieses sind Vorstellungen, Wünsche, Erwartungen und Merkmale, die für eine aktive Teilnahme an der Gesellschaft als erforderlich erachtet werden. Mitgliedschaftsentwürfe sind Bestandteile der Kultur einer Gesellschaft und bestimmen die sozialen und psychischen Voraussetzungen für das Handeln (Hurrelmann und Ulich 1991, S. 6).

1.2 Erkenntnisleitende Annahmen der Sozialisationstheorie

Die im vorigen Abschnitt vorgeschlagene Definition von »Sozialisation« stellt noch keine »Theorie« im Sinne eines strukturierten Gefüges von Annahmen und Aussagen über den Gegenstandsbereich »Persönlichkeitsentwicklung« dar. Die Definition verlangt nach Theorien, die jeweils bestimmte Annahmen und Aussagen zum Gegenstandsbereich treffen und mit den hier vorgestellten Definitionen des Begriffes Sozialisation übereinstimmen (Hurrelmann 1983, 1988; Hurrelmann und Ulich 1991).

Eine Theorie ist ein zusammenhängendes und in sich schlüssiges Gefüge von Annahmen und Aussagen über einen Gegenstandsbereich, hier die Persönlichkeitsentwicklung. Wie in allen wissenschaftlichen Arbeitsgebieten sind auch in der Sozialisationsforschung der Theoriebildung erkenntnisleitende Annahmen vorgelagert. Diese erkenntnisleitenden Annahmen sind übergeordnete »metatheoretische« und »metamethodische« Modellierungen des Untersuchungsgegenstandes:

- Der Begriff Sozialisation ist ein wissenschaftliches Konstrukt, das in beschreibender und analytischer Absicht einen nicht unmittelbar beobachtbaren Ausschnitt der Realität bezeichnet. Persönlichkeitsentwicklung als dynamischer Prozess ist ein real existierender, aber in der Realität nicht dinghaft greifbarer Untersuchungsgegenstand. Deshalb benötigt die Sozialisationstheorie eine übergeordnete theoretische Modellvorstellung, die als Kristallisationspunkt für erkenntnisleitende Annahmen dient und den komplexen Untersuchungsgegenstand begrifflich verfügbar macht.
- Von der Modellvorstellung vom Menschen und der Gesellschaft ausgehend, definiert die Theorie den Untersuchungsgegenstand und trifft grundlegende, übergeordnete methodische Aussagen zu seiner Beschaffenheit. Wege und Ziele der wissenschaftlichen Analyse werden festgelegt, indem die Kriterien für die Auswahl der zentralen Konzepte und ihrer Anwendung und Verknüpfung und der empirischen Untersuchungsverfahren und ihres Einsatzes festgelegt werden.

Eine Modellvorstellung von »Sozialisation« drückt bildhaft aus, was nicht unmittelbar anschaulich ist. Sie stellt eine mehr oder weniger plausible Festsetzung eines Wissenschaftlers oder einer Wissenschaftlerin dar, deren Geltungsanspruch sich argumentativ nicht zwingend begründen lässt. Entscheidend ist die Nützlichkeit für die heuristische, also Erkenntnis aufschließende Leistungsfähigkeit im Prozess der Theoriebildung und der methodisch gesteuerten Forschung.

In diesem Buch wird von der Modellvorstellung ausgegangen, Sozialisation sei ein lebenslanger Vorgang der Verarbeitung von inneren und äußeren Anforderungen an die Persönlichkeitsentwicklung. Darin stecken die erkenntnisleitenden Annahmen, dass die Subjektwerdung nur in wechselseitiger Beziehung zwischen der Persönlichkeits- und der Gesellschaftsentwicklung möglich ist und die Individualität des Menschen sowohl durch seine genetische Anlage als auch durch soziale und ökologische Faktoren entwickelt wird. Ein Mensch wird nur durch das Leben in der sozialen und physikalischen Umwelt und durch den Prozess der Auseinandersetzung mit dieser Umwelt zu einem gesellschaftlich handlungsfähigen Subjekt, weil so die biologischen Anlagen, die körperliche Konstitution und die Grundstruktur der Persönlichkeit ausgeformt und von einer Lebensphase zur anderen modifiziert und weiterentwickelt werden können.

Die Entwicklung des Modells des produktiv Realität verarbeitenden Subjekts

Das hier proklamierte »Modell des produktiv Realität verarbeitenden Subjekts« richtet sich gegen die traditionelle, noch von Durkheim bevorzugte Vorstellung, Sozialisation sei die Übernahme gesellschaftlicher Normen durch einen »Sozialisanden«, der in vorgegebene soziale Strukturen (Rollen, Positionen, Organisationen) eingegliedert wird. Das Modell lehnt diese anpassungsmechanistische Vorstellung ab und fordert Raum für die individuelle Gestaltung der Persönlichkeit, für subjektive Autonomie.

- In einem Grundsatzartikel in der »Zeitschrift für Sozialisationsforschung« habe ich, angeregt durch die gemeinsamen Arbeit mit Dieter Geulen (Geulen und Hurrelmann 1980), das Modell 1983 zum ersten Mal vorgestellt als »ein Modell der dialektischen Beziehungen zwischen Subjekt und gesellschaftlich vermittelter Realität, eines interdependenten Zusammenhangs von individueller und gesellschaftlicher Veränderung und Entwicklung« (Hurrelmann 1983, S. 93). Dieses Modell stellt das menschliche Subjekt in einen sozialen und ökologischen Kontext, der individuell aufgenommen und verarbeitet wird, der in diesem Sinne auf das Subjekt einwirkt, aber zugleich immer auch durch das Subjekt beeinflusst, verändert und gestaltet wird. Das Modell nimmt die traditionelle Vorstellung der Sozialisationstheorie von der Übernahme von Normen auf, entwickelt sie aber durch die Idee der individuellen Aneignung und Gestaltung weiter (Hurrelmann 1983, S. 97).
- Entscheidend für die konzeptionelle Idee des Modells ist das Spannungsverhältnis zwischen den Polen der Fremdbestimmung (Heteronomie) und Selbstbestimmung (Autonomie) der Persönlichkeitsentwicklung. Ein wichtiges erkenntnistheoretisches Ziel dieses Modells ist, solche sozialen Strukturen identifizieren zu können, die einem Menschen als handelndem Subjekt entgegentreten und ihm bei seiner selbst bestimmten Gestaltung der Persönlichkeit Restriktionen auferlegen. Im Unterschied zum Sozialisationsmodell von Durkheim wird eine gelingende Sozialisation nicht als abgeschlossene Verinnerlichung solcher Strukturen verstanden, sondern als erfolgreiche Behauptung der Subjektivität und Identität, nachdem eine Auseinandersetzung mit den sozialen Strukturen stattgefunden hat und auf dieser Basis eine Beteiligung an gesellschaftlichen Aktivitäten erfolgt.

Wie Beer (2002) richtig feststellt, lässt sich das Modell des produktiv Realität verarbeitenden Subjekts in sozialphilosophischer Perspektive auch als Modell des »realitätserzeugenden Subjekts« verstehen. Beer merkt kritisch an, dass beim Begriff »Verarbeitung von sozialer Realität« die Subjektwerdung per Definition immer schon an einen vorgegebenen sozialen Kontext gebunden ist. Hierdurch könne das Spannungsverhältnis zwischen Autonomie und Heteronomie begrifflich nicht hinreichend differenziert werden, weil der Pol der Autonomie des Subjekts nicht aus sich heraus bestimmt werde. In einem ähnlichen Sinn hatte Dieter Geulen gefordert: »Der von der Sozialisationstheorie angesetzte Begriff vom Menschen muss nicht unabhängig von den Begriffen, die die Bedingungen der Sozialisation bezeichnen, sondern auch systematisch vor ihnen definiert werden; er ist eine logische Voraussetzung einer genetischen Sozialisationstheorie.« (Geulen 1977, S. 16)

Unter Rückgriff auf erkenntnistheoretische Positionen des Konstruktivismus (eine Übersicht bei Grundmann 1999; Sutter 1999a) plädiert Beer dafür, die individuelle Leistung der Auseinandersetzung mit der inneren und äußere Realität mit dem Begriff »Konstruktion« und nicht »Verarbeitung« zu bezeichnen, um die Eigenleistung eines Menschen beim Aufbau seiner Subjekthaftigkeit herauszustellen. In erkenntnistheoretischer Perspektive ist die Existenz eines sozialen Objektes das Produkt einer vom erkennenden Subjekt ausgeführten Operation und kann nicht als eine Gegebenheit der objektiven Wirklichkeit erklärt werden (Berger und Luckmann 1980; von Glasersfeld 1996, S. 33).

Auch wenn diese Argumentation den Vorteil hat, die Entwicklung der Subjekthaftigkeit erkenntnistheoretisch in einer grundlegenden Weise zu fassen und die Subjekt-Objekt-Differenzierung nicht einfach vorauszusetzen, sondern sie aus System-Umwelt-Relationen abzuleiten, möchte ich dieser radikalen konstruktivistischen Begrifflichkeit nicht folgen. Sie verlangt einen systemtheoretischen Denkhintergrund, nämlich die Vorstellung vom Menschen als »erkennendem System«, die dem meiner Konzeption zu Grunde liegenden handlungstheoretischen Denkhintergrund einer Subjekt-Objekt-Relation nicht entspricht. Gleichwohl ist die Idee der »Realitätserzeugung« dem Modell des produktiv Realität verarbeitenden Subjekts keineswegs fremd. Das Modell unterstellt ja, dass ein Mensch nur über die subjektive Konstruktion in der Lage ist, sich ein Bild von der inneren und äußeren Realität zu machen. Kein Mensch kann sicher wissen, wie die innere und äußere Realität als »wesenhafte Wirklichkeit« sind, sondern er kann als Subjekt durch den eigenen Apparat von Wahrnehmung und Handeln immer nur Konzepte vom Körper, der Persönlichkeit und der Umwelt entwerfen. Die innere und äußere Realität sind in diesem Verständnis durch die eigene subjektive Konstruktion gefiltert, und jede Vorstellung von der inneren und äußeren Realität kann per Definition nur eine individuell gefärbte sein.

Das Modell des produktiv Realität »verarbeitenden« Subjekts geht also bewusst nicht von der radikal-konstruktivistischen Annahme aus, die innere und äußere Realität werde als subjektives Konstrukt von jedem Menschen erst erzeugt und erfunden. Vielmehr wird unterstellt, der Mensch habe als Individuum einen eigenen methodischen und erkenntnistheoretischen Zugriff auf die innere und äußere Realität. Wichtige methodische Aufgabe der Sozialisationsforschung ist es, die subjektive Perspektive und die individuelle Realitätsdeutung eines Menschen zu erfassen. Im Unterschied zu den konstruktivistischen Positionen geht das Modell davon aus, dass jeder Mensch auf die natürliche und die gesellschaftliche Wirklichkeit, die unabhängig von der subjektiven Konstruktion existiert, in einer produktiven Weise eingeht und die Realität nicht erst erfindet. Innere und äußere Realität werden angeeignet und verarbeitet, damit wird ein eigenes, individuell einmaliges Bild von der Welt konstruiert und in diesem Verständnis auch »erzeugt«, aber es ist auf das Material der Realität angewiesen.

1.2.1 Sieben Thesen zur Sozialisation

In den folgenden Abschnitten werden die erkenntnisleitenden Annahmen, die metatheoretischen und metamethodischen Aussagen zum Modell der Sozialisation ausführlich in einzelnen Schritten vorgestellt. Um den orientierenden Charakter dieser Überlegungen zu unterstreichen, werden die Aussagen in Thesenform aufbereitet. Die Thesen folgen der Reihenfolge der Abhandlung in den einzelnen Kapiteln dieses Buches.

Erste These: Sozialisation vollzieht sich in einem Wechselspiel von Anlage und Umwelt.

Die biologische Verankerung menschlicher Merkmale (der »Genotyp« eines Menschen als Gesamtheit aller seiner genetischen Anlagen) legt die Entwicklungsmöglichkeiten über den gesamten Lebenslauf fest. Gene beeinflussen die Persönlichkeit und des Verhalten eines Menschen aber nicht direkt. Die genetische Ausstattung eines Menschen stellt vielmehr einen Möglichkeitsraum dar, aus dem einzelne Elemente aktiviert werden. Wann und ob sie zum Zuge kommen, hängt stark von sozialen und physikalischen Umweltbedingungen ab. Diese können genetische Dispositionen entweder überdecken, eindämmen und zurückhalten oder freilegen. Die genetische Ausstattung begrenzt zugleich die Möglichkeiten eines Menschen, denn er kann nicht über die Anlagen hinaus, die ihm vorgegeben sind. Viele der in Kapitel 2 vorzustellenden soziologischen und psychologischen Basistheorien zum Zusammenhang von Persönlichkeits- und Gesellschaftsentwicklung setzen sich mit diesem Wechselspiel von Anlage und Umwelt auseinander.

Solange die interdisziplinäre Forschung keine klaren Ergebnisse zeigt, sollte von der Arbeitshypothese ausgegangen werden, dass im Verlaufe des Lebens etwa die Hälfte der Persönlichkeitsmerkmale und Verhaltenseigenschaften eines Menschen auf seine genetische Ausstattung, die andere Hälfte auf Umweltbedingungen zurückzuführen ist. Anlage- und Umweltfaktoren überlagern sich in vielfältiger Weise. So kommen bestimmte Anlagefaktoren, wie zum Beispiel eine einseitige Begabung für Technik oder Musik, nur dann zur Geltung, wenn sie auf eine angemessene Umwelt stoßen. Andererseits können identische genetische Anlagen (bei eineiigen Zwillingen) zu unterschiedlichen Phänotypen (tatsächlich realisierten Ausprägungen der menschlichen Persönlichkeit) führen, wenn sich die soziale Umwelt erheblich unterscheidet. Die Umwelt wirkt schon in frühen Stadien der Entwicklung auf die weitere Ausformung des genetischen Potenzials ein, umgekehrt entscheidet das genetische Potenzial darüber, in welcher Weise die Umwelt aufgenommen und angeeignet wird. Die Umwelt ist auch für das Anregungspotenzial verantwortlich, das die jeweilige Entfaltung und die weitere Richtung der genetischen Disposition bestimmt. Das Zusammenspiel von Anlage und Umwelt ist in Abbildung 1 veranschaulicht.

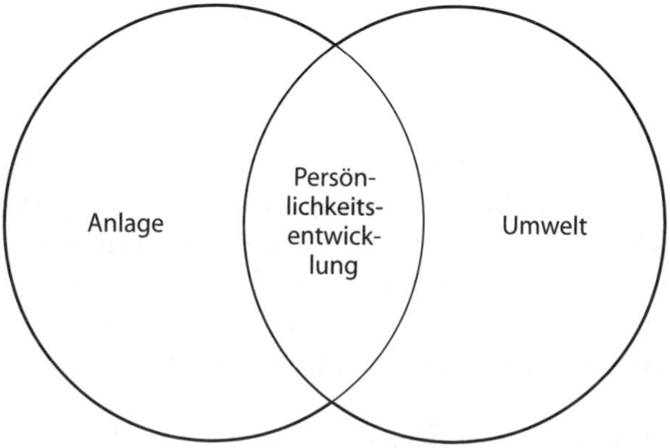

Abb. 1: Das Zusammenspiel von Anlage und Umwelt bei der Persönlichkeitsentwicklung

Das interaktive Verhältnis von Anlage und Umwelt wird bei der Ausprägung von männlichen und weiblichen Phänotypen besonders deutlich. Männer und Frauen unterscheiden sich nach ihren Geschlechtschromosomen und Geschlechtshormonen. Das Ergebnis ist ein unterschiedlicher Bau der Geschlechtsorgane, des Körpers, des hormonellen Haushaltes und des Gehirns. Auch zeigen sich in vielen Untersuchungen typische Geschlechtsunterschiede in Persönlichkeit und Verhalten, zum Beispiel beim räumlichen Erinnerungsvermögen, den verbalen Fähigkeiten (die bei Frauen stärker ausgeprägt sind) und im räumlichen Orientierungsvermögen (das bei Männern besser entwickelt ist).

Die angeborene genetische und hormonelle Ausstattung mit ihren Unterschieden nach Körperbau und Organen wird durch kulturelle Vorstellungen von »Männlichkeit« und »Weiblichkeit« überformt. Die Differenz der Geschlechter ist zu einem erheblichen Teil durch solche sozialen Einflüsse bedingt. Viele Persönlichkeitsmerkmale und Verhaltensweisen der Geschlechter sind offensichtlich erlernt und werden im Verlaufe des Sozialisationsprozesses gebildet. Die genetische Ausstattung und die Anlage der Persönlichkeitsmerkmale dient dabei als Ausgangslage und als Möglichkeitsraum für die geschlechtsspezifische Entfaltung. Die genetische Anlage begrenzt den Raum von sozialen und gesellschaftlichen Entfaltungsmöglichkeiten.

Zweite These: Sozialisation ist der Prozess der Persönlichkeitsentwicklung in wechselseitiger Abhängigkeit von den körperlichen und psychischen Grundstrukturen und den sozialen und physikalischen Umweltbedingungen. Die körperlichen und psychischen Grundstrukturen bilden die innere, die sozialen und physikalischen Umweltbedingungen die äußere Realität.

Die Persönlichkeitsentwicklung von Menschen wird sowohl durch körperliche als auch durch psychische und soziale Bedingungen beeinflusst. Kein Mensch kann die körperlichen und psychischen Vorgaben abstreifen, mit denen er geboren wird und die sich im Laufe des Lebens nur in engen Grenzen verändern. Kein Mensch kann auch die sozialen und physikalischen (materiellen) Umweltbedingungen ausschalten, die für sein Handeln die Rahmenbedingungen setzen. Die Art und Weise aber, wie sich jeder einzelne Mensch mit seinen Anlagen und seiner Umwelt auseinander setzt und wie er sie verarbeitet, ist individuell und einmalig. Das gilt verstärkt in heutigen Gesellschaften, weil die gesellschaftlichen Vorgaben durch soziale Rollen und kulturelle Normen vergleichsweise offen sind, wodurch jedem Menschen ein großer Spielraum für die persönliche Entfaltung eingeräumt wird.

In Abbildung 2 ist diese Aussage veranschaulicht. Die innere Realität ist durch genetische Veranlagung, körperliche Konstitution, Intelligenz, psychisches Temperament und Grundstrukturen der Persönlichkeit gegeben. Die äußere Realität der sozialen und physikalischen Umwelt ist durch Familie, Freundes- und Gleichaltrigengruppe, Erziehungs- und Bildungseinrichtungen, soziale Organisationen, Massenmedien, Arbeits- und Wohnbedingungen und materielle Umwelt charakterisiert.

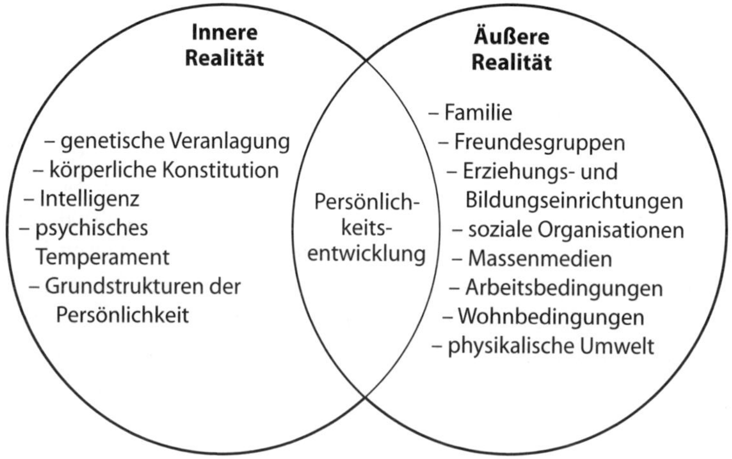

Abb. 2: Das Verhältnis von innerer und äußerer Realität

Die Strukturen der inneren Realität sind vor allem der Gegenstand der psychologischen Theorien der Sozialisation, die in Kapitel 2.1 vorgestellt werden, während sich die soziologischen Theorien (Kapitel 2.2) schwerpunktmäßig auf die äußere Realität konzentrieren.

Im Laufe der Persönlichkeitsentwicklung wird das Verhältnis zwischen der inneren und der äußeren Realität ständig neu eingestellt und in jeweils vorübergehende Gleichgewichtszustände überführt. Sowohl die innere als auch die äußere Realität müssen von einem Menschen in jeder Phase der Entwicklung aufgenommen, angeeignet und verarbeitet werden, wobei es zu einer subjektiven Repräsentanz der äußeren und der inneren Realität mit einer Einschätzung der Bedingungen für das eigene Handeln kommt. Wie ein Mensch mit den inneren Anlagen umgeht und in welcher Weise er sie auf die äußeren (Umwelt-)Bedingungen anzupassen versteht, entscheidet sich nach der Kompetenz, die innere Realität realistisch einzuschätzen und ihr Potenzial für eigene Handlungen und Entwicklungen auszuschöpfen.

Dritte These: Sozialisation ist der Prozess der dynamischen und »produktiven« Verarbeitung der inneren und äußeren Realität.

Unter dem Begriff »Sozialisation« wird ein lebenslang anhaltender dynamischer Prozess der Verarbeitung der inneren Realität von körperlichen und psychischen Impulsen und der äußeren Realität von sozialen und physikalischen Umweltimpulsen verstanden. Der Prozess der Auseinandersetzung mit der inneren und äußeren Realität wird als »produktiv« im Sinne von »prozesshaft« bezeichnet, um zum Ausdruck zu bringen, dass es sich hierbei nicht um eine passive Informationsverarbeitung, sondern um eine dynamische und aktive Form von Tätigkeit handelt, auch wenn sie nicht immer im Bewusstsein präsent ist. Das gilt für die innere und die äußere Realität:

- Sozialisation ist die ständige aktive Beobachtung und Diagnose der eigenen Anlagen und ihrer Veränderung im Laufe des Lebens. Durchgehend stellt sich einem Menschen die Aufgabe, die jeweilige Veränderung von körperlichen und psychischen Ausgangsgrößen sensibel aufzunehmen und das eigene Handeln hierauf abzustellen.
- Analoges gilt für die Auseinandersetzung mit der sozialen und physikalischen Umwelt. Auch hier ist es für die Weiterentwicklung der Persönlichkeit unabdingbar, sensibel auf alle Veränderungen einzugehen und sie in das eigene Handeln einzubeziehen.

Das Wort »produktiv« wird nicht als ein wertender, sondern beschreibender Begriff verwandt. Der Begriff soll ausdrücken, dass es sich bei der individuell je spezifischen Verarbeitung der inneren und der äußeren Realität um aktive und »agentische« Prozesse handelt, bei denen ein Individuum eine individuelle, den eigenen Voraussetzungen und Bedürfnissen angemessene Form wählt. Die Verarbeitung ist »produktiv«, weil sie sich aus der jeweils flexiblen und individuell kreativen Anpassung der inneren und der äußeren Bedingungen ergibt.

Biologisch gesehen ist das Gehirn die Stelle im menschlichen Körper, an der sämtliche Informationen über Sinneseindrücke zusammenlaufen und koordiniert werden. Informationen über körperliche, psychische, soziale und physikalische Lebensbedingungen werden im Gehirn aufgenommen, in vorhandene Strukturen und Archive eingeordnet, mit bereits abgespeicherten Informationen und Kenntnissen abgeglichen und dann in Antworten umgesetzt, indem über andere Gehirnzentren das Handeln aktiviert wird. Das Gehirn eines Menschen ist von seiner Beschaffenheit her keine passive Aufnahmestelle von Sinneseindrücken und Realitätsinformationen, sondern es nimmt ununterbrochen Vergleiche und Einordnungen vor, bietet Kombinationen und Rückschlüsse an und macht damit einen Menschen reaktions- und handlungsfähig. Im Licht dieser Erkenntnis ist der Begriff »produktiv« zur Bezeichnung der Verarbeitung der inneren und äußeren Realität angemessen.

Das menschliche Gehirn ist nach den Erkenntnissen aus der biologischen Forschung ein dezentral organisiertes System, das an vielen Orten gleichzeitig visuelle, auditive und motorische Informationen aufnimmt und verarbeitet. Es gibt nicht ein bestimmtes Zentrum im Gehirn, das für die Sammlung aller Informationen und ihre Einordnung und Interpretation verantwortlich ist. Verschiedene, im Gehirn verstreute Teilsysteme arbeiten unabhängig voneinander, sind aber auf flexible Weise miteinander verzahnt und kommen zu zusammenhängenden und abgestimmten Eindrücken, die in Handlungsreaktionen umgesetzt werden. Grundsätzlich muss nach den Erkenntnissen der biologischen Forschung die Leistung des Gehirns als lebenslang offen und prägefähig eingeschätzt werden, obwohl eine bestimmte, meist genetisch angelegte Grundausstattung die Basis und zugleich die Begrenzung für Prägefähigkeit bildet.

Menschen haben gegenüber allen anderen Lebewesen den Vorteil, dass sie die Informationsverarbeitung über das Gehirn zumindest zu einem Teil bewusst vornehmen können. Es ist ihnen möglich, die aufgenommenen Informationen nicht nur strukturiert zusammenzusetzen, sondern sich dieser Struktur gegenwärtig zu sein. Die aufgenommenen Informationen über die innere und äußere Realität sind der Einschätzung und Bewertung verfügbar, gleichzeitig besteht die Möglichkeit, unterschiedliche Reaktionen auf eine einmal diagnostizierte Ausgangslage gedanklich durchzuspielen, die

Konsequenzen zu bedenken und erst daraufhin eine Handlung einzuleiten. Im Unterschied zu den meisten anderen Lebewesen kommt es deswegen nur selten zu mechanischen, fest programmierten (instinktiven) Reaktionen auf Informationen aus der äußeren und inneren Realität. Das liegt auch an der Fähigkeit, die Informationen über andere Menschen differenziert aufzunehmen, zu verarbeiten und zu interpretieren.

Vierte These: Eine gelingende Persönlichkeitsentwicklung setzt eine den individuellen Anlagen angemessene soziale und materielle Umwelt voraus. Die wichtigsten Vermittler hierfür sind Familien, Kindergärten und Schulen als Sozialisationsinstanzen.

Die Persönlichkeitsentwicklung kann nur dann erfolgreich gelingen, wenn es zu einer guten »Passung« zwischen den körperlichen und psychischen Anlagen und den äußeren Lebensbedingungen kommt. Familien fungieren seit Jahrhunderten als die Vermittler und Erschließer der äußeren Realität. Sie werden auch als »primäre Sozialisationsinstanz« bezeichnet, da sie gezielt auf die Art und Weise der Aneignung und Verarbeitung der Realität einwirken, vor allem über die Einflüsse der Eltern auf die Persönlichkeitsentwicklung der Kinder.

Im Verlauf der Entwicklung der industriellen Gesellschaften ist es zu einer teilweisen Auslagerung von Erziehungs- und Sozialisationsfunktionen aus der Familie in die gesellschaftlichen Teilsysteme Kindergärten, Schulen, Berufsbildungseinrichtungen, Hochschulen und sozialpädagogische Einrichtungen gekommen. Diese sind als Sozialisationsinstanzen neben die Familie getreten. Dennoch hat die Familie auch in den heutigen westlichen Gesellschaften eine Schlüsselfunktion im Sozialisationsprozess, weil sie für die ersten und besonders prägenden Lebensjahre eines Menschen der zentrale Koordinationsort ist.

- Obwohl durch die Auslagerung von Erziehungsfunktionen und durch die zunehmende außerhäusliche Berufstätigkeit von Vätern und Müttern im historischen Vergleich andere Formen des Umgangs von Eltern und Kindern entstanden sind, werden die grundlegenden Strukturen der Persönlichkeitsentwicklung durch den Kontakt im Elternhaus geprägt. Der sozialen Lebenslage und der Verankerung der Familie in ihrer sozialen und physikalischen Umwelt kommt dabei eine wichtige Rolle zu.

- Wie in einem Mikrokosmos spiegeln sich in der Familie von früher Kindheit an kulturelle, ökonomische und normative Lebensbedingungen, die durch den Umgang von Eltern und Kindern miteinander aufgenommen und verarbeitet werden. Die soziale Lebenslage von Vätern und Müttern und insbesondere ihr Bildungsgrad entscheiden über die Vielfalt und Angemessenheit der Entwicklungsimpulse und der Erziehungsstile, die Eltern auf ihre Kinder ausüben. Je günstiger die ökonomische Lage der Familie und je höher der Bildungsgrad von Vater und Mutter, desto reichhaltiger wird der Sozialisationsprozess in der Familie.

In der Kindheits- und Jugendphase überlagern sich die Sozialisationsimpulse der Familie schrittweise immer stärker mit denen aus Kindertagesstätten, Schulen und Ausbildungseinrichtungen. Auch ein Kind, das sich tagsüber in einem Kindergarten befindet, hat vorher und nachher familiale Kontakte. Die Betreuungsformen wechseln in der Regel im Tagesverlauf, wobei eine unterschiedliche Zahl von Bezugspersonen mit verschiedenen biografischen Erfahrungen, Erziehungsstilen und sozialen Anforderungen auftritt. Hierdurch kann es zu Entwicklungsproblemen bei Kindern und Jugendlichen kommen, weil die Sozialisationsimpulse und Erziehungsstile in den verschiedenen Sozialisationsinstanzen in Spannung oder Widerspruch zueinander stehen.

Kindergärten und Schulen haben rein zeitlich, von der in ihnen verbrachten Lebenszeit aus gesehen, ihren Einfluss auf die Gestaltung des Sozialisationsprozesses in den letzten einhundert Jahren deutlich erhöht. Insbesondere Schulen müssen in den hoch entwickelten Gesellschaften wegen der immer längeren Dauer der Schulzeit als eine zentrale Sozialisationsinstanz angesehen werden. Neben der Erziehung haben sie die gesellschaftliche Funktion der

Vermittlung von sozialem und berufsrelevantem Wissen und nehmen eine Vorauswahl für unterschiedliche Positionen und Karrieren im Erwerbsleben vor. Erfolg und Versagen im schulischen Leistungsprozess sind deswegen wichtige Ausgangspunkte für die Gestaltung der beruflichen Lebenslaufbahn.

Fünfte These: Nicht nur die Sozialisationsinstanzen haben Einfluss auf die Persönlichkeitsentwicklung, sondern auch andere soziale Organisationen und Systeme, die in erster Linie Funktionen für Arbeit, Freizeit, Unterhaltung und soziale Kontrolle erbringen.

Für hoch entwickelte Industriegesellschaften ist die Differenzierung in viele verschiedene Institutionen und Organisationen typisch – in ein breites Spektrum eigenständiger gesellschaftlicher Teilsysteme für Wirtschaft, Politik, Verwaltung, Sozialkontrolle, Religion, Wohlfahrt, Krankenversorgung, Bildung, Erziehung, Wissenschaft und Information. Die meisten dieser Teilsysteme sind in der Form von sozialen Organisationen verfasst, die nach spezifischen Regeln und Verfahrensweisen operieren (Wirtschaftsbetriebe, Verwaltungsbehörden, Kirchen, Schulen, Gerichte, Krankenhäuser).

Mit dieser sozialen Differenzierung verlagern und verbreitern sich Sozialisationseffekte, denn immer mehr ursprünglich nicht für die Sozialisation entstandene soziale Systeme üben Einfluss auf die Persönlichkeitsentwicklung der Menschen aus, die sich längere Zeit in ihnen aufhalten und mit ihnen in Kontakt kommen. Die verschiedenen Organisationen und Systeme können nach ihrer Relevanz und ihrem Gewicht für die Sozialisation in eine Rangfolge gebracht werden:

- Von relativ großer Bedeutung sind die schon erwähnten Primärgruppen und sozialen Netzwerke, in die sich Menschen täglich mit ihrer gesamten Persönlichkeit einbringen und sie sehr stark mitgestalten können. Hierzu zählen die Systeme Familie, Verwandtschaft und Freundeskreis, die in diesem Sinne die Bezeichnung »primäre Sozialisationsinstanzen« zu Recht tragen.

- Daneben stehen die ebenfalls schon erwähnten organisierten (»sekundären«) Sozialisationsinstanzen, die gesellschaftlich etabliert werden, um bestimmte Aufgaben der Betreuung, Bildung und Erziehung insbesondere von Kindern und Jugendlichen zu übernehmen. Hierunter fallen Kindertagesstätten, Horte, Schulen, Ausbildungseinrichtungen, Hochschulen und sozialpädagogische Institutionen.
- An dritter Stelle sind die formellen und informellen sozialen Organisationen in Freizeit- und Wohnwelt zu nennen, allen voran die Gleichaltrigengruppen und die Massenmedien. Daneben spielen die öffentlichen Institutionen in Politik, Wirtschaft, Verwaltung, Justiz, Sozialkontrolle, Religion und Gesundheit eine Rolle, also Behörden, Betriebe, Gerichte, Polizei, Freizeiteinrichtungen und Krankenhäuser. Alle diese Instanzen haben von ihrem Systemzweck her keine auf Sozialisation zugeschnittene Aufgabe, können aber in der Regel ihre jeweiligen Ziele nur dann erfüllen, wenn sich ihre Mitglieder und Nutzer so intensiv auf sie einlassen, dass sich dabei bedeutsame Konsequenzen für deren Persönlichkeitsentwicklung ergeben. Diesen sozialen Organisationen, insbesondere Massenmedien und Betrieben, kommt also zumindest ein indirekter Effekt der Sozialisation zu (»tertiäre Sozialisationsinstanzen«).

In Abbildung 3 sind diese drei Gruppen von sozialen Systemen in ein Gesamtmodell einbezogen. Durch die Überschneidung der Einflussbereiche von Primärgruppen, organisierten Sozialisationsinstanzen und (sozialisationsrelevanten) sozialen Organisationen soll zum Ausdruck gebracht werden, dass sie nicht unabhängig voneinander wirken, sondern starke wechselseitige Einflüsse aufeinander ausüben.

Abb. 3: Die Struktur sozialisationsrelevanter Organisationen und Systeme

Freizeitorganisationen spielen in modernen Gesellschaften eine immer größere Rolle. Dazu gehören in entscheidendem Maß Massenmedien wie Radio, Fernsehen, Computer und Druckmedien. Massenmedien unterscheiden sich von den anderen sozialen Organisationen dadurch, dass sie ihre Adressaten nur als anonymes Publikum ansprechen. Ihr Organisationszweck liegt in der Information und Unterhaltung von breiten Bevölkerungsgruppen, doch gerade hierdurch sind sie von erheblicher Bedeutung für die Beeinflussung der Persönlichkeitsentwicklung. Die Wirksamkeit hängt nur zu einem Teil von den Inhalten und der Dramaturgie der dargebotenen Botschaften der Massenmedien ab, zu einem weiteren Teil von den persönlichen Merkmalen der Rezipienten und ihrer Einbindung in das soziale Umfeld. Durch ständige Neuentwicklung der Informations- und Kommunikationstechnik ist die Bedeutung der Massenmedien im Lebensalltag der Menschen in allen Lebenslagen in den letzten Jahrzehnten immer weiter angestiegen, sodass Massenmedien zu wichtigen tertiären Sozialisationsinstanzen in den entwickelten Gesellschaften geworden sind.

Auch die Gleichaltrigen- und Freundschaftsgruppen als vorherrschende soziale Gesellungsform treten überwiegend im Freizeitsektor der Gesellschaft auf. Gleichaltrigengruppen unterstützen die Ablösung von den Eltern und bereiten auf soziale Anforderungen der täglichen Alltagsumwelt vor. Sie gewähren ihren Mitgliedern vollwertige Gestaltungs- und Teilnahmechancen, die Familie und Schule als von Erwachsenen dominierende Sozialisationsinstanzen nicht einräumen können. Deswegen gewinnen sie eine ständig größere Bedeutung für psychische und soziale Orientierung und insbesondere für die Entwicklung eines Lebensstils im Freizeit- und Medienbereich und sind ein Beispiel für die Überlagerung von primären durch tertiäre Sozialisationsinstanzen.

Sechste These: Die Persönlichkeitsentwicklung besteht lebenslang aus einer nach Lebensphasen spezifischen Bewältigung von Entwicklungsaufgaben.

Menschen sind nach der hier vorgestellten Konzeption von Sozialisation lebenslang »Produzenten« ihrer eigenen Entwicklung, weil sie von der frühesten Entwicklung im Mutterleib an über die Zeit als Säugling und Kleinkind, Jugendlicher und junger Erwachsener bis ins spätere Erwachsenenalter und ins hohe Alter hinein jeweils ihren Möglichkeiten entsprechend die produktive Verarbeitung der inneren und äußeren Realität vornehmen. Ihre Persönlichkeit formt sich dabei auf der Basis einer angelegten Grundstruktur von Merkmalen ständig weiter. In jedem Lebensabschnitt gibt es strukturelle Anforderungen an die Verarbeitung, die sich aus den alters- und entwicklungsgemäßen Konstellationen ergeben. Diese Anforderungen lassen sich als »Entwicklungsaufgaben« bezeichnen. Ihre erfolgreiche Lösung ist jeweils Voraussetzung für die Weiterentwicklung der Persönlichkeit.

- Entwicklungsaufgaben sind Zielprojektionen, die in jeder Kultur existieren, um die Anforderungen zu definieren, die ein Kind, ein Jugendlicher, Erwachsener und ein alter Mensch zu erfüllen haben. Sie werden in einem Prozess der Selbstregulation bearbeitet. In jeder Lebensphase hat ein Mensch Vorstellungen der künftigen Entwicklung, die ihrerseits das Ergebnis vorausgegangener Auseinandersetzungen mit biologischen Vorgaben, Temperament, persönlichen Wünschen und Ansprüchen, sozialen

Erwartungen und gesellschaftlichen und materiellen Umweltanforderungen darstellen.

- In jeder Lebensphase wird von einem Menschen verlangt, die körperlichen und psychischen Veränderungen, besonders auch die Veränderungen in der Motivations- und Bedürfnisstruktur, realistisch wahrzunehmen und in ein neues Gesamtgefüge der Persönlichkeit einzubeziehen. Zugleich geht es darum, die eigenständige gesellschaftliche Mitgliedschaftsrolle jeweils neu zu definieren.
- Die ständige »Arbeit an der eigenen Person«, eine Art »Selbstorganisation« mit dem permanenten Bemühen um eine Strukturierung und Gestaltung der Persönlichkeit mit einem Innenbild und einem Außenbild, das jeder Mensch von sich entwerfen muss, stellt sich in allen Phasen des Lebenslaufs. Die soziale und gegenständliche Umwelt wird nach Inhalt und Struktur mit allen Sinnen aufgenommen, eingeordnet, bewertet und interpretiert, in Vergleiche einbezogen, erneut eingeordnet, bewertet und interpretiert sowohl auf der kognitiven wie auch der affektiven Ebene und schließlich mit den eigenen Bedürfnissen und Handlungsplänen abgestimmt.
- Um die Verarbeitung vornehmen zu können, sind bestimmte grundlegende Fertigkeiten und Fähigkeiten im sensorischen, motorischen, affektiven, kognitiven und interaktiven Bereich des Verhaltens und Handelns notwendig. Jeder Vorgang der Aneignung und Auseinandersetzung verändert diese Fertigkeiten und Fähigkeiten und entwickelt sie weiter. Mit dem Begriff der Verarbeitung ist also zugleich auch immer eine Arbeit am eigenen Selbst gemeint, wobei die Eindrücke und Erfahrungen mit den bereits gewonnenen Wissensbeständen und Handlungsorientierungen in Einklang zu bringen sind.
- Im Verlauf von Kindheit und Jugend kommt es zu einem fortschreitenden Beherrschen dieser Fertigkeiten und Fähigkeiten, die es ermöglichen, eine zunehmend differenzierte Aufnahme und Beobachtung der konkreten situativen Gegebenheiten der Umwelt vorzunehmen, sich den Lebensbedingungen in angemessener Weise anzupassen und zugleich ein wachsendes Verständnis der Zusammenhänge von Ereignissen und Strukturen

der Umwelt sowie eine Fähigkeit zur Gestaltung der äußeren Realität zu erwerben.
- In der Regel wird bis spätestens zum Ende des zweiten Lebensjahrzehnts eine solche Qualität der Verarbeitungsfähigkeit aufgebaut, dass es zu einem individuellen Verständnis der äußeren und inneren Realität mit entsprechenden Strukturen der Selbstwahrnehmung und Interpretation kommt. Jeder gesunde Mensch entwickelt in dieser Phase bis zum Abschluss des Jugendalters feste Grundstrukturen der Abstimmung zwischen inneren Bedürfnissen und äußeren Erwartungen und baut ein System von Erfahrungen und Kompetenzen auf, die für die nachfolgenden Lebensabschnitte jeweils flexibel weiterentwickelt werden.
- Vor allem im Jugendalter kommt es dabei zu einer intensiven Spannung zwischen den Anforderungen an »Individualität« (im Sinne einer persönlichen Einmaligkeit) und sozialer Integration, also der Übernahme gesellschaftlicher Rollen. Jede neue Lebenssituation und jedes neuartige Lebensereignis in den nachfolgenden Lebensphasen stellt Anforderungen an die Fähigkeiten des Aushaltens dieses Spannungsverhältnisses, die auf den in der Jugendzeit entwickelten Grundstrukturen aufbauen.

Durch die Verlängerung der Lebensdauer und die heute typischen großen Spielräume für einen individuellen Lebensstil kann sich die lebensgeschichtliche Bedeutung der frühen Lebensphasen abschwächen. Deswegen lässt sich auch sagen, dass in den hoch entwickelten Industriegesellschaften noch deutlicher als in früheren historischen Epochen eine Persönlichkeitsentwicklung trotz der Fundierung in Kindheit und Jugendalter nie »abgeschlossen« ist, sondern sich in mehr oder weniger großen Schüben ständig im Fluss befindet. Die für das Jugendalter charakteristische, selbstsuchende und sondierende Haltung gilt heute vielen Menschen auch in späteren Lebensphasen als Muster und Vorbild für die Persönlichkeitsbildung. In diesem Sinn werden die »jugendtypischen« Formen der Lebensführung immer aussagekräftiger für die Lebensphasen im frühen und späten Erwachsenenalter.

Auch in späteren Lebensphasen tritt noch eine formative Strukturierung der Persönlichkeit ein. Das kann zum Beispiel bei einschneidenden persönlichen Erlebnissen wie Trennung oder Scheidung oder bei gravierenden Umstellungen der ökonomischen Basis wie etwa Arbeitslosigkeit und Armut der Fall sein. In solchen Situationen wird eine grundlegende Neustrukturierung der Persönlichkeit und eine neue Austarierung der Verarbeitungsfähigkeiten von innerer und äußerer Realität notwendig, um mit den völlig veränderten Ausgangssituationen zurechtzukommen. Die Spannung zwischen Individualisierung und Vergesellschaftung der menschlichen Persönlichkeit hält ein Leben lang an. Sozialisation kann deshalb auch als ein permanentes Bewältigungsverhalten verstanden werden.

Siebte These: Ein reflektiertes Selbstbild und die Entwicklung einer Ich-Identität sind die Voraussetzung für ein autonom handlungsfähiges Subjekt und eine gesunde Persönlichkeitsentwicklung. Lässt sich Identität nicht herstellen, kommt es zu Störungen der Entwicklung im körperlichen, psychischen und sozialen Bereich.

Ein reflektiertes Selbstbild ist Voraussetzung für die Fähigkeit zur ständigen Abstimmung der Verarbeitungsfähigkeiten. Das Selbstbild ist eine innere Konzeption der Gesamtheit der Einstellungen, Bewertungen und Einschätzungen, die ein Mensch im Blick auf die eigenen Handlungsmöglichkeiten in der äußeren Realität besitzt. Voraussetzung hierfür ist eine realistische, sensible Wahrnehmung der Grundbedingungen der inneren Realität, also der genetischen, körperlichen und psychischen Potenziale. Kommt es zu dieser Wahrnehmung, sind die Voraussetzungen für ein stabiles und zuversichtliches Selbstvertrauen (Selbstwertgefühl) gelegt, das für die Persönlichkeitsentwicklung im gesamten Lebenslauf die gesunde Basis bildet.

Von »Identität« kann gesprochen werden, wenn ein Mensch über verschiedene Entwicklungs- und Lebensphasen hinweg eine Kontinuität des Selbsterlebens auf der Grundlage des positiv gefärbten Selbstbildes wahrt. Das Erleben des Sich-gleich-Seins bezieht sich auf die verschiedenen Stadien der eigenen Lebensgeschichte, es zieht sich also durch den gesamten Lebenslauf. Obwohl sich die körperliche und psychische Struktur der Persönlichkeit – innerhalb des Rahmens einer angelegten Disposition – verändert, obwohl soziale und physikalische Umweltbedingungen in jedem Lebensabschnitt eine andere Ausprägung haben, steht ein Mensch vor der Aufgabe, sich selbst als Persönlichkeit, als »sich selbst gleich« wahrzunehmen. Das gilt auch für die unterschiedlichen Situationen und Kontexte, in denen er in jedem Lebensabschnitt steht.

Die Identität (oft auch als Ich-Identität bezeichnet) ist Dreh- und Angelpunkt einer gesunden Persönlichkeitsentwicklung. Je entscheidungsfähiger und handlungssicherer ein Mensch ist, je mehr Fertigkeiten zur Bewältigung psychischer und sozialer Probleme er besitzt, je mehr er in sichere soziale Beziehungsstrukturen und Netzwerke einbezogen und in wichtigen gesellschaftlichen Rollenzusammenhängen anerkannt ist, desto besser sind die Voraussetzungen für die Identität und damit die selbstständige und autonome Handlungsfähigkeit. Störungen der Identitätsbildung haben ihren Ausgangspunkt in einer mangelnden Übereinstimmung zwischen den personalen und sozialen Komponenten der Identität, also den Bedürfnissen, Motiven und Interessen auf der einen und den gesellschaftlichen Erwartungen auf der anderen Seite. Sie führen zu Störungen des Selbstvertrauens und in der Folge zu sozial unangepasstem und gesundheitsschädigendem Verhalten.

1.2.2 Theoretische Umsetzung

In Kapitel 2 werden Theorien aus Psychologie und Soziologie vorgestellt, die mit den zentralen erkenntnisleitenden Annahmen der Sozialisationstheorie harmonieren. Wie die Darstellung in Kapitel 2 zeigen wird, gibt es keine einzelne voll ausgearbeitete Theorie aus der psychologischen oder soziologischen Tradition, die als solche als »die« Sozialisationstheorie gelten könnte. Vielmehr existiert eine

Vielfalt unterschiedlicher Theorien, die sich teilweise im Wettbewerb und teilweise in Arbeitsteilung miteinander um die Klärung des Gegenstandsbereichs »Persönlichkeitsentwicklung des Menschen« bemühen.

In diesem Sinne vereint die »Sozialisationstheorie« mehrere verschiedene Theorien aus Psychologie und Soziologie, die sich auf das erkenntnisleitende Modell der produktiven Verarbeitung von Realität beziehen. Jeder Wissenschaftler und jede Wissenschaftlerin hat die Auswahl unter verschiedenen Theorien, die auf ihre jeweils spezifische Weise den erkenntnisleitenden Modellvorstellungen nachkommen. Welche Theorie und welche jeweils damit korrespondierenden Methoden ausgewählt werden, hängt nicht nur allein von der zu untersuchenden Thematik ab, sondern auch von professionellen Maßstäben und Arbeitsbedingungen der beteiligten Wissenschaftlerinnen und Wissenschaftler und ihrer persönlichen Biografie.

Verschiedene Gruppen von Wissenschaftlerinnen und Wissenschaftlern haben unterschiedliche Vorlieben für bestimmte Arten der Begriffsbildung, der Verknüpfung der Begriffe und der Strukturierung von theoretischen Aussagen. Hieraus ergeben sich unterschiedliche Kriterien für die Bewertung der Qualität der theoretischen Struktur von wissenschaftlichen Aussagen und ihrer Absicherung. In diesem Buch werden die Theorien danach ausgewählt und bewertet, ob sie in der Lage sind, Sozialisation als einen Prozess der Wechselwirkung zwischen personalen und Umweltfaktoren im Sinne des Modells der produktiven Verarbeitung von Realität zu erklären.

1.3 Thesen zur Methodik der Sozialisationsforschung

Die theoretische Aufgabenstellung der Sozialisationsforschung, die im vorangehenden Abschnitt vorgestellt wurde, verlangt nach einer spezifischen Akzentuierung von methodischen Verfahren und Instrumenten. Es handelt es sich hierbei nicht um Methoden, die ausschließlich für die Sozialisationsforschung entwickelt worden sind, sondern um eine spezifische Auswahl aus dem breiten Gesamtspektrum der sozialwissenschaftlichen und psychologischen Forschung (Hurrelmann und Ulich 1991).

In der Methodendiskussion wird häufig zwischen positivistischen (»quantitativen«) und hermeneutischen (»qualitativen«) Verfahren unterschieden. Dahinter stehen unterschiedliche Präferenzen für methodologische Konzepte und methodische Verfahrensweisen. Die Konzepte unterscheiden sich insbesondere in ihren Annahmen über die Möglichkeit der Erfassung von realen Phänomenen der Persönlichkeitsentwicklung und ihren Randbedingungen, dem Grad der Standardisierung der Instrumente zur Erfassung der Realität und im Verfahren der Interpretation der Untersuchungsergebnisse:

- Die positivistischen Verfahren richten die sozialwissenschaftliche Forschung an strengen Maßstäben der Hypothesenüberprüfung aus. Über kontrollierte Messungen unter Standardbedingungen und über möglichst experimentelle Versuchsordnungen sollen bestimmte, meist vorab definierte Annahmen überprüft werden, um auf diesem Weg soziale Tatsachen und ihre Ursachen systematisch zu erforschen. Die Methoden der Analyse der Untersuchungsbefunde favorisieren solche Auswertungen, die Datenzusammenhänge auf Kausalstrukturen zurückführen und Abhängigkeiten zwischen Ursache und Wirkung in möglichst hohem Maße quantifizierbar machen (Kromrey 1998; Lenk 1986).
- Die hermeneutischen Verfahren konzentrieren sich auf das Verstehen von Verhalten und Handlungen in realen Umweltkonstellationen. Methodisch gehen sie vor allem über Beobachtung und Befragung vor. Bei der Analyse der erhobenen Daten geht es darum, die subjektiven Deutungen der befragten und beobachteten Personen zu rekonstruieren, um den Zusammenhängen zwischen ihren Handlungen und ihrem sozialen Kontext auf die Spur zu kommen (Heinze 2001; Köckeis-Stangl 1980; Strauss und Corbin 1996).

In der wissenschaftlichen Diskussion der letzten Jahre hat sich auch in der Sozialisationsforschung immer mehr die Einsicht durchgesetzt, dass sich diese beiden methodischen Vorgehensweisen nicht ausschließen, sondern arbeitsteilig und erkenntnistheoretisch ergänzen. Für die Verbesserung und Weiterentwicklung des Methodenrepertoires der Sozialisationsforschung ist es deshalb notwendig, vorbehaltlos und offen die jeweiligen Erkenntnismöglichkeiten unterschiedlicher methodischer Verfahrensweisen einzuschätzen. In diesem Sinne möchte ich ein erstes Postulat ableiten:

In der Sozialisationsforschung sollten positivistische und hermeneutische Verfahren aufeinander bezogen werden

Sozialisationsrelevante Forschungsmethoden müssen in der Lage sein, Analysen der Beschaffenheit der Umwelt mit Analysen der subjektiven Wahrnehmung und Interpretation dieser Umwelt und der persönlichen Ausstattung zur Bewältigung der Umweltanforderungen zu verbinden. Nur durch ein solches Vorgehen kann das Individuum als Gestalter seiner Umwelt verstanden und gleichzeitig die Umwelt in ihrem Einfluss auf individuelle Handlungen analysiert werden.

Eine Analyse der »objektiven« sozialen und physikalischen Umwelt, in der das Individuum lebt, ist notwendig, um abschätzen zu können, welche tatsächlichen Möglichkeiten und Spielräume für die subjektive Entwicklung bestehen. Umgekehrt kann die Entwicklung von Sozialstrukturen und dinglicher Umwelt nur verstanden werden, wenn subjektive Wahrnehmungen und Deutungen der Umwelt durch das Forschungsteam rekonstruiert werden können. Die Sozialisationsforschung muss makroanalytisch-gesellschaftsstrukturelle und mikroanalytisch-persönlichkeitsstrukturelle Ebenen der Analyse aufeinander beziehen.

Aus der Forderung, »objektive« Umweltanalyse und subjektive Innenweltanalyse miteinander zu verbinden, ergibt sich ein zweites Postulat:

Zur Analyse von Prozessen der Persönlichkeitsentwicklung ist die Gewinnung von Informationen sowohl über Selbsteinschätzung als auch über Fremdeinschätzung notwendig

Informationen über den Lebenslauf, die Lebensbedingungen und Persönlichkeitsmerkmale und ihre Veränderungen sind bis zu einem gewissen Grad ausschließlich den betroffenen Personen selbst bekannt, sodass ein methodisch kontrolliertes Verfahren der Selbstbeobachtung den einzig möglichen Weg der Erfassung darstellt. Die Mitteilung der Selbstbeobachtung kann schriftlich oder mündlich und in offener (etwa durch Interview) oder standardisierter Form (etwa durch einen Test) erfolgen. Das Verfahren der Selbsteinschätzung stößt aber an methodische Grenzen, denn Menschen haben eingeschränkte Fähigkeiten zur Erinnerung und zur Aufnahme von Informationen und sind unzureichend in der Möglichkeit des eigenen Beobachtens geschult. Sie machen systematische Einschätzungs- und Beurteilungsfehler und haben verzerrte Wahrnehmungen, weil ihre Bedürfnisse und Wünsche in diese Beobachtungen einfließen.

Deswegen ist es notwendig, das Verfahren der Selbsteinschätzung durch eines der Fremdeinschätzung zu ergänzen. Hierdurch können subjektive Verzerrungen und einseitige Verarbeitungen von Informationen ausgeglichen werden. Allerdings ist die Fähigkeit der genauen Wahrnehmung und Beobachtung durch den außen stehenden Wissenschaftler oder die Wissenschaftlerin Voraussetzung für eine gelingende Realitätsanalyse und auch diese Fähigkeit stößt an ihre Grenzen.

Es ist offensichtlich, dass eine Kombination der beiden Verfahren viele Defizite ausgleichen kann. Beide angesprochenen Wege sollten beschritten werden, sodass anschließend die Informationen zusammengesetzt werden können.

- Die Forschergruppe nähert sich beim Einsatz der beiden Verfahrensweisen gewissermaßen aus unterschiedlichen Blickwinkeln und Perspektiven dem Untersuchungsgegenstand »Persönlichkeitsentwicklung«, zum Beispiel durch ein biografisches Interview in Kombination mit einem Persönlichkeitsfragebogen. Das biografische Interview versucht, Informationen in möglichst subjektiv gefärbter Form zu gewinnen, der Persönlichkeitsfragebogen hat das Bemühen, nach bestimmten, wissenschaftlich vorgegebenen Strukturen wichtige Aspekte der persönlichen Einstellungen und des Verhaltens abzufragen.

- Für die einzusetzenden methodischen Instrumente bedeutet dieses, durchstrukturierte, nach klaren Standards aufgebaute Erhebungen wie Fragebögen und Tests und offene Instrumente wie Interviews und teilnehmende Beobachtungen zu kombinieren. Im Untersuchungsdesign empfiehlt sich eine Verbindung von repräsentativen Befragungen und individuell orientierten Fallstudien. Große Stichproben von Personen können am besten mit standardisierten Instrumenten untersucht werden, während in einem gleichzeitig angesetzten intensiven fallstudienartigen Vorgehen eine Teilgruppe der großen Stichprobe untersucht werden kann.

Gemischte Forschungsdesigns gestatten auf der einen Seite einen repräsentativen und statistisch abgesicherten Überblick über die Verteilung von wichtigen Variablen, auf der anderen Seite eine ganzheitliche Beschreibung der Zusammenhänge und Beziehungen verschiedener Variablen. Fallstudien lassen eine detaillierte Überprüfung zu, welche Situationen und Ereignisse mit welchen Verarbeitungsmustern und Handlungsweisen bei einem Menschen korrespondieren. Repräsentative (Survey-)Studien ermöglichen es, den Stellenwert dieser Ergebnisse in einer Gesamtpopulation abzuschätzen und Häufigkeiten des Auftretens und der Verteilung von Verarbeitungsmustern und Handlungsweisen anzugeben.

Interessante Informationen können aus Dokumentanalysen gewonnen werden. Sie stützen sich auf Aufzeichnungen und Daten, die Aussagen über eine Person vornehmen, aber nicht in der Absicht einer wissenschaftlichen Fremd- oder Selbstbeobachtung erstellt worden waren. Schulzeugnisse, Personalakten und biografische Notizen können hierzu gehören. Wichtig für die Sozialisationsforschung sind auch die Ergebnisse psychologischer, psychiatrischer und medizinischer Untersuchungen. In diese Dokumente gehen nur wenige Aspekte der sozialen Erwünschtheit, der Abhängigkeit von der Interviewsituation oder der aktuellen Bedürfnisse ein, sie bilden gewissermaßen Spuren ab, die eine Person unabhängig von dem bevorstehenden Untersuchungsvorgang hinterlassen hat.

Schließlich ist eine dritte Forderung an die Methodik der Sozialisationsforschung zu richten:

Sozialisationsforschung verlangt eine Kombination von Querschnitt- und Längsschnittverfahren im Forschungsdesign

Querschnittverfahren, also zu einem bestimmten Zeitpunkt vorgenommene Erhebungen und Untersuchungen, können immer nur eine Momentaufnahme von Persönlichkeitsmerkmalen, Verhaltensweisen und sozialen Strukturen abgeben. Sie sind durchaus aussagekräftig, weil sie durch die Momentaufnahme in der Regel eine typische Konstellation von personalen und sozialen Gegebenheiten erfassen. Aber sie sind auch anfällig für Fehleinschätzungen, weil die in der Momentaufnahme erfasste Konstellation möglicherweise nicht typisch für die gesamte Persönlichkeitsentwicklung ist und vor allem weil die Momentaufnahme keine Veränderungs- und Entwicklungsprozesse der Persönlichkeitsstruktur abbilden kann.

Um diese Schwächen auszugleichen, sind drei Strategien sinnvoll:

- In die Querschnitterhebung können Daten aus dem bisherigen Lebensverlauf einbezogen werden, also etwa die erwähnten Informationen aus Dokumenten wie Schulzeugnissen, Krankenberichten und Tagebucheintragungen. Auf diese Weise wird es möglich, eine rückblickende »Rekonstruktion« der bisherigen Lebensgeschichte und wichtiger Lebensbedingungen vorzunehmen und sie in Beziehung zu den aktuell erfassten Persönlichkeitsmerkmalen und Umweltgegebenheiten zu setzen. Dieses Verfahren kann durch Fragen an die Untersuchungspersonen ergänzt werden, um aus ihrer eigenen Erinnerung Informationen über die Lebensvergangenheit zu erfassen. Hierbei ist selbstverständlich auf Verzerrungen und Erinnerungslücken zu achten, denn die zurückliegenden Ereignisse werden von jedem Menschen immer unter dem Eindruck der gegenwärtigen Lebenssituation und ihrer Interpretation bewertet.

- Die Querschnitterhebung kann nach Ablauf von einigen Monaten oder Jahren bei den gleichen Bevölkerungsgruppen oder Einzelpersonen in der gleichen Alters- und Lebenssituation wie bei der Erstbefragung wiederholt werden. Hierdurch können Informationen über die Veränderung von Umweltgegebenheiten und Personenmerkmalen gewonnen werden, insbesondere können Einschätzungen historischer Veränderungen erfolgen. Über die Veränderung der Persönlichkeitsentwicklung einer einzelnen Person im Zeitverlauf kann allerdings auf diese Weise keine Information gewonnen werden, allenfalls können Anhaltspunkte für die jeweiligen Einflüsse auf die persönlichen Merkmale gegeben werden.
- Die Querschnittanalyse ist der erste Schritt einer Längsschnittanalyse. Die Erhebung nimmt ihren Ausgang bei Personen oder Personengruppen, die zu einem bestimmten Zeitpunkt befragt und dann in bestimmten zeitlichen Abständen immer wieder in die Untersuchung mit einem identischen Design einbezogen werden. So können Ergebnisse aus früheren Zeitpunkten mit denen aus späteren Zeitpunkten in Beziehung zueinander gesetzt werden. Parallel dazu kann zu jedem Erhebungszeitpunkt eine Analyse von Umweltbedingungen erfolgen, sodass über den gesamten Zeitraum der Untersuchung hinweg die Auseinandersetzung der befragten Personen mit den Umweltgegebenheiten rekonstruiert werden kann (Faulstich-Wieland 2000, S. 230).

Längsschnittanalysen sind wohl das ergiebigste Verfahren, um die Veränderungen gesellschaftlicher und personaler Bedingungen in Korrespondenz zueinander zu erfassen. Zweifellos sind sie aufwändig in der Durchführung, aber hierdurch wird die Möglichkeit gegeben, die Entwicklung einer Person oder einer Gruppe von Personen zuverlässig nachzuzeichnen, Veränderungen von Merkmalen und Handlungsweisen zu analysieren und zugleich die Umweltbedingungen der Persönlichkeitsentwicklung zu berücksichtigen.

Längsschnittanalysen können den anspruchsvollen methodischen Herausforderungen der Sozialisationstheorie am ehesten entsprechen, nämlich eine gleichzeitige »objektive« Untersuchung der äußeren und inneren Realität und der subjektiven Wahrnehmung dieser äußeren und inneren Realität vorzunehmen. Durch Längsschnittanalysen wird es möglich, die subjektive Deutung einer Situation zu erfassen und sie zugleich auf die Umweltbedingungen zu beziehen. Außerdem gestatten sie es, Untersuchungen über die gesamte Lebensspanne durchzuführen und Veränderungen der Persönlichkeit in Korrespondenz mit kulturellen, ökonomischen und sozialen Faktoren in den verschiedenen Phasen des Lebenslaufs nachzuzeichnen (Chasiotis 1999; Clausen 1976; Ecarius, 1996; Elder 2000; Heinz und Krüger 2001; Kohli 1991).

2. Psychologische und soziologische Theorien der Sozialisation

Wie die Darstellung in Kapitel 1 gezeigt hat, ist das Modell der Sozialisation als »produktive Verarbeitung der Realität« auf die Ausfüllung mit einzelnen Theorien angewiesen. In diesem Kapitel werden einige Theorien vorgestellt, die hierfür in Frage kommen. Sie beschäftigen sich in unterschiedlicher Form mit der für Sozialisationsprozesse kennzeichnenden Wechselwirkung zwischen Persönlichkeitsentwicklung und Gesellschaftsentwicklung. Aus der psychologischen Tradition werden Persönlichkeitstheorien, Lerntheorien und Entwicklungstheorien ausgewählt, aus der soziologischen Tradition Systemtheorien, Handlungstheorien und Gesellschaftstheorien. Sie stellen »Basistheorien« für die Sozialisation zur Verfügung.

Diese Theorien werden jeweils in ihren Grundzügen skizziert, vergleichend eingeordnet und kritisch gewürdigt. Viele dieser Ansätze wurden ursprünglich nicht als Sozialisationstheorien entwickelt, konzentrieren sich aber auf bestimmte Aspekte der Sozialisation. Durch diese Aspekthaftigkeit sind sie nicht in der Lage, alle Dimensionen des Modells der produktiven Verarbeitung aufzunehmen. Deswegen kommt es in der Forschungspraxis darauf an, diejenige Theorie auszuwählen, die für die jeweils im Vordergrund stehende Fragestellung das beste Erklärungspotenzial anbietet. Auch muss darüber nachgedacht werden, ob verschiedene Theorien miteinander kombiniert werden können, um die Erklärungskraft einer wissenschaftlichen Analyse zu erhöhen. Auf diese Fragen wird am Schluss des Kapitels eingegangen.

2.1 Psychologische Theorien der Sozialisation

In der Psychologie haben sich vor allem Lerntheorie, Psychoanalyse und Entwicklungspsychologie für die Analyse von Sozialisationsvorgängen bewährt. Sie sollen jeweils vorgestellt und in Bezug zu den erkenntnisleitenden Annahmen des Modells »Sozialisation als produktive Verarbeitung der inneren und äußeren Realität« gesetzt werden.

2.1.1 Persönlichkeitstheorien

Persönlichkeitstheorien befassen sich mit der menschlichen Persönlichkeit, also den relativ stabilen Eigenschaften, Einstellungen, Motivationen, Gefühlen und Interessen eines Menschen, in die biologisch angelegte Bedürfnisse und Triebe eingehen (Asendorpf 1996). Die bekannteste Variante der Persönlichkeitstheorie ist die Psychoanalyse, eine »tiefenpsychologische« Konzeption, bei der vor allem die Kraft von tief in der Persönlichkeit verankerten Antrieben, Motivationen und Gefühlen für die Persönlichkeitsentwicklung und ihre Formung durch die Eltern-Kind-Beziehung analysiert wird. Andere Strömungen der Persönlichkeitstheorie konzentrieren sich darauf, die Persönlichkeitsmerkmale zu benennen, die zur Bewältigung von Lebensproblemen und für die Aneignung und Verarbeitung der sozialen und materiellen Umwelt notwendig sind. Sie lassen sich als Stress- und Bewältigungstheorien bezeichnen. Eine dritte Strömung lässt sich als strukturelle Persönlichkeitstheorie bezeichnen.

Psychoanalytische Theorien

Der Begründer der Psychoanalyse ist Sigmund Freud (1856–1939). Er hat seine Theorie nicht in erster Linie als eine Persönlichkeitstheorie und auch nicht als eine Sozialisationstheorie konzipiert, sondern als eine medizinisch-psychologische Therapie. Doch ist die dieser »Psychotherapie« zu Grunde liegende Konzeption der Entwicklung der Persönlichkeit zweifellos sozialisationstheoretisch wichtig und ergiebig, weil sie eine Konzeption für die Umsetzung sozialer Normen in das Innere des Individuums enthält.

Die Beobachtung, dass die psychisch-neurotische Erkrankung seiner erwachsenen Patienten in der frühkindlichen Entwicklung begründet war, führte Freud zu Theorien über die Entwicklungsgeschichte auch des normalen Kindes. Die Rekonstruktion der Kindheitserfahrungen erkrankter Erwachsener diente ihm zur Aufhellung des Verlaufes der psychodynamischen Entwicklung seiner Patienten und verwies auf die zwischen Eltern, Kindern und Umwelt ablaufenden Prozesse der Interaktion, in deren Verlauf sich die psychischen Strukturen von Kindern seiner Erkenntnis nach herausbilden. In diesem Verständnis enthält Freuds Konzeption eine für die Sozialisationstheorie interessante Analyse des Verhältnisses von Person und Umwelt.

Grundlagen der Theorie Freuds

In der psychoanalytischen Theorie werden das Verhalten eines Menschen und die Entwicklung seiner Persönlichkeit maßgeblich durch die unbewussten biologischen und psychischen Antriebe erklärt, die der eigentliche Grund für alle Handlungen an der »Oberfläche« des menschlichen Verhaltens sind. Die Grundstrukturen der Persönlichkeit bilden sich demnach durch emotional verankerte Beziehungen zwischen Eltern und Kindern (Mertens 1991, S. 78). In dieser intensiven gefühlsmäßigen Beziehung entwickeln sich überdauernde Merkmale der Persönlichkeit. Sie bilden die »innere Realität« des Menschen, die ihm selbst aber nur in kleinen Teilen bewusst ist. Deshalb sind in Träumen, Assoziationen, Versprechern und gefühlsmäßigen Ausdrücken die Wahrnehmungen und Handlungsabsichten eines Menschen meist genauso gut oder besser erkennbar als im direkt beobachtbaren Verhalten.

Freud entwickelt ein Modell innerpsychischer »Instanzen«, das die Grundmechanismen für die Verarbeitung der inneren und äußeren Realität durch ein Individuum darstellt. Es besteht aus den drei Bestandteilen Es, Ich und Über-ich (Freud 1953):

- Das Es ist die älteste Instanz, es hat die aus der Körperorganisation stammenden Triebe zum Inhalt, insbesondere die biologischen Bedürfnisse und sexuellen und aggressiven Impulse.
- Das Ich repräsentiert den Willen und entscheidet über die Verwirklichung, Aufschiebung oder Unterdrückung der Triebansprüche des Es. Freud vergleicht die Spannung zwischen diesen beiden Instanzen mit dem Reiter (Ich), der die überlegene Kraft des Pferdes (Es) zu zügeln versucht. Das Ich ist die vermittelnde Instanz, die ständig zwischen den Urkräften des Es und den Kontrollimpulsen des Überich ausgleichen muss.
- Im Überich sind die elterlichen Gebote, Verbote und Normen repräsentiert. Jeder Mensch hat hier die kulturellen und sozialen Regeln verinnerlicht, die wie eine Zensurinstanz auf das Verhalten wirken.

Von Freud stammen auch Phasenmodelle der Entwicklung, die sich auf unterschiedliche Stufen im Verhältnis zwischen Es, Ich und Überich beziehen (Freud 1960). Je nachdem, wie die biologischen Urkräfte im psychosexuellen (libidinösen) Bereich in der körperlichen und psychischen Entwicklung verarbeitet werden, unterscheidet er eine orale Phase (erstes Lebensjahr), anale Phase (zweites bis drittes Lebensjahr), phallische Phase mit ödipaler Konstellation (bis zum fünften Lebensjahr), sexuelle Latenzphase und Pubertät.

Weiterentwicklung der Theorie Freuds

In verschiedenen Nachfolgearbeiten zu Freud wird darauf geachtet, die sinnlich-körperlichen Aspekte der Grundlage des sozialen Erlebens gesellschaftlich einzubetten, um den Einfluss von sozialen Gegebenheiten auf die Gestaltung der Beziehungen zwischen Kind und Eltern und die Bewältigung von Beziehungskrisen in der Persönlichkeitsentwicklung zu verstehen. Wegbereitend für diese sozialisationstheoretisch relevante Erweiterung der Psychoanalyse ist vor allem Erik H. Erikson (1973). Er hat sich um eine Einbeziehung der triebtheoretischen Elemente in einen sozialpsychologischen Rahmen der Persönlichkeitstheorie bemüht. Er arbeitete die gesellschaftlichen und kulturhistorischen Einflüsse auf die Struktur der Familie heraus und öffnete damit die psychoanalytische Konzeption für soziologische Dimensionen. Die konkrete Beschaffenheit der sozialen Umwelt, die Freud weitgehend ausgeklammert hatte, wird damit zum Bestandteil der theoretischen Konzeption.

Mit dieser Weiterentwicklung der Theorie verschiebt sich das analytische Interesse auf die Bewusstseins- und Ich-Prozesse, die ein Mensch zur Koordinierung der natürlich-sinnlichen Grundlage seines Wesens mit den sozialen Anforderungen und Handlungsnormen der sozialen Umwelt aktiviert. Persönlichkeitsentwicklung spiegelt sich in dieser Konzeption in den gegenseitig voneinander abhängigen Prozessen der Organisation des menschlichen Körpers, der psychischen Ich-Synthese und der sozial eingebetteten Ich-Identität (Erikson 1973, S. 52). In den Arbeiten von Lorenzer (1972), die neben der psychoanalytischen auch eine materialistisch-gesellschaftstheoretische Tradition vertreten, wird Sozialisation als Einübung einer psychischen Regelstruktur im körperlichen Wechselspiel primärer Beziehungspersonen verstanden. Der Aufbau der Persönlichkeitsstruktur wird als die Entwicklung von Interaktionsformen konzipiert, die den »Stempel der familialen Praxis« tragen und durch gesellschaftliche Verhältnisse beeinflusst sind. Damit wird das gesellschaftsblinde Triebkonzept von Freud überwunden und eine Persönlichkeitstheorie entwickelt, in der die Spannung zwischen Sinnlichkeit und gesellschaftlichen Normen im Zentrum steht. Das Ich wird als eine Instanz der bewussten Organisation der Erfahrungen durch individuelle Synthese verstanden (ähnlich Mahler 1985).

Kritische Einschätzung der Psychoanalyse

Die Psychoanalyse hat eine interessante hermeneutische Methodik entwickelt. Sie ist durch eigene und spezifische Verfahren hervorgetreten, mit denen der Versuch gemacht wird, die dem Bewusstsein eines Menschen teilweise verborgenen Strukturen der Motivation und der Bedürfnislage zu erfassen. Hierzu werden analytische Gespräche zwischen einem Menschen in der Rolle des Probanden und einem in der Rolle eines Therapeuten geführt, die sich auf eine Rekonstruktion der gesamten Lebensgeschichte einschließlich schwer erinnerlicher Facetten beziehen.

Die Psychoanalyse arbeitet einzelfallorientiert und baut auf einem sorgfältig aufbereiteten therapeutischen Gespräch Interpretationen auf. Diese Interpretationen stellen Hypothesen dar, die Annahmen über die persönliche Entwicklungsgeschichte in den zurückliegenden Lebensjahren und Lebensphasen formulieren. Ob diese interpretierenden Konstruktionen angemessen sind oder nicht, das soll sich dann im weiteren Verlauf der analytischen Gespräche zeigen. Der in eine Therapiehandlung eingebettete Charakter der Methodik unterscheidet das psychoanalytische Vorgehen von anderen Theorietraditionen, auch solchen aus anderen Persönlichkeitstheorien.

Theoretisch ist der Beitrag der Psychoanalyse für die Sozialisationstheorie wichtig, weil sie den nur schwer zugänglichen Bereich der inneren Realität von Menschen wie kaum eine andere psychologische Basistheorie zum Thema macht (Mertens 1991). Die Psychoanalyse leistet eine differenzierte konzeptionelle Arbeit, um die Dynamik von Persönlichkeitseigenschaften und menschlichen Handlungen auf tief im Unbewussten liegende Triebe und auf eng mit den Persönlichkeitsstrukturen verankerte Bedürfnisse zurückzuführen. Die Rolle von Körperlichkeit und Emotionen wird in dieser Theorie stark betont, teilweise auch überbetont (Tillmann 2000, S. 75).

Kritisch lässt sich gegen die psychoanalytische Theorie einwenden, dass ihre triebtheoretische Akzentuierung dazu verleitet, die mächtigen innerpsychischen Instanzen wie anthropologische, gewissermaßen vererbte und nicht beeinflussbare Bestimmungsgrößen des menschlichen Handelns wahrzunehmen. Damit wird die psychoanalytische Theorie in ihrer ursprünglichen freudschen Ausrichtung fast zu einer Antriebstheorie verkürzt, die nicht in der Lage ist, die psychische Verarbeitung von Umweltimpulsen durch persönliche Bewertungen und Bewältigungsstrategien zu berücksichtigen.

Ein weiterer problematischer Aspekt liegt im Fehlen einer gesellschaftsdynamischen Sichtweise (Busch 1985). Beziehungen in der

Familie wurden von Freud nicht in ihrer historischen Veränderung und Vergänglichkeit wahrgenommen, sondern wie Naturkonstanten behandelt. Freud fehlte der Blick dafür, dass die in der psychoanalytischen Beratungspraxis überwiegend vertretenen bürgerlichen Familien nur eine Sozialschicht repräsentieren und sich mit veränderten gesellschaftlichen Verhältnissen wandeln: »Sein individualanalytisch so scharfer Blick trübte sich, sobald er über den Rand der Familie hinaus den soziokulturellen Bedingungen von Persönlichkeit nachspüren wollte. Das Fehlen eines Begriffs geschichtlich-gesellschaftlicher Strukturen ließ ein historisch-spezifisches Verständnis von Familie und Individuum ebenso wenig zu wie ein mikrosoziologisches.« (Busch 1985, S. 38)

Für die Sozialisationstheorie ist es wichtig, die psychoanalytischen Ansätze um diesen soziokulturellen Kontext sensibel zu erweitern und sie von ihrer triebtheoretischen Fixierung zu befreien und damit auch die teilweise übermäßige Konzentration auf den menschlichen Organismus zu relativieren (Kamper 1974). Gelingt das – wie zum Beispiel in den schon erwähnten Arbeiten von Erikson, Lorenzer und Mahler und denen von Mitscherlich (1963) und Miller (1979) –, dann kann der Beitrag der Psychoanalyse für die Sozialisationstheorie nicht hoch genug eingeschätzt werden. Er liegt in der Nachzeichnung des Spannungsverhältnisses zwischen der inneren menschlichen Natur von Motiven und Trieben und der gesellschaftlichen Kultur mit ihren sozialen Normen und Sanktionen, das die gesamte Persönlichkeitsentwicklung über die Lebensspanne hinweg charakterisiert (Furth 1990).

Zu Recht fordert Busch, den persönlichkeits- und sozialpsychologischen Akzent der Psychoanalyse zu stärken. Er sieht im Konzept der »Identifizierung« ein Schlüsselkonzept für den Prozess der Aneignung der äußeren Realität durch einen Menschen. Diese Form der liebevollen Einverleibung eines anderen Menschen wird gleichgesetzt mit Nachahmung und Zugang zum Seelenleben des anderen, also zu einer emotional intensiven Form der Auseinandersetzung mit Personen aus der sozialen Umwelt. In dieser Betrachtung ist in der psychoanalytischen Theorie der Kern für eine Person-Umwelt-Interaktion angelegt, der für die Sozialisationstheorie konstitutiv ist.

Stress- und Bewältigungstheorien

Neben den psychoanalytischen Persönlichkeitstheorien gibt es weitere Ansätze, die sich um ein Verständnis des Aufbaus und der Dynamik von Persönlichkeitsstrukturen bemühen. Sie legen dabei in der Regel einen geringeren Wert auf unbewusste Triebe und Motive und gehen gewissermaßen stärker an die »Oberfläche« der Persönlichkeitsmerkmale, indem sie die individuellen Strategien und Fähigkeiten zur Bewältigung von belastenden Lebenssituationen analysieren.

Stresstheorie

Die Stresstheorie beschäftigt sich mit der Frage, wie sich ein Mensch mit kritischen Anforderungen an das Verhalten auseinander setzt und welche Folgen eine gelingende oder nicht gelingende Verarbeitung dieser Anforderungen hat. Ein zentraler Ausgangspunkt ist das Stresskonzept von Selye (1984).

- In Bedrohungssituationen reagieren demnach Menschen unter Mobilisierung aller physiologischen Ressourcen, um einer Gefahr zu entgehen. Die extremen Anforderungen führen zu einer physiologischen Reaktion, die das Ziel hat, die Herausforderung und Bedrohung zu meistern und zu bewältigen.
- Ein Mindestmaß an »Stress« im Sinne von aktiven Herausforderungen für die menschliche Anpassungsfähigkeit wird positiv bewertet. Befindet sich ein Mensch allerdings ständig in Alarmbereitschaft, dann wird aus dem positiven Stress ein »Dystress« mit negativen Konsequenzen für die weitere gesunde Persönlichkeitsentwicklung.

Die ursprünglich auf rein physiologische Mechanismen ausgerichtete Stresskonzeption von Selye wurde Zug um Zug um psychische Dimensionen erweitert. Die Theorie geht von der Annahme aus, dass auch in hoch zivilisierten Gesellschaften Menschen wegen ihrer ererbten Grundausstattung an Körper und Psyche noch immer mit der gleichen archaischen Spontaneität wie in den Frühstadien der menschlichen Entwicklung reagieren, und zwar überwiegend mit Mechanismen, die sich der direkten Kontrolle des Menschen entziehen. Typisch für hoch organisierte Kulturen und Gesellschaften ist aber, dass eine urtümliche, spontane Spannungsabfuhr in Form von Flucht oder offenem Kampf meist nicht möglich ist. Soll es nicht zu nach innen und nach außen gerichteten destruktiven Reaktionen wie Gewalt, Selbstaggression, Depression und Drogenkonsum kommen, ist deshalb eine bewusste Analyse der Spannungspotenziale und eine Entwicklung von wirksamen Bewältigungskompetenzen notwendig.

Aufbauend auf dieser Grundidee haben Lazarus und Folkman (1984) in ihrer »transaktionalen Stresstheorie« großen Wert auf die subjektive Einschätzung und Bewertung von belastenden Ereignissen gelegt. Nach dieser Theorie wird jedes Ereignis von verschiedenen Menschen auf unterschiedliche Weise wahrgenommen. Die Schwere und Bedeutung einer externen Belastung hängt davon ab, wie ein Mensch diese individuell einschätzt und welche psychologischen, sozialen und kulturellen Ressourcen ihm für die Bearbeitung der Belastung zur Verfügung stehen. Tritt ein Stressor (Belastung durch eine persönliche Krise, einen Unfall, eine Krankheit usw.) auf, wird vom Individuum dessen Bedrohung eingeschätzt, zusätzlich werden die eigenen Fähigkeiten überdacht, um die Situation zu verändern und gefühlsmäßig mit der neuen Situation umzugehen. Anschließend werden »Bewältigungsstrategien« eingesetzt, die im positiven Fall zur Aufrechterhaltung oder Wiederherstellung der seelischen und körperlichen Gesundheit, im negativen Fall zu einer (weiteren) Störung der Entwicklung führen.

Bewältigung von Stress

Unter »Bewältigung« wird die Bemühung eines Menschen verstanden, Anforderungen und Belastungen in den Griff zu bekommen und sie möglichst zu meistern. Ziel ist es, die persönliche Handlungsfähigkeit zu erhalten, eventuell die Ursache der Belastung zurückzudrängen oder doch zumindest abzuschwächen, aber auch –

im Falle, dass dieses nicht möglich ist – die Belastung durch emotionale Umstellung zu tolerieren und zu ertragen (»Gefühlsregulierung«) (Lazarus und Launier 1978).

Welche Form und welcher Stil der Bewältigung jeweils der beste und angemessenste ist, entscheidet sich sowohl nach der Art der Belastung als auch nach den Persönlichkeitsmerkmalen und den sozialen Hilfsressourcen, die eine Person aktivieren kann. Nach verschiedenen Kategorien von Belastungen hat Pearlin (1987) drei Ereignisgruppen unterschieden:

- Kritische Lebensereignisse, zum Beispiel der unerwartete Verlust einer wichtigen Bezugsperson, Trennung oder Scheidung, das plötzliche Eintreten einer schweren Krankheit oder eines Unfalls, der Verlust des Arbeitsplatzes.
- Chronische Spannungen, zum Beispiel andauernde Rollenkonflikte wie Doppelbelastung durch Arbeit und Haushalt, körperliche und nervliche Belastungen in der Arbeitswelt, ständige Zeitüberlastungen, enttäuschte Karriereerwartungen, unlösbare Konflikte mit dem Lebenspartner, emotionale Spannungen mit den Kindern.
- Schwierige Übergänge im Lebenslauf, zum Beispiel vom Jugend- in das Erwachsenenalter, von der Schule in die Arbeitswelt, vom Leben mit Kindern in das leere »Familiennest«, aus der Arbeitswelt in das Rentnerleben.

Bei der ersten Ereignisgruppe sind die Möglichkeiten der Veränderung der Ursache der Belastung praktisch nicht gegeben, deswegen ist meist die Bewältigungsform »Gefühlsregulierung« die einzig mögliche. Dazu kann die einstellungsmäßige Abschwächung der Bedeutung des Ereignisses ebenso gehören wie eine optimistische Einschätzung der weiteren Anspannungen und Belastungen etwa im Falle einer lebensgefährlichen Krankheit.

Bei den beiden anderen Kategorien von Ereignissen hingegen ist eine instrumentell-problemlösende Form der Bewältigung möglich, die allerdings immer durch angemessene Formen der Gefühlsregulierung begleitet werden muss. Im Fall von dauerhaften Rollenspannungen und Übergängen im Lebenslauf wäre aber die nur verdrängende und beschönigende Form der Gefühlsregulierung nicht hilfreich, denn im Kern geht es darum, sich den neuen Herausforderungen zu stellen und die körperlichen und psychischen Verhaltensweisen hierauf einzustellen.

Hilfreich ist deshalb ein flexibles Verhalten mit einer realistischen Bestandsaufnahme der Ausgangssituation und der Fähigkeit zur Neuorientierung des eigenen Verhaltens. Günstig ist auch die Fähigkeit eines Menschen, gute soziale Beziehungen zu anderen herzustellen und aufrechtzuerhalten und damit auch Unterstützung für die eigene schwierige Situation zu aktivieren (Gottlieb 1983; Faltermaier 1987).

Die Strategien der Stressbewältigung hängen von den angeborenen und erworbenen Strukturen der Persönlichkeit ab. Neben den in der Psychoanalyse erarbeiteten Grundmustern der Bedürfnisbefriedigung spielt die angelegte Verhaltensdisposition eine große Rolle, die auch als »Temperament« bezeichnet wird. Hiermit ist ein bestimmter Stil, eine spezifische Neigung im Wahrnehmen, Denken und Handeln von Menschen bezeichnet, die darüber entscheidet, wie die soziale und physische Umwelt aufgenommen und bearbeitet wird.

Das Temperament kann sich nach Aktivitätsniveau, Körperrhythmus, Anpassungsbereitschaft, Reaktionsschnelligkeit, Intensität der Reaktionen, emotionaler Bestimmtheit, Ablenkbarkeit und Ausdauer unterscheiden. Meist prägen sich diese Charakteristiken schon in frühen Lebensphasen aus und legen fest, ob mit Anspannungen und Belastungen mehr zurückgezogen und nach innen gewandt (interiorisierend) oder offensiv und nach außen gewandt (exteriorisierend) umgegangen wird.

Das Temperament stellt in dieser Sichtweise eine psychische Grundausstattung dar, die den Stil der Bewältigung, der Auseinandersetzung mit der inneren und äußeren Realität festlegen kann (Chess und Thomas 1986; Cohen 1991).

Salutogenetische Theorie

In der Theorie von Antonovsky (1979) werden die bewältigungstheoretischen Erkenntnisse zu einem gesundheitswissenschaftlichen Konzept des »erfolgreichen Widerstands gegenüber Belastungen« verdichtet. Die Widerstandspotenziale entscheiden demnach darüber, ob die Gesundheits-Krankheits-Balance positiv bewältigt werden kann.

Zentral dafür ist in dieser »salutogenetischen« Theorie das »Kohärenzgefühl«. Es wird als eine globale Orientierung definiert, die das Ausmaß ausdrückt, in dem ein Mensch ein durchdringendes, überdauerndes und dennoch dynamisches Gefühl des Vertrauens hat, dass erstens die Anforderungen aus der inneren und äußeren Erfahrungswelt im Verlauf des Lebens strukturiert, vorhersagbar und erklärbar sind, zweitens die Ressourcen verfügbar sind, die nötig sind, um den Anforderungen gerecht zu werden, und drittens, dass diese Anforderungen Herausforderungen sind, die ein persönliches Engagement verdienen (Antonovsky 1979).

In dieser Theorie wird also das persönliche Gefühl der Verstehbarkeit der äußeren Realität, der Bewältigbarkeit und der Sinnhaftigkeit als Voraussetzung für angemessenes Handeln im Einklang mit den inneren Ressourcen angesehen. Damit wird eine Zielsetzung nicht nur für eine gelingende Balance von gesundheitlichen Risiko- und Schutzfaktoren, sondern auch für die gelingende Sozialisation formuliert (Hurrelmann 2000, S. 60).

Strukturelle Persönlichkeitstheorien

Einen ergänzenden Akzent zur Stress- und Bewältigungstheorie setzen die strukturellen Persönlichkeitstheorien. Sie sind darum bemüht, die wichtigsten Eigenschaften eines Menschen zu identifizieren, die über die Qualität des Umgangs mit der äußeren Realität entscheiden. Es wird versucht, Persönlichkeitszüge und Temperamentprofile zu identifizieren und das Verhalten eines Menschen in Belastungssituationen mit Hilfe von empirisch gewonnenen Merkmalen zu beschreiben, die eine Vorhersagemöglichkeit für künftiges

Verhalten besitzen (Schneewind 1982). Das wichtigste Erhebungsinstrument dabei sind Persönlichkeitsfragebögen, die mit unterschiedlichen Impulsen und Aufgaben arbeiten und eine Selbsteinschätzung von Persönlichkeitsmerkmalen ermöglichen. Die Vielzahl von Persönlichkeitsmerkmalen, die auf diese Weise identifizierbar sind, wurden auf fünf Gruppen konzentriert, die sich immer wieder in den verschiedenen Untersuchungen fanden. Die fünf Persönlichkeitsfaktoren bestätigten sich in Studien zwischen verschiedenen sozialen Gruppen innerhalb einer Bevölkerung und im internationalen Vergleich zwischen Kulturen. Sie umspannen nach der Einschätzung der strukturellen Persönlichkeitstheorie nicht den gesamten Bereich von denkbaren Persönlichkeitsmerkmalen, erfassen aber die wesentlichen Dimensionen der Persönlichkeit eines Menschen.

Die fünf zentralen Persönlichkeitsfaktoren (»big five«) sind die folgenden:

- Extraversion. Hierunter fallen Persönlichkeitsmerkmale wie gesellig, kontaktfreudig und abenteuerlustig.
- Verträglichkeit. Hierunter fallen Persönlichkeitsmerkmale wie liebenswürdig, gutmütig und freundlich.
- Gewissenhaftigkeit. Hierunter fallen Persönlichkeitsmerkmale wie zuverlässig, ordentlich und gründlich.
- Emotionale Stabilität. Hierunter fallen Persönlichkeitsmerkmale wie ruhig, gelassen und selbstvertrauend.
- Offenheit für Erfahrungen. Hierunter fallen Persönlichkeitsmerkmale wie originell, kreativ und fantasievoll.

Alle fünf Merkmale werden nach der Stärke ihrer Ausprägung erfasst und in ihrer Kombination miteinander zur Kennzeichnung von Persönlichkeiten herangezogen. Verschiedene Untersuchungen verweisen auf eine hohe Stabilität der Merkmale, eine Grundstruktur der Persönlichkeit über den gesamten Lebensverlauf hinweg, was auf den Einfluss von rund fünfzig Prozent genetischer Anlage schließen lässt (Asendorpf 1996). Die verhaltensgenetische Forschung innerhalb der Persönlichkeitstheorie geht davon aus, dass zentrale Persönlichkeitsmerkmale wie die in den »big five« ausgedrückten charakteristischen Profile durch persönliche Dispositionen vorstrukturiert werden, die durch Vererbung bestimmt sind und durch die familiale und soziale Umwelt modelliert werden (Plomin 1986; Rowe 1997, S. 88). Die genetische Anlage führt zu einer Disposition, einer festen Bahnung von Verhaltensmustern, die allerdings durch Umwelteinflüsse gelenkt werden. Forschungen mit eineiigen Zwillingen, die ein absolut identisches Erbgut besitzen, machen dieses Wechselspiel von Anlage und Umwelt deutlich und zeigen, dass die den Geschwistern gemeinsame und von ihnen geteilte soziale Lebensumwelt bei gleichem Temperament dennoch in unterschiedlicher Weise verarbeitet wird.

In Deutschland hat Becker (1995) diese Theorietradition aufgenommen und versucht, sie auf die Stress- und Bewältigungstheorie zu beziehen. Er identifiziert zwei grundlegende Persönlichkeitsfaktoren, die die Möglichkeiten und Fähigkeiten der individuellen Problemlösung charakterisieren. Es handelt sich um die beiden Faktoren »seelische Gesundheit« und »Verhaltenskontrolle«.

- Seelische Gesundheit bezeichnet die Fähigkeit zur Bewältigung externer und interner Anforderungen. Basis der Fähigkeiten ist eine optimistische Stimmung, seelisch-körperliches Wohlbefinden, ständige Selbstbeobachtung und das Gefühl der Wertschätzung durch andere.
- Verhaltenskontrolle bezeichnet die subjektiv eingeschätzte Kompetenz, die eigenen Handlungen genau analysieren und zuverlässig regulieren zu können.

Eine stabile und überdauernde Form der seelischen Gesundheit wird von Becker als »aktuelles Wohlbefinden« und »Lebensfreude« bezeichnet. Psychische Gesundheit zeichnet sich demnach in der Fähigkeit aus, die Aufmerksamkeit von der eigenen Person auf die Umwelt zu richten. Psychisch Gesunde engagieren sich in konkreten Vorhaben, sind außengerichtet und liebesfähig, haben ein gutes Selbstwertgefühl, Selbstachtung und Selbstsicherheit. Sie sind in der Lage, sich selbstsicher und gestaltungsbereit der äußeren Realität zuzuwenden, weil sie sensibel und kontrolliert mit ihrer inneren Realität umzugehen gelernt haben (Becker 1995, S. 263).

Kritische Einschätzung der Stress- und Bewältigungstheorie

Die skizzierten Ansätze der Stress- und Bewältigungstheorie und der Persönlichkeitstheorie sind für die Sozialisationstheorie von großer Bedeutung, weil sie von der Annahme ausgehen, dass gesellschaftliche und natürliche Umweltbedingungen in einem Spannungsverhältnis zu den biopsychischen Merkmalen einer Person stehen. Die Spannung muss in einem immer wiederkehrenden Prozess abgebaut und ausgeglichen werden (Nitsch 1981). Diese Vorstellung harmoniert mit der Konzeption von Sozialisation als produktiver Verarbeitung von innerer und äußerer Realität. Wie schon in Kapitel 1 bei den erkenntnisleitenden Thesen ausgearbeitet, ist die Konzeption des Belastungs-Bewältigungs-Prozesses eine der zentralen Annahmen des hier vertretenen Modells der Sozialisation.

Positiv ist auch der methodische Beitrag dieser Theorien zu bewerten. So orientieren sich die zuletzt vorgestellten Persönlichkeitstheorien überwiegend an empirisch-statistischen Verfahren in der Tradition des kritischen Rationalismus. Sie haben ein hohes Qualitätsniveau der Forschung etabliert, was sich unter anderem in einer Vielzahl sorgfältig angelegter Längsschnittstudien über viele Lebensphasen hinweg niederschlägt. Anders als in der Psychoanalyse wird dabei mit Fragebogen und Verhaltensbeobachtung, besonders mit systematischen Testkonstruktionen und Skalen gearbeitet, die nach theoretischen Vorgaben entwickelt wurden.

Immer häufiger werden in letzter Zeit diese Verfahrensweisen mit Fallstudien angereichert, die sich sensibler Beobachtungsmethoden und Interviews als Instrumente bedienen. Damit wird die Kluft zwischen dem quantitativen und qualitativen Erhebungs- und Auswertungsverfahren überwunden. Hierdurch kommt es auch zu einer Annäherung zwischen den Persönlichkeitstheorien, den psychoanalytischen Theorien und den noch vorzustellenden Entwicklungstheorien.

2.1.2 Lerntheorien

Lerntheorien folgen der konzeptionellen Idee, das Verhalten eines Menschen sei durch Impulse aus der Umwelt fast beliebig beeinflussbar. Entsprechend wird nach diesen Theorien die Persönlichkeit nicht durch genetische Faktoren oder Triebe wie in der Psychoanalyse und auch nicht durch in den Organismus gewissermaßen einprogrammierte Bewältigungsmuster wie in der Stresstheorie gesteuert, sondern durch eine jeweils nur empirisch zu erfassende, nach Lerngesetzen aufgebaute Verarbeitung der Einflüsse aus der sozialen und materiellen Umwelt. Ein Mensch kommt demnach ohne angeborene oder vorgeprägte Muster der Verarbeitung der äußeren Realität zur Welt und muss sein Verhalten mit Hilfe von Erfahrungen aufbauen. Erst durch Person-Umwelt-Interaktionen, die Lernprozesse darstellen, werden Verhaltensweisen und Handlungskompetenzen ausgebildet.

Traditionelle Lerntheorie

Ziel der »klassischen« Lerntheorie ist es, die Mechanismen und Regeln zu analysieren und zu erklären, durch die Verhaltensweisen aufgebaut, stabilisiert, verändert und wieder neu strukturiert werden. Der Begriff »Lernen« bezeichnet Aktionen und Aktivitäten von Menschen, um durch eigene Anstrengung und teilweise auch mechanische Anpassung an Umweltgegebenheiten bestimmte Kenntnisse und Fertigkeiten zu erwerben. Lernen ist also die Folge des Reagierens auf bestimmte Reize, Vorgaben, Begrenzungen, Anregungen, die Anpassung an gegebene soziale Strukturen und die Nachahmung von Verhaltensweisen anderer Menschen.

Nicht in allen Fällen handelt es sich dabei um einen bewussten und in der Wahrnehmung (Kognition) reflektierten Vorgang der Verarbeitung, es kann auch mechanisches und assoziatives Reagieren hierunter fallen. Das gilt besonders für das nachahmende, imitative Lernen, wie es vor allem beim Erwerb der Sprache, von Werthaltungen, Gewohnheiten und sozialen Normen vorherrscht. Lernen kann mit einer Absicht geschehen, also intentional sein, es kann aber auch ohne Aufforderung und ohne eine besondere zu Grunde liegende Motivation vorkommen (inzidentelles Lernen) (Ulich 1991). Es bezieht sich auf kognitive Wahrnehmungen ebenso wie auf Emotionen (Ulich und Kapfhammer 1991).

Die klassischen »behavoristischen« Lerntheorien, die maßgeblich durch den amerikanischen Psychologen Watson (1913) beeinflusst wurden, orientieren sich an einem mechanischen Modell der Beziehungen von Person und Umwelt. Das Verhalten eines Menschen wird als Reaktion auf Impulse aus der Umwelt erklärt.

- Watson hält den Menschen für grundsätzlich aktivitäts- und reaktionsbereit. Sein Verhalten ist offen und steuert sich nach Versuch und Irrtum, wobei positive Verstärkungen (zum Beispiel bei Erfolg, wenn man belohnt wird) oder negative Verstärkungen (zum Beispiel bei Misserfolg, wenn man bestraft wird) über den Erwerb von Verhaltensweisen entscheiden. In den berühmten Tierversuchen von Pawlow (1960), bei denen schon die Ankündigung von Speisen die Magenskretion auslöste, wurden Belege für diese Theorie gefunden.
- Skinner (1973) entwickelte auf der Basis dieser klassischen Theorie Konzepte des instrumentellen Lernens, wobei der Lehrstoff in kleine und leicht zu lösende Aufgaben aufgeteilt wurde, die systematisch aufeinander abgestimmt waren und nacheinander gelöst werden mussten. Jeder einzelne Lernschritt wurde bei erfolgreicher Lösung sofort verstärkt. Dieses Konzept wurde auch als »programmiertes Lernen« bezeichnet. Die praxisbezogenen Ausarbeitungen dieser Theorie sind vor allem für schulische Lehr- und Unterrichtsprogramme und die pädagogische Erziehungstheorie von großer Bedeutung (Rosemann und Bielski 2000).

Theorien des sozialen Lernens

Für die Sozialisationstheorie ist eine spätere Strömung der Lerntheorie besonders wichtig, die »soziale Lerntheorie«. In dieser Theorie im Anschluss an Bandura (1979) wird die mechanische Sichtweise der klassischen Lerntheorie verlassen und die wechselseitige Beeinflussung von Person und Umwelt betont. Die Umwelt wird als sozialer und strukturierter Kontext verstanden. Lernen wird durch die Wirkungen der sozialen Umwelt über Prozesse der Aneignung von Verhaltensformen und Wissensbeständen erklärt.

»Soziales Lernen« ist in dieser Theorie die Aneignung und Verarbeitung von Normen, Erwartungen und Regeln der sozialen und kulturellen Umwelt. Wie alle anderen Lernprozesse auch ist das soziale Lernen ein lebenslanger Prozess, hat allerdings eine besonders formative und prägende Phase in Kindheit und Jugend. Deswegen sind pädagogisch gezielte Steuerungen durch Gruppenarbeit, Rollenspiel, Übungsaufgaben und Gespräche zur Beeinflussung des Sozialverhaltens von Kindern und Jugendlichen besonders aussichtsreich. Auch das Beobachtungslernen durch die Imitation eines anderen Menschen als Vorbild spielt eine große Rolle (Baldwin 1974, S. 155).

Grundlagen der Theorie von Bandura

In der Konzeption von Bandura (1979) verarbeitet jeder Mensch das, was er am Verhalten anderer Menschen in Modellfunktionen wahrnimmt, in einer solchen Weise, dass er über Wahrnehmung, Bedeutungszuschreibung, kognitive Strukturierung, Gewichtung und Selektion von Informationen eine Konstruktion von Regelsystemen aus dem Verhalten anderer vornimmt. Kinder bauen demnach durch den aktiven Umgang mit anderen Menschen und insbesondere mit Erwachsenen »generative Regelsysteme«, nämlich begriffliche Schemata und verschiedene Stile der Informationsverarbeitung auf. Das Lernen am sozialen Modell geschieht überwiegend durch Nachahmung und Identifikation des Beobachters mit dem durch eine andere Person vorgeführten Verhalten.

Die soziale Lerntheorie geht von der permanenten Lernfähigkeit des Menschen über die gesamte Lebensspanne aus. Es kommt zu dauerhaften Veränderungen von Persönlichkeitsmerkmalen, die sich auf den Neuerwerb und das Verlernen oder Vergessen von Verhalten erstrecken. Die Veränderung kann sich sowohl auf eine zunehmende Differenzierung von Handlungen als auch auf eine routinierte Übertragung von Reaktionen auf jeweils ähnliche Situationen beziehen. Veränderung durch Lernen umfasst verschiedene Funktionsbereiche der Persönlichkeit von der Wahrnehmung über Motive, Einstellungen, Bewertungen bis zu sozialen Verhaltensdispositionen (Rosemann und Bielski 2000, S. 45).

In dieser Theorie wird im Unterschied zu den klassischen Lerntheorien menschliche Eigenaktivität stark betont. Die soziale Lerntheorie setzt sich von der »bewusstlosen« Konzeption der Reiz-Reaktions-Verbindungen ab und betont die subjektive Verarbeitung von Erfahrungen in einem von jedem Individuum nach eigenen Maßstäben gesteuerten Prozess. Kreativität und Selbstverantwortlichkeit des Menschen werden stark gewichtet. Wie Ulich (1991, S. 71) betont, ist für Bandura Lernen niemals passive Aufnahme, sondern aktive Aneignung, Verarbeitung, Kanalisierung und Strukturierung von Erfahrungen. Durch Lernen wird Komplexität reduziert und selektive Perspektiven werden entwickelt, die auch die Antizipation von Handlungsfolgen erlauben.

Das Konzept der Selbstwirksamkeit

In den 1980er Jahren wurde von Bandura das Konzept »Selbstwirksamkeit« in die Lerntheorie eingeführt. Es bezeichnet die Überzeugung eines Menschen, ein bestimmtes Verhalten ausführen und dabei auftretende Hindernisse oder Schwierigkeiten überwinden zu können.

- Selbstwirksamkeit ist eine wichtige Bedingung für jede Form der Verhaltensänderung, weil sie Einfluss darauf hat, wie viel Anstrengung in ein bestimmtes Vorhaben investiert und inwieweit das gewünschte Ziel erreicht wird. Das wiederholte Ausführen einer einzelnen Aufgabe kann nach dieser Theorie helfen, die Selbstwirksamkeit zu stärken, indem schrittweise die Überzeugung aufgebaut wird, dass Effekte in bestimmten Situationen mit einer gewissen Wahrscheinlichkeit als Folge des eigenen Verhaltens auftreten. Diese Überzeugung wird auch als »Ergebniserwartung« bezeichnet.

- Mit dem Konzept »Selbstwirksamkeit«, das eine Ähnlichkeit mit dem »Kohärenzsinn« der oben erwähnten salutogenetischen Theorie hat, hat Bandura ein reflexives Element in die Lerntheorie eingezogen, das eine Brücke zu den Persönlichkeits- und Stresstheorien baut. Damit hat die Lerntheorie ihre Leistungsfähigkeit für die Analyse von Sozialisationsprozessen deutlich erhöht (Bandura 1997).

Die für die Sozialisationstheorie wichtigen Anwendungsfelder der Lerntheorie liegen dort, wo es um die gezielte Analyse und Beeinflussung persönlicher Verhaltensweisen geht, die einen hohen Wert für die weitere Persönlichkeitsentwicklung haben. Beispiele sind das Erlernen von Verhaltensmustern in Krisenlagen, die Einübung von gesundheitsförderlicher Bewegung und regelmäßiger Ernährung und das Verlernen von ungesunden Verhaltensmustern. Hier hat die Lerntheorie einfach zu handhabende Modelle entwickelt, die Verhaltensbeeinflussungen ermöglichen, ohne dass die Aufmerksamkeit vergeblich auf die Grundstrukturen der Persönlichkeit und schwer veränderbare Konstellationen der sozialen Umwelt in Familie, Freizeit und Beruf gerichtet wird. Für gezielte »Umprogrammierungen« von routinierten Verhaltensweisen, die für die Persönlichkeitsentwicklung förderlich sein können, ist die Lerntheorie eine geeignete Basis.

Von der ganzen Anlage her liegt der Leistungsschwerpunkt der Lerntheorien auf der systematischen theoretischen und methodischen Analyse von Interaktionen, insbesondere von Menschen untereinander. Deshalb hat sie sich für die Analyse von Erziehungspraktiken gut bewährt. Mit dem Konzept der »Selbstwirksamkeit« ist für solche Untersuchungen eine Zielvorstellung formuliert, die eine Bewertung von Erziehungspraktiken ermöglicht. Die soziale Lerntheorie ist in der Lage, neben kurzfristigen auch überdauernde Veränderungen individueller Regulierungssysteme und sozialer Kompetenzen zu analysieren. Da sich in Ansätzen auch Überlegungen zu der Wahrscheinlichkeit der Abfolge von Entwicklungsstufen bei bestimmten Ausgangskonstellationen der Person-Umwelt-Beziehung finden, werden die Lerntheorien auch für Aussagen zur »Entwicklungslogik« der Persönlichkeit bedeutsam.

Kritische Einschätzung der Lerntheorie

Methodisch hat die Lerntheorie von Anfang an auf systematische Untersuchungsstandards gedrängt. Alle Lerntheorien orientieren sich am Konzept des »kritischen Rationalismus«, indem sie großen Wert auf die Ermittlung und Analyse von beobachtbaren Fakten, Ereignissen und Sachverhalten legen. Alle wissenschaftlichen Erkenntnisse sollen durch Beobachtung des Gegebenen gewonnen werden, gewissermaßen durch die eindeutigen »positiven« Tatsachen (daher auch die Bezeichnung »Positivismus« für diese Methodologie).

Der erste Schritt ist eine Festlegung der Begriffe und Konzepte, die durch konkrete Fragen und Beobachtungsgrößen definiert (operationalisiert) werden. Es schließt sich eine Hypothesenbildung an, die mit Annahmen über den Zusammenhang der verschiedenen Größen arbeitet. An methodischen Instrumenten werden vor allem kontrollierte Verfahren wie Fragebogen und Verhaltensbeobachtungen eingesetzt, mittels derer die Hypothesen auf ihre Übereinstimmung mit der beobachtbaren Wirklichkeit getestet werden. Ziel ist es, abgesicherte Erkenntnisse zu gewinnen, die konkrete Aussagen nach dem Muster »Je angenehmer die Nähe eines anderen Menschen empfunden wird, desto mehr Zeit wird mit ihm verbracht« erlauben. Methodisches Ziel ist ein breit gefächertes System solcher gesicherten Aussagen, um hieraus Regelmäßigkeiten im Sinne von sozialen Gesetzen ableiten zu können. Immer häufiger werden in den letzten Jahren auch ergänzende Fallstudien und interpretierende Verfahren einbezogen.

Wie Ulich (1991) betont, hat sich die Lerntheorie in den letzten Jahren sowohl methodisch als auch theoretisch immer weiter gegenüber anderen Theorietraditionen geöffnet und befindet sich auf dem Weg zu einer Verhaltenstheorie. Den klassischen Lerntheorien lässt sich kritisch vorhalten, sie orientierten sich an einem mechanistischen Modell des menschlichen Verhaltens, indem sie die menschliche Persönlichkeit als ein »unbeschriebenes Blatt« verstünden, das beliebig durch äußere Umwelteinflüsse programmiert werden könne. Die soziale Lerntheorie hat diese Defizite überwunden und bezieht körperliche und psychische Anlagen und entsprechende Strukturierungen der Persönlichkeit nach Bedürfnissen, Motiven und Temperament ausdrücklich mit ein. Damit sind innerpsychische Vorgänge nicht mehr länger eine »black box«, ein unstrukturierter und frei beeinflussbarer Raum, und damit ist die Lerntheorie für die Sozialisationstheorie eine hochinteressante Basistheorie geworden.

2.1.3 Entwicklungspsychologien

Entwicklungspsychologien treffen systematische Aussagen über die Veränderung von Persönlichkeitsmerkmalen im Verlaufe des Lebens. Sie liefern deswegen maßgebliche theoretische Bausteine für die Sozialisationsforschung. Im Folgenden sollen zwei große Linien der Entwicklungspsychologie vorgestellt werden, nämlich die kognitive Entwicklungspsychologie, ursprünglich von Jean Piaget (1886–1980) begründet, und die ökologische Entwicklungspsychologie, die maßgeblich von Urie Bronfenbrenner (geboren 1927) skizziert wurde.

Die kognitive Entwicklungspsychologie

Die kognitive Entwicklungspsychologie geht von der Leitidee aus, ein Mensch werde einerseits von seiner Umwelt beeinflusst, wirke andererseits aber auch aktiv auf sie ein. In diesem wechselseitigen Vorgang werden bestimmte Verhaltensweisen des Denkens und Strukturen der Wahrnehmung gebildet, die sich stufenweise weiterentwickeln. Auf jeder Stufe der Entwicklung ist schon die Voraussetzung für die nächste, komplexere und übergreifendere Struktur angelegt (Piaget 1972; Piaget und Inhelder 1977).

Im Unterschied zur Lerntheorie wird Entwicklung nicht als ein additiver Prozess verstanden, in dem sich neue Strukturen zu den schon vorhandenen hinzugesellen, sondern als ein Vorgang der fortschreitenden Differenzierung, in dem neue Strukturen die alten verändern und mit ihnen zusammen ein verändertes Ganzes bilden. Persönlichkeitsentwicklung wird als ein schrittweiser Aufbau von

Fähigkeiten verstanden, mit denen stufenweise eine immer bessere Anpassung an Umweltbedingungen erreicht wird (Montada 1998). Wegen ihrer stufenweisen Anlage wird die Theorie auch als »strukturgenetische Theorie« bezeichnet (Seiler 1991).

Grundlagen der Theorie von Piaget

Der Schwerpunkt des Erkenntnisinteresses von Piaget liegt auf der Frage, wie ein Mensch sich als aktiver Organismus mit seiner stofflichen Umwelt auseinander setzt und dabei Vorstellungen von der Welt entwirft. Während der Entwicklung werden neue Erfahrungen gesammelt, es entstehen jeweils Einordnungsprobleme, die sich mit dem bisherigen Entwicklungsstand des intellektuellen Niveaus nicht mehr bewältigen lassen. Es kommt zu einem Ungleichgewicht zwischen den Außenanforderungen und den inneren kognitiven Strukturen, deswegen entsteht ein Druck für eine Weiterentwicklung dieser Strukturen auf einem höheren Niveau.

Von diesem Denkansatz aus wird die Theorie einer stufenweisen Entwicklung nach aufeinander aufbauenden Stadien von Denkoperationen abgeleitet:

- Nach Piaget durchläuft ein Kind vier Stufen der intellektuellen Entwicklung, nämlich zuerst eine sensomotorische Stufe, dann zwischen dem zweiten und siebten Lebensjahr eine präoperationale Stufe, zwischen dem siebten und elften Lebensjahr die Stufe des konkreten Operierens und nach dem elften Lebensjahr die Stufe des formalen Operierens.
- Während in den ersten Stufen das Denken und Sprechen eines Kindes noch durch ein egozentrisches Weltbild geprägt ist, beginnt mit der Stufe des konkreten kognitiven Operierens ein sachlicher Umgang mit der Außenwelt und ihren Objekten. Die ersten Schritte des logischen Denkens treten ein, darunter auch die Fähigkeit, sich in Gesprächen in die Perspektive von anderen hineinzuvertiefen.
- Ein abstrahierendes Denken über die äußere Realität wird erst mit der Stufe der formalen Operation in der Adoleszenz mög-

lich. Jetzt kann sich ein Kind von der konkreten Anschauung lösen und logische Operationen verallgemeinern und abstrahieren. Im Jugendalter beginnt die Möglichkeit, gedankliche Hypothesen zu bilden und die möglichen Folgen abzuschätzen, die formalen Aspekte einer Argumentation zu analysieren und hinter Einzelfällen allgemeine Gesetze zu erkennen.

Piaget konzipiert also eine für die Sozialisationstheorie interessante Vorstellung, wonach die Persönlichkeitsentwicklung – bei ihm sehr stark auf die kognitive, intellektuelle Entwicklung reduziert – durch einen intensiven Austausch zwischen dem Organismus und seiner Umwelt erklärt werden kann. Wie Tillmann (2000, S. 94) betont, geht diese Theorie von einem für die Sozialisationstheorie grundlegenden Konzept des Individuums aus, das aktiv in Interaktion mit der Umwelt tritt und sich diese in ihren dinglichen und sozialen Komponenten aneignet.

Die Funktion der Adaption

Als Grundfunktion des Organismus gilt die »Adaption«, auch als »Äquilibration« bezeichnet, nämlich die notwendige, immer neu zu leistende Anpassung eines jeden menschlichen Organismus in jeder Entwicklungsstufe an die Umwelt. Jeder Zustand eines Gleichgewichts geht unvermeidlich in den Zustand eines gestörten Gleichgewichtes über, wodurch Prozesse der Neuanpassung von inneren Denkstrukturen an die äußere Umwelt notwendig werden. Die Adaption ist immer auch ein Prozess der aktiven Gestaltung der Umwelt mit dem Ziel, dass weitere, nachfolgende Austauschprozesse zwischen Organismus und Umwelt im Dienste der Erhaltung und Entfaltung des Organismus begünstigt werden.

Die Anpassung und Neukoordination der Strukturen von Organismus und Wahrnehmung setzen sich aus drei Modalitäten zusammen:

- Assimilation, wodurch der Organismus sich Gegebenheiten der Umwelt einverleibt,

- Akkumulation, indem der Organismus sich den Gegebenheiten der Umwelt anpasst, und
- Neukoordinierung, indem die bereits vorhandenen Strukturen auf einer höheren Stufe umstrukturiert werden.

Der Organismus wird als ein offenes System betrachtet, das in ständigem Austausch mit seiner Umwelt steht und von ihr gestaltet und verändert wird (Montada 1998; Piaget und Inhelder 1977). Der Motor der Entwicklung ist die Selbstregulierung. Die kognitive Entwicklung ist für Piaget ein spontaner Vorgang der Entwicklung, den das Kind selbsttätig in Gang setzt. Im Unterschied zur Lerntheorie betont er die Regelmäßigkeiten und Gesetzmäßigkeiten des Aufbaus von Mechanismen und »Ordnungsschemata« bei der Auseinandersetzung des Menschen mit der Umwelt (Damon 1984).

Methodische Arbeitsweise der kognitiven Entwicklungspsychologie

Methodisch arbeitet die kognitive Entwicklungspsychologie vor allem mit realitätsnahen Experimenten. Je nach Alter des Kindes werden anschauliche Arrangements getroffen, die Kinder vor Wahrnehmungs und Einordnungsprobleme stellen (Piaget 1983):

- So werden etwa einem fünfjährigen Kind zwei Kugeln aus weichem Ton gezeigt, die das Kind zu Recht für gleich groß hält. Eine Tonkugel wird ausgerollt, und das Kind wird gefragt, ob die Tonmenge noch dieselbe sei wie bei der ursprünglichen Tonkugel, die daneben liegt. Die meisten Kinder in diesem Alter denken, dass die ausgerollte Tonwurst mehr Ton enthält als die Tonkugel. Diese Experimente werden interpretiert. Die Wahrnehmung des fünfjährigen Kindes ist demnach unmittelbar, egozentrisch und ganz auf die Gegenwart begrenzt, das Kind konzentriert seine Aufmerksamkeit auf die äußere Eigenschaft des Materials und begreift noch nicht, dass die Menge ohne Rücksicht auf die Gestalt erhalten bleibt.
- Zur Untersuchung von unterschiedlichen Stadien der moralischen Urteilsfähigkeit wird mit »Konfliktgeschichten« gearbei-

tet. Eine solche Geschichte ist zum Beispiel das »Heinz-Dilemma«: Es wird gefragt, ob ein amerikanischer Ehemann (Heinz) in eine Apotheke einbrechen darf, um für seine schwer kranke Frau ein lebensrettendes Medikament zu stehlen. Heinz ist zu arm, um das Medikament kaufen zu können, der Apotheker hat sich geweigert, das Medikament ohne Bezahlung abzugeben. Bei Kindern und Jugendlichen unterschiedlichen Alters wird jetzt untersucht, wie sie dieses Dilemma lösen und welche Begründungen auf welchem moralischen Niveau sie für ihre Lösung angeben. Dazu werden die sprachlichen Äußerungen der Kinder und Jugendlichen erfasst und inhaltsanalytisch ausgewertet. Zehnjährige Kinder verweisen vor allem darauf, dass man nicht stehlen dürfe, weil man negative Konsequenzen wie etwa eine polizeiliche Verfolgung befürchten müsse. 17-Jährige hingegen verweisen auf die Gesetze als geltendes Recht und begründen abstrakt, warum diese einzuhalten sind. Auf der höchsten Stufe der Entwicklung werden solche Begründungen geliefert, die gesetzliche Regeln aus allgemeinen moralischen Rechten ableiten (Kohlberg 1974).

Mit dieser Methodik, die der hermeneutischen Tradition verpflichtet ist, sind wirklichkeitsnahe Untersuchungen möglich, allerdings ist wie bei allen Fallstudien Einordnung und Interpretation der Antworten schwierig und kann zu unterschiedlichen Ergebnissen je nach den Kriterien der sprachlicher Inhaltsanalyse führen. Deswegen wird zunehmend auch die Methodik von standardisierten Erhebungen zum Einsatz gebracht.

Kritische Einschätzung der kognitiven Entwicklungstheorie

Die kognitive Entwicklungspsychologie ist für die Sozialisationsforschung wichtig, weil sie die Konzeption eines durch spontane und konstruktive Aktivität gekennzeichneten menschlichen Organismus entfaltet (Ginsburg und Opper 1998). Sie lässt einfache reduktionistische Modellvorstellungen hinter sich und arbeitet differenzierte und konstruktive Austauschbeziehungen zwischen

Mensch und Umwelt heraus (Maier 1983). Die theoretischen Aussagen beziehen sich dabei – ebenso wie die der Lerntheorie – auf einen lebenslangen Prozess der Entwicklung, sind also nicht auf einzelne Lebensabschnitte fixiert (Buggle 1997; Edelstein und Hoppe-Graff 1993; Flammer 1996; Oerter und Montada 1998).

Allerdings ist die Umweltseite in dieser Theorie nur wenig ausgearbeitet. Das hängt mit den biologischen Ursprüngen des organismischen Denkens und der Konzeption der Adaption zusammen. Die Persönlichkeit entwickelt sich nach dieser Vorstellung aus innerpsychischen Dynamiken heraus (Grundmann 1999, S. 23). Für Piaget ist nur von geringem Interesse, welche Gestalt die soziale und die dinglich-materielle Umwelt hat. Sie werden als eine Art Voraussetzung der Persönlichkeitsentwicklung verstanden, während ihre unmittelbare Beschaffenheit von untergeordneter Bedeutung ist. Im Kern wird menschliches Verhalten als eine Funktion des Organismus verstanden. Die Umwelt beeinflusst den Organismus nur insofern, als sie den existierenden Strukturen des Organismus eingegliedert werden muss. Die Umwelt hat keine inhaltlich determinierende Bedeutung für den Organismus, denn dieser konstruiert sein Anpassungsinstrumentarium gewissermaßen aus sich selbst heraus (Sutter 1999a, S. 59).

In der Theorie von Piaget wird nicht ausreichend thematisiert, dass der Mensch in einer sozialen und dinglichen Umwelt lebt, die zum großen Teil durch den Menschen selbst geschaffen ist und den Stempel des menschlichen Handelns und Arbeitens trägt. Deshalb kann man Piaget den Vorwurf nicht ersparen, die Bedeutung sozialer Faktoren unterschätzt zu haben. Er scheint zumindest in einzelnen Fällen anzunehmen, dass der immanente Äquilibrationsprozess der Strukturen zwangsläufig zu besser adaptierten Systemen führe (Seiler 1991).

Weiterentwicklung der piagetschen Theorie

Um die Defizite der piagetschen Konzeption abzubauen, werden in neueren Fassungen der kognitiven Entwicklungstheorie soziale Umweltkomponenten stärker beachtet. So wird berücksichtigt, dass

Beschleunigungen oder Verzögerungen beim Durchlaufen der Entwicklungsstufen kognitiver Kompetenzen vom Anregungsgehalt der sozialen und materiellen Umwelt abhängig sind (Doise und Palmonari 1984; Keller 1976). In dieser erweiterten Konzeption kann die Entwicklungstheorie zur Aufklärung der Rolle sozialer Faktoren für den Aufbau der kognitiven und sozialen Kompetenzen eines Menschen beitragen. Sie kann vor allem zur Beantwortung der Frage verhelfen, welche Bedingungen sich in einer solchen Weise auf das Anregungspotenzial der sozialen und materiellen Umwelt auswirken, dass eine mehr oder weniger förderliche Entwicklung von Kompetenzen daraus resultiert.

Eine gut ausgearbeitete Theorie mit dieser Ausrichtung ist die von Kohlberg (1974). Sein Schwerpunkt liegt auf der Definition von verschiedenen Stufen der moralischen Urteilsfähigkeit in den ersten Lebensphasen.

- Kohlberg konstruiert sechs aufeinander folgende Stadien, die Moralvorstellungen bei Kindern, Heranwachsenden und jungen Erwachsenen bezeichnen. Zu Grunde liegen Untersuchungen, bei denen ethische Konflikte (zum Beispiel das oben erwähnte »Heinz-Dilemma«) vorgestellt und daraus Lösungen für Interessen- und Wertkonflikte abgeleitet werden. Die moralische Urteilsfähigkeit wird danach gemessen, auf welchem Argumentationsniveau die Konfliktlösung und die darin vorgeschlagenen Handlungsalternativen liegen.
- Durch Konstruktion der insgesamt sechs Stufen kann Kohlberg ein »ontogenetisches Entwicklungsmodell der menschlichen Reifung« entfalten, das die schrittweise Entwicklung zu einer komplexen Persönlichkeit abbildet. Die Stufen des moralischen Urteils werden dabei mit den Stufen der intellektuellen und logischen Entwicklung verknüpft. Die höchste Stufe der Entwicklung ist die »prinzipiengeleitete Moral«, die zugleich als ausgereifteste Form der menschlichen Subjektentwicklung in modernen Gesellschaften angesehen wird.

Mit diesem Ansatz hat Kohlberg Impulse für die Entwicklungspsychologie gegeben, die den Aspekt der Selbststeuerung betonen. Von anderen Autorinnen und Autoren werden Veränderbarkeit und Anpassungsbereitschaft der Persönlichkeit betont. Soziale, ethische und geschlechtsspezifische Faktoren werden als Varianten für die Persönlichkeitsentwicklung wahrgenommen, der Lebenslauf als sozial und persönlich gestaltbar konzipiert (Edelstein und Habermas 1984; Garz 1994; Geulen 1987; Keller 1990). Die einzelnen Lebensphasen werden als Abschnitte im Lebenslauf wahrgenommen, die eigenes Gewicht und eigene Bedeutsamkeit besitzen (Schmidt-Denter 1994; Oerter und Montada 1998).

Die konsequenteste Umsetzung dieser Vorstellung findet sich in der Theorie der Selbstgestaltung der menschlichen Entwicklung. Nach dieser Theorie sind Menschen vom Kindesalter an Gestalter ihrer Persönlichkeit (Lerner und Busch-Rossnagel 1981). Nicht mehr die Kontinuität der Entwicklung als eine einlinige, streng aufeinander aufbauende Abfolge von Eigenschaften und Merkmalen der Persönlichkeit wird betont, sondern die Flexibilität, die es ermöglicht, auch über Diskontinuitäten der persönlichen Entwicklung hinweg ein Persönlichkeitskonzept aufrechtzuerhalten.

Besonders wird die individuelle Einmaligkeit jeder Persönlichkeit betont, die auch dann eintritt, wenn die gleichen kulturellen, sozialen und physikalischen Umweltbedingungen gegeben sind (Dollase 1985; Gollin 1981; Gomille 1991). Diese Selbstentfaltung des Individuums wird aber nur für möglich erachtet, wenn es sich auf die soziale Umwelt und ihre Bedingungen einlässt und sich in einer aktiven Weise an der Gestaltung dieser Umwelt beteiligt. Nur dann kann sich Zufriedenheit mit der eigenen Persönlichkeitsentwicklung einstellen, wenn eine realistische Einschätzung der tatsächlichen Entfaltungsmöglichkeiten besteht. Menschen sind in diesem Verständnis individuelle Gestalter ihrer Lebensverläufe in der jeweiligen biografischen Konstellation ihres Lebens. Diese Ansätze der Entwicklungspsychologie sind deutlich von Impulsen der Persönlichkeitstheorie beeinflusst. Den geschlechtsspezifischen Dynamiken der Entwicklung wird dabei eine besondere Aufmerksamkeit gewidmet (Dausien 1999; Faulstich-Wieland 1995; Flaake und King 1992; Gildemeister und Wetterer 1992; Hagemann-White 1984; Helfferich 1994; Kolip 1997; Kürthy 1988; West und Zimmermann 1991).

Die ökologische Entwicklungspsychologie

Die ökologische Entwicklungspsychologie sieht den Menschen als Gestalter seiner Entwicklung und als sich selbst reflektierendes Wesen, das ein Bild von seiner Umwelt aufbaut und flexibel modifiziert. Menschen und ihre Umwelt werden als ein Gesamtsystem verstanden, wobei die Veränderungen von Mensch und Umwelt jeweils transaktional (sich wechselseitig beeinflussend) verlaufen. Der Mensch wird in dieser Theorie als Produkt und Gestalter seiner Umwelt zugleich gesehen. Die konkrete Beschaffenheit der sozialen und materiellen Umwelt als »menschlicher Lebensraum« wird genau analysiert (Dippelhofer-Stiem 1995; Grundmann und Lüscher 2000; Walter 1973; Wenzel 1986).

Der Begründer dieser Position ist Urie Bronfenbrenner. Von Piaget übernimmt er das Konzept des aktiven, sich die Umwelt kreativ aneignenden Menschen. Er geht aber über Piaget hinaus, indem er eine Wechselseitigkeit der Beziehungen zwischen Person und Umwelt unterstellt. Die in Entwicklung befindliche Person ist in dieser Konzeption eine wachsende dynamische Einheit, die das Milieu, in dem sie lebt, fortschreitend in Besitz nimmt und umformt. Da auch die Umwelt Einflüsse ausübt und so ein Prozess gegenseitiger Anpassung möglich und nötig wird, wird die Beziehung zwischen Person und Umwelt als eine intensive Gegenseitigkeitsbeziehung verstanden (Bronfenbrenner 1976, 1981).

Grundlagen der Theorie von Bronfenbrenner

Bronfenbrenner entwickelt ein Modell der schrittweisen Erschließung von Lebensräumen von den unmittelbaren zu den entferntesten Lebensbereichen. Mit voranschreitender Entwicklung bekommt ein Mensch Zugang zu Lebensbereichen außerhalb des Mikrosystems und entwickelt die Fähigkeit, die Einflüsse verschiedener Lebensbereiche miteinander zu verbinden:

- Das Mikrosystem Familie ist die unmittelbare Umgebung, in der das Kind lebt. Es umfasst die persönlichen Beziehungen der

Familienmitglieder und die räumlichen und ökonomischen Gegebenheiten von Haus und Straße.
- Das Mesosystem stellt die nächsthöhere Ebene dar und besteht aus den Wechselbeziehungen zwischen Mikrosystemen, zum Beispiel den Beziehungen zwischen der Kernfamilie und dem Kindergarten.
- Das Exosystem besteht aus dem gesellschaftlichen Nahraum. Hierunter fallen die unmittelbare Wohnumgebung, die Freizeitwelt und die Sozialisationsinstanz Schule.
- Das Makrosystem ist das höchste System und stellt gesellschaftliche Zusammenhänge dar, die ihrerseits die Mikro-, Meso- und Exosysteme beeinflussen. Im Makrosystem bildet sich die Gesamtkultur einer Gesellschaft mit ihrer Werte- und Normstruktur ab.

Die verschiedenen Systeme werden als Lebensbereiche in dem Maße als entwicklungsfördernd klassifiziert, wie sie es der sich entwickelnden Person ermöglichen, an fortschreitend komplexeren Tätigkeiten, zwischenmenschlichen Beziehungen und sozialen Rollenstrukturen teilzunehmen. Die menschliche Entwicklung wird als die dauerhafte Veränderung der Art und Weise verstanden, wie die Person auf die Umwelt eingeht und sich mit ihr auseinander setzt: »Menschliche Entwicklung ist der Prozess, durch den sich die entwickelnde Person erweiterte, differenziertere und verlässlichere Vorstellungen über ihre Umwelt erwirbt. Dabei wird sie zu Aktivitäten und Tätigkeiten motiviert und befähigt, die es ihr ermöglichen, die Eigenschaften ihrer Umwelt zu erkennen und zu erhalten oder auf nach Form und Inhalt ähnlich komplexem oder komplexerem Niveau umzubilden.« (Bronfenbrenner 1981, S. 44)

Das entwicklungsfördernde Potenzial eines Lebensbereiches wächst demnach mit der Anzahl der unterstützenden Verbindungen zu anderen Lebensbereichen. Das Potenzial eines Lebensbereichs wird in dem Ausmaß gesteigert, in dem den Beteiligten Verbindungen offen stehen, die es ihnen erlauben, Unterstützungen und Entscheidungsfindungen den Bedürfnissen der sich entwickelnden Person und den Bestrebungen ihrer Vertreter entsprechend zu beeinflussen (Bronfenbrenner 1981, S. 240).

Die Theorie arbeitet mit einer offenen Modellvorstellung der Beziehungen zwischen Person und Umwelt. Es finden sich Anklänge einerseits an die piagetsche Konzeption der aktiven Anpassung an die Umwelt, andererseits an die Gleichgewichtskonzeption der Beziehungen zwischen Person und Umwelt, wie sie in den noch vorzustellenden Systemtheorien anzutreffen sind.

Kritische Einschätzung der ökologischen Entwicklungspsychologie

Bronfenbrenners Konzeption kennt im Unterschied zu den psychoanalytischen Ansätzen und zur Theorie von Piaget keine feste Abfolge von Entwicklungsschritten der Persönlichkeit. Hier macht sich eine Orientierung an lerntheoretischen Traditionen bemerkbar, indem Entwicklung als der jeweilige summierte Niederschlag der Anregungsimpulse der sozialen Umwelt verstanden wird. Die Entwicklung der Persönlichkeit folgt in Bronfenbrenners Konzeption keinen zwingend aufeinander aufbauenden Regelmäßigkeiten und steuert auch nicht auf irgendeinen Ziel- oder Endzustand hin, sondern ist prinzipiell formbar und beeinflussbar. Es finden sich aber insofern Ansatzpunkte für eine Entwicklungstheorie, als mit jedem Schritt des Übergangs von einem Lebensbereich in einen anderen und mit jeder Erweiterung des sozialen Aktionsradius eines Menschen auch eine Erweiterung der jeweils spezifischen Fähigkeiten und Kompetenzen eintritt (Grundmann und Lüscher 2000; Magnusson und Allen 1984; Silbereisen 1986).

Die besondere Leistung der ökologischen Entwicklungspsychologie liegt darin, Umwelteinflüsse als Bedingungszusammenhänge für die menschliche Persönlichkeitsentwicklung anzuerkennen (Walter 1981). Die interaktive Einbettung kognitiver und sozialer Strukturen bei Kindern, Jugendlichen und Erwachsenen wird ausdrücklich berücksichtigt. Merkmale von Interaktionsprozessen werden als Bedingungen für den Aufbau von individuellen Kompetenzen betrachtet und auf ihre Förderlichkeit für die Persönlichkeitsentwicklung abgefragt (Schneewind, Beckmann und Engfer 1983). Dabei wird die gesamte Lebensspanne berücksichtigt (Baltes, Featherman und Lerner 1988; Baltes, Reese und Lipsitt 1980).

Allerdings bleiben viele Analysen auf der Ebene von mikroanalytischen Studien stehen und klammern die Zusammenhänge zwischen verschiedenen Merkmalen der Interaktionssituation und umfassenderen sozialstrukturellen Bedingungen aus. Wie die Mikrostruktur von Lebensbedingungen mit der Makrostruktur, der Organisation ökonomischer, politischer und sozialer Gegebenheiten, zusammenhängt, wird nicht detailliert analysiert. Allerdings ist durch das Modell der Einbettung der unmittelbaren Lebensbereiche in konzentrisch angeordnete weitere Lebensbereiche, die sich wechselseitig beeinflussen, das Spektrum der theoretisch für wichtig erachteten Faktoren klar benannt.

Weiterführung der ökologischen Entwicklungspsychologie

Weiterführungen dieser Theorie sind in den letzten Jahren vor allem bei Ansätzen zur frühkindlichen Sozialisation vorgelegt worden (Grundmann und Lüscher 2000). Die Arbeiten gehen von der zentralen Vorstellung Bronfenbrenners aus, dass Sozialisation und Erziehung auf eine möglichst umfassende Entwicklung und Förderung der kindlichen Persönlichkeit zielen und dazu beitragen sollen, die Heranwachsenden zu kritischer Individualität und sozialemotionaler Kompetenz zu führen. Dippelhofer-Stiem (1995) bezeichnet diese Vorstellung als »Ideal der allseits entwickelten Persönlichkeit«. Theoretisch und methodisch wird danach gefragt, welches diejenigen Umweltgegebenheiten sind, die eine fördernde oder hindernde Rolle für die Entwicklung einzelner Persönlichkeitsdimensionen eines Kindes besitzen. Die Erkenntnisse lassen sich in fünf Kriterien bündeln (Dippelhofer-Stiem 1995, S. 175):

- Zuwendung und emotionale Bestimmtheit: Für die Entwicklung des Kindes ist es von Vorteil, in den ersten Lebensjahren zu Räumen und Gegenständen in der Wohnung ebenso wie zu den wichtigen Bezugspersonen eine affektive Vertrautheit aufzubauen. Es geht um die richtige Dosis der Berücksichtung der Bedürfnisse des Kindes und der Beachtung der kindlichen Neugier und des Bewegungsdrangs durch Eltern und Erzieher.

- Anregungsgehalt und Responsivität: Das Kind profitiert in seinen ersten Lebensjahren von einer vielgestaltigen und reichhaltigen Umwelt, um Neugier und Suchverhalten zu fördern. Dazu gehören auch solche sozialen und räumlichen Gegebenheiten, die neues und experimentelles Verhalten herausfordern.
- Kontinuität und Regelmäßigkeit: Damit die soziale und physische Umwelt vertraut wird, sollte sie ein bestimmtes Maß an Beständigkeit und Geordnetheit besitzen. Kinder können dann Verhaltensweisen anderer Menschen, alltägliche Abläufe und räumliche Arrangements vorhersehen. Nur wenn diese Kontinuität und Regelmäßigkeit gegeben ist, kann ein Kind sich auf die Umwelt verlassen und sie erkunden.
- Offenheit und Partizipation: Die Offenheit für den kindlichen Bewegungsdrang und das Einräumen von Gelegenheiten, am sozialen Geschehen innerhalb und außerhalb der Familie beteiligt zu sein, sind von Bedeutung für die intellektuell-kognitive Entwicklung und den Erwerb von Selbstständigkeit. Es kommt darauf an, das Kind in die familialen Aktivitäten im Alltag aktiv und gestaltend eingreifen zu lassen und Spielraum für eigenständige Erkundungen und Kontakte einzuräumen.
- Stimulation und Anregungsdichte: Ein Übermaß von Hintergrundstimulation etwa durch Fernseh- oder Radiogeräte oder durch Wohnungs- und Straßenlärm kann die intellektuelle und soziale Entwicklung des Kindes stören und seine Fähigkeit der Informationsverarbeitung beeinträchtigen. Das gilt auch für zu große Enge innerhalb der Wohnung, die den Aktionsradius des Kindes einschränkt und es ihm nicht ermöglicht, die Stimulation selbst zu steuern. Kinder brauchen Rückzugsmöglichkeiten und Bereiche für Privatheit und Ruhe, und zwar schon von den ersten Lebensmonaten an.

Dippelhofer-Stiem (1995) erarbeitet auf der Basis dieser mehrdimensionalen Bestimmung der Umwelten frühkindlicher Sozialisation ein »Mehrebenen-Modell der Sozialisationsumwelt« für Kinder, das eine Weiterentwicklung des Konzepts von Bronfenbrenner darstellt. Sie legt großen Wert darauf, dass nicht nur die Mikro-, Meso-, Exo- und Makro-Systeme jeweils die richtige Ausprägung nach Dimensionen einer förderlichen ökologischen Umwelt annehmen müssen, sondern vor allem auch das Zusammenspiel der Systeme diesen Kriterien zu folgen hat. Jedes der einzelnen Systeme umfasst spezifische, für die Sozialisation relevante Muster von Aktivitäten, Rollen und Angeboten, die sich auf sozial-räumlicher Ebene entfalten. Die Wechselbeziehungen zwischen den Systemen, in die ein Kind einbezogen ist, müssen harmonieren, also zum Beispiel die Wohnumgebung mit der Lebenslage der Familie, die Einbindung der Wohnung in ein anregungsreiches Spiel- und Freizeitumfeld und die Erreichbarkeit von Kindergarten und Schule, die ihrerseits wieder mit den Anregungsqualitäten von Familie und Wohnumfeld korrespondieren.

2.2 Soziologische Theorien der Sozialisation

In der Soziologie haben sich Systemtheorien, Handlungstheorien und Gesellschaftstheorien als bedeutsam für die Analyse des Prozesses der Auseinandersetzung des Menschen mit seiner inneren und äußeren Realität erwiesen. Diese Theorierichtungen werden im nächsten Abschnitt in ihren Grundaussagen und in ihrer Bedeutung für die Analyse und Erklärung von Sozialisation charakterisiert und kritisch eingeordnet.

2.2.1 Systemtheorien

Die soziologische Systemtheorie wurde maßgeblich vom Amerikaner Talcott Parsons (1902–1979) entwickelt. Parsons nimmt die Leitfrage von Durkheim auf, wie komplexe und durchorganisierte Gesellschaften zu sozialer Stabilität kommen und die biologisch-psychischen Anteile in der Persönlichkeit von Menschen in ihre Funktionsabläufe einbeziehen können. Er bedient sich bei seiner Analyse des Konzeptes »System«, und zwar sowohl zur Beschreibung von inhaltlich und funktional zusammenhängenden Einheiten der Gesellschaft als auch der Persönlichkeit. Auf diese Weise gelingt es ihm, ein einheitliches und zusammenhängendes theoretisches Modell zu etablieren, das biologische und psychologische Theorien mit umfasst (Parsons 1951).

Die strukturfunktionale Systemtheorie

Parsons geht von der einfachen Annahme aus, dass jedes System eine eigene Struktur hat. Mit Struktur wird der zeitlich überdauernde Aspekt des Systems bezeichnet, der Stabilität verleiht. Der dynamische Aspekt eines Systems wird mit dem Begriff »Funktion« gekennzeichnet, womit der Beitrag des Systems für die Stabilität eines übergeordneten Gesamtsystems angesprochen ist. Wegen dieser beiden zentralen Begriffe wird die Theorie von Parsons auch als eine struktur-funktionale (System-)Theorie bezeichnet. Sie hat ihren Schwerpunkt darin, die verschiedenen Systeme und Subsysteme der Realität – und zwar der inneren und äußeren – zu identifizieren, in ihrem Zusammenspiel zu analysieren und ihre Funktionen für jeweils andere Systeme herauszuarbeiten (Schulze und Künzler 1991). Sie ist bemüht, die Mikroperspektive der individuell-psychischen Persönlichkeitsstruktur und die Makroperspektive gesellschaftlicher Sozialstrukturen in Bezug zu setzen und in eine Synthese zu bringen.

Grundlagen der Theorie von Parsons

Parsons unterscheidet analytisch zwischen einem organischen, einem psychischen und einem sozialen System.

- Das organische System des Menschen bildet die Ausgangsbasis aller Handlungsprozesse des Menschen. Es versorgt die Persönlichkeit mit Energie für körperliche und psychische Grundfunktionen. Die entsprechenden Annahmen der psychoanalytischen Theorie von Freud werden ausdrücklich als Bezugspunkt gewählt.
- Das psychische System, die Persönlichkeit des Menschen, hat die Aufgabe, die Antriebsenergien des organischen Systems zu

kontrollieren und in gesellschaftlich erlaubte und vorgeschriebene Bahnen zu lenken. Die Persönlichkeit ist wesentlich durch diese Struktur der kontrollierten Bedürfnispositionen charakterisiert, die sich im Zuge der Verinnerlichung der gesellschaftlichen Kontrollen herausbilden.
- Das soziale System ist weitgehend identisch mit der Gesellschaft und wird aus den Beziehungsmustern zwischen handelnden Persönlichkeiten in ihrer Eigenschaft als Träger bestimmter sozialer Rollen gebildet.

Ganz im Sinne der Vorstellung von Durkheim und in enger Orientierung an Freud wird Sozialisation als schrittweise Übernahme der Verhaltensmaßstäbe des sozialen Systems in das psychische System verstanden. Sozialisation beginnt mit der psychischen Verinnerlichung der Maßstäbe der ersten Pflege- und Bezugspersonen, mit denen ein Kind in Beziehung tritt. Diese sozialen Objekte verweisen in ihren Rollen (Mutter, Vater, Bruder, Schwester, Erzieherin usw.) jeweils auf das soziale und kulturelle Subsystem, in dem sie stehen (Mühlbauer 1980, S. 76). Im weiteren Verlauf des Lebens kommt es zu immer neuen Aneignungsprozessen normativer und sozialer Strukturen (Parsons 1968a). Am Ende steht eine »gesellschaftsfähige Persönlichkeit« (Parsons 1951, S. 205).

Die Theorie von Parsons erklärt Sozialisation also als eine gegenseitige »Durchdringung« (Interpenetration) der Systeme Organismus, Persönlichkeit und Gesellschaft. Diese Systeme pendeln sich im Verlauf ihrer Entwicklung jeweils auf bestimmte, mehr oder weniger stabile Gleichgewichtszustände ein. Ein solcher Zustand ist zum Beispiel dadurch gegeben, dass die kognitive und motivationale Struktur eines Menschen sich in Übereinstimmung mit den Strukturen des sozialen Systems, in dem die Erwartungen der kulturellen, politischen und ökonomischen Subsysteme institutionalisiert sind, befindet. Ähnlich wie in den kognitiven Ansätzen der Entwicklungstheorie wird hier eine Gleichgewichtsvorstellung als heuristisches Mittel der Analyse eingesetzt.

Gleichgewicht ist der Zielzustand jedes einzelnen Systems in der Beziehung zu seiner Umwelt. Der Prozess der Sozialisation ist ein gleichgewichtsstabilisierender Mechanismus. »Denn durch die Verinnerlichung der Werte und Normen der Gesellschaft kommt es zu einer Abstimmung der Bedürfnisstruktur des Organismus, der Persönlichkeitsstruktur und der Sozialstruktur der Gesellschaft. Die Bedürfnisstruktur stellt Bedürfnisdispositionen nach der Verinnerlichung der Wertorientierungen als eine Art Spiegelbild der Sozialsysteme dar, mit denen das Individuum verknüpft ist.« (Geißler 1979, S. 270)

Grundqualifikationen des Rollenhandelns

Die Sozialisationsgeschichte eines Individuums besteht für Parsons im Durchlaufen einer Hierarchie unterschiedlich strukturierter und sich zunehmend differenzierender Rollenbeziehungen:

- Von der Zweierbeziehung zwischen Mutter und Kind in der vorödipalen Phase über das einfache Rollensystem der Kernfamilie erweitern sich die Rollenbeziehungen in Gleichaltrigengruppe und Schule, um sich dann in der Jugendphase zu komplizieren, bis die vielgestaltigen Rollenfelder des Erwachsenen in Beruf, eigener Familie und Gesellschaft erreicht werden (Parsons 1968a), die im Alter wieder in einfachere Muster übergehen.
- Jeder Mensch bewegt sich also bis in das Erwachsenenalter hinein durch immer facettenreichere Rollenstrukturen und muss sich mit den jeweiligen wechselseitigen Erwartungen in unterschiedlichen Beziehungen auseinander setzen. Erst mit der Verinnerlichung der Verhaltenserwartungen und Wertorientierungen und ihrer Verankerung in der Struktur der individuellen Bedürfnisdisposition im Erwachsenenalter ist dieser Prozess vorläufig abgeschlossen (Parsons 1976). Die »Rollenkarriere« besteht aus einer fortschreitenden Folge von Differenzierungen der Persönlichkeit, wobei jede Stufe inhaltlich umfassender und strukturell komplexer ist als die vorangegangene (Parsons und Platt 1976, S. 191).

Über den Prozess der Sozialisation werden nach Parsons grundlegende Wertorientierungen erworben, die zum erfolgreichen Rollenhandeln in modernen, komplexen Gesellschaften notwendig sind. Hierzu müssen generelle Verhaltensorientierungen fest in der Persönlichkeit verankert sein. Das grundlegende Wertmuster für westliche Gesellschaften wird als »universalistisch« bezeichnet.

- Als universalistisch versteht Parsons die alleinige Ausrichtung des Handelns an der individuellen Leistung. Dazu gehört eine affektive Neutralität durch die rein sachliche Berücksichtigung von Interessen in Beziehungen, die Wahrnehmung anderer Menschen nicht nach ihrer Persönlichkeit, sondern nach ihrer sozialen Position und ein hohes Ausmaß von Selbstorientierung im Sinne einer Wahrnehmung des eigenen Vorteils in beruflichen und persönlichen Beziehungen (Parsons 1951, S. 219). Die universalistischen Orientierungen gelten für Parsons als »Grundqualifikationen des Rollenhandelns«, die eine »Basispersönlichkeit« eines Menschen strukturieren.
- Diese Verhaltensmuster können in der eng und persönlich konstruierten familialen Sozialisation nicht vermittelt werden, denn hier herrschen »partikularistische« Beziehungen vor, die den universalistischen entgegengesetzt sind und sich durch direkte persönliche Beziehung, Gefühlsorientierung und Gemeinschaftsinteresse auszeichnen.
- Aus diesem Grund kommt Kindergarten und Schule eine Schlüsselfunktion im Sozialisationsprozess moderner Gesellschaften zu, denn hier werden die universalistischen Wertorientierungen zum ersten Mal für Kinder und Jugendliche erlebbar praktiziert. In seinem Aufsatz »Die Schulklasse als soziales System« analysiert Parsons die strukturellen Unterschiede zwischen der Familie und der Schule als informelle und formelle Rollensysteme. Im Unterschied zur Mutter tritt die Grundschullehrerin als eine Bezugsperson auf, die emotional neutral ist und die Persönlichkeit des Kindes allein nach der erbrachten individuellen Leistung bemisst. Indem ein Kind sich in die formalen Rollenbeziehungen einer Schulklasse einfindet, übernimmt es in seine Persönlichkeit die öffentlichen Wertmuster (Parsons 1968a).

Kritische Würdigung der strukturfunktionalen Theorie

Methodisch ist die Systemtheorie durch Parsons nur wenig profiliert worden. Eine spezifische nur für diese Theorierichtung geeignete Entwicklung von Untersuchungsdesigns, Instrumenten und Verfahren lässt sich nicht erkennen.

Die meisten heutigen Systemtheoretiker arbeiten mit empirisch-statistischen Verfahren in der Tradition des kritischen Rationalismus. Sie konzentrieren ihre Arbeit auf Analysen von öffentlich zugänglichen Statistiken über wirtschaftliche und kulturelle Entwicklungen und Erhebungen zu der Veränderung von Sozialstrukturen und kulturellen Mustern. Sie sind besonders an organisations- und gruppenbezogenen empirischen Studien interessiert. Da aber die konzeptionellen Annahmen auf einer sehr hohen Abstraktionsstufe liegen, kann eine empirische Umsetzung (Operationalisierung) oft nur in Ansätzen gelingen. Aus diesem Grund spielten wissenschaftliche Beobachtungen und Interpretationen nach vorgegebenen theoretischen Perspektiven eine große Rolle. Teilweise werden empirisch gewonnene Daten auch nur zur punktuellen Illustration von theoretischen Aussagen herangezogen. Hier nähert sich die Systemtheorie der hermeneutischen Arbeitsweise an.

Theoretisch ist das Konzept von Parsons noch durch die an der Definition von Durkheim orientierte Akzentuierung von Sozialisation als »Vergesellschaftung« beherrscht. Dadurch ergeben sich theoretische Engführungen.

- Persönlichkeit wird als »Spiegelbild« der Sozialstruktur verstanden und deshalb der Aspekt der Individuation als integraler Bestandteil des Sozialisationsprozesses nicht ausreichend betont. Der Theorie liegt eine überwiegend gesellschaftsbezogene Konzeption von Persönlichkeitsbildung zu Grunde. Sie nimmt zwar psychoanalytische Theorieteile auf, da sie aber nur additiv einbezogen werden, wird der gesellschaftslastige Akzent kaum korrigiert.
- Wegen der starken Orientierung am Begriff der sozialen Rolle überwiegt eine passive Konzeption des menschlichen Anpassungsprozesses an die Gesellschaft. Der Mensch wird nicht als

aktiver Erschließer und Gestalter seiner Umwelt verstanden, sondern er steht einer übermächtigen Gesellschaft gegenüber, deren Einflüssen er sich kaum erwehren kann. Die Individualität des Menschen bildet sich gewissermaßen in gesellschaftsfreien Räumen, fern von sozial genormten Erwartungen und Sanktionen.

- Parsons unterschätzt den Spielraum für die Entwicklung einer eigenen, vom gesellschaftlich etablierten und institutionalisierten Rollensystem abweichenden Persönlichkeit, und damit auch den Spielraum für Wertstrukturen und Handlungsziele, die ein souveränes und distanziertes Rollenhandeln ermöglichen (Wrong 1961).

In Parsons Arbeiten finden sich aber vielfältige Ansätze, die eine differenzierte Darstellung des Prozesses der Durchdringung von organischen, psychischen und sozialen Systemen und Strukturen leisten. Parsons weist mehrfach auf die besondere Individualität jeder konkreten Person hin, die in ihrer individuellen Sozialisations- und Lebensgeschichte zu einer relativen Unabhängigkeit gegenüber den gesellschaftlichen Normen führe: »Die Persönlichkeit wird dennoch stets ein System mit eigener, individueller Konstitution sein, mit eigenen Zielen und Imperativen innerer Integration, mit eigenen charakteristischen Formen des Verhaltens in Lebenssituationen … Das Individuum wird jedoch niemals in der Form in die Gesellschaft sozialisiert, dass es nur ein standardisiertes Rädchen der Maschinerie wird. Mutter, Familie, Schule, Gemeinde weisen ebenso weit reichende und subtile Unterschiede auf, wie die ursprüngliche Veranlagung der Individuen.« (Parsons 1968, S. 378)

In der Tat wird die Theorie von Parsons für die Sozialisationstheorie dann besonders wertvoll, wenn der Austausch und das Durchdringen von organischem, personalem und sozialem System präzise analysiert und dabei das Spannungs- und Konfliktpotenzial in diesem Austausch differenziert herausgearbeitet wird. Es wäre wünschenswert, die aktiven Aneignungs- und Erschließungsleistungen des personalen Systems in die theoretische Konzeption einzubeziehen und die bewusste Reflexion eines Individuums über sein Verhältnis zur inneren und äußeren Realität systematisch in der Theorie zu verankern. Mit dieser Akzentsetzung läge eine Theorie vor, die nachzeichnet, wie Individualität durch Sozialisation erst gewonnen werden kann (Münch 1988, S. 426).

Die soziale Systemtheorie

Die einflussreichste Weiterentwicklung der Systemtheorie durch Niklas Luhmann betont die Eigenständigkeit der Systeme. Luhmann unterscheidet wie Parsons zwischen einem organischen, psychischen und sozialen System. Diese drei Systeme folgen eigenen Entwicklungsgesetzen. So wird das psychische System auf der Basis eines einheitlichen »selbstreferenziellen« Bewusstseinszusammenhanges definiert, während sich soziale Zusammenhänge durch Kommunikationszusammenhänge ergeben: »Psychische und soziale Systeme sind im Wege der Ko-Evolution entstanden. Die jeweils eine Systemart ist notwendige Umwelt der jeweils anderen. Die Begründung dieser Notwendigkeit liegt in der diese Systemart ermöglichenden Evolution. Personen können nicht ohne soziale Systeme entstehen und bestehen, und das Gleiche gilt umgekehrt.« (Luhmann 1984, S. 92) Die beiden Systeme stehen in einem Verhältnis der gegenseitigen Interpenetration, wobei jedes Beiträge zum Aufbau des anderen zur Verfügung stellt. Das selbst gesteuerte Bewusstsein ist der Beitrag des psychischen Systems, der in das soziale System aufgenommen wird, während das soziale System Kommunikation beisteuert, um das psychische System zu konstituieren.

In der systemtheoretischen Konzeption von Luhmann wird »Sozialisation« als »Selbstsozialisation« verstanden: »Sie erfolgt nicht durch Übertragung eines Sinnmusters von einem System aufs andere, sondern ihr Grundvorgang ist die selbstreferenzielle Reproduktion des Systems, das die Sozialisation an sich selbst bewirkt und erfährt.« (Luhmann 1984, S. 327) Aus der Differenz zwischen dem psychischen System (der Person) und dessen Umwelt (dem sozialen System) ergibt sich in dieser Sichtweise die Möglichkeit und die Notwendigkeit von Sozialisation: Der Mensch ist in seiner Persönlichkeitsentwicklung auf Soziales angewiesen, aber er wird durch Sozialisation nicht Teil des sozialen Systems. Umgekehrt wird durch Sozialisation das soziale System nicht in Psyche transformiert. Beide Systeme interagieren, aber sie bleiben jeweils Umwelt füreinander (Gilgenmann 1986, S. 72; Luhmann 1987).

Organisches, psychisches und soziales System werden jeweils als selbstorganisierende und selbst gesteuerte Systeme verstanden.

- Eine Person entwickelt sich als psychisches System nach einer eigenen Dynamik, und zwar im Prinzip unabhängig von der sozialen Umwelt. Neben dem psychischen System entwickelt sich auch das soziale System, also die Gesellschaft, in einer solchen selbstreferenziellen Logik, »Autopoiesis« genannt.
- Der Begriff Autopoiesis wurde von Luhmann aus der Neurophysiologie übernommen und bezeichnet die Organisationsform von Systemen, die ihre konstitutiven Komponenten selbst herstellen und über Zeit und Raum auch selbst erhalten können (Maturana und Varela 1987).
- Auch in sozialen Systemen wird nach Luhmann jede innere Struktur vom System selbst durch selbstreferenzielles Prozessieren erzeugt. Als die grundlegende Leistung des Systems wird dabei die Reduktion der Komplexität von Umwelt verstanden, also die Aneignung und Übersetzung von Strukturen, Prozessen und Komponenten aus der Umgebung in das Innere des jeweiligen Systems.
- In allen hoch entwickelten Gesellschaften wird das Ausmaß von Selbstorganisation aller Systeme, so auch des Systems »Psyche« (Persönlichkeit), immer komplexer und selbstständiger. In einer vielfältigen und komplexen Umwelt muss jedes psychische System ein besonders hohes Ausmaß von Sinnbildung, Ordnung des Handelns und Strukturierung von inneren Elementen vornehmen, um gegenüber der sich wandelnden Außenwelt konstant bleiben zu können (Faulstich-Wieland 2000, S. 135; Mingers 1995; Vanderstraeten 2000).

Die Systemtheorie in der Variante von Luhmann trägt dazu bei, theoretisch übergreifende Gesichtspunkte der Funktionsfähigkeit von Systemen auf allen Ebenen und Entwicklungsstufen in die Sozialisationstheorie einzubeziehen. Kritisch ist anzumerken, dass auf diese Weise der spannungsreiche Vorgang der Sozialisation als permanente Auseinandersetzung zwischen Organismus, Psyche und Sozialem sehr abstrakt bearbeitet wird. Durch die Breite und Abstraktheit der Theorie, die im Wesentlichen nur nach den Mechanismen fragt, mit denen sich ein System nach innen und nach außen stabil hält, gehen konkrete Bezüge des Organismus-Psyche-Gesellschaft-Verhältnisses verloren.

Weiterhin ist zu kritisieren, dass das Konzept der Selbstsozialisation die Vorstellung nährt, Individuation verlaufe durchgehend selbst gesteuert und die Autonomiepotenziale der Persönlichkeit seien antropologisch gegeben. Das grundlegend interaktive Verhältnis zwischen Person und Umwelt, das sich im Laufe der Lebensgeschichte über Krisen und Phasen aufbaut, kann mit dieser generalisierten Systemvorstellung nicht erfasst werden (Bauer 2002).

Insgesamt liegt mit Luhmanns Theorie gegenüber Parsons eine Öffnung und Dynamisierung der Systemtheorie vor. Sie erfolgt allerdings in einer solch abstrakten Form, dass keine Aussagen über das Verhältnis der Systeme Organismus, Psyche und Gesellschaft zueinander getroffen werden können, die in der Realität beobachtbar und durch empirische Forschung überprüfbar sind. Sutter (1999b) hat darauf hingewiesen, dass diese Einschränkungen nicht zwangsläufig sind. Er hat den interessanten Versuch unternommen, diese Schwächen auszugleichen und eine Brücke zwischen den subjekt- und handlungsorientierten Theorien zu schlagen. Bislang wurde sein Vorschlag in der Systemtheorie allerdings nicht aufgenommen.

2.2.2 Handlungstheorien

George Herbert Mead (1863–1931) ist der Begründer einer einflussreich gewordenen Variante der Handlungstheorie aus der amerikanischen sozialphilosophischen Tradition. Mead geht vom offen beobachtbaren Verhalten des Menschen aus, konzentriert seine Analyse aber zugleich auf die subjektive Interpretation von Aktionen anderer Menschen. Die Besonderheit des menschlichen gegenüber dem tierischen Verhalten sieht er in dessen Intentionalität und Zielgerichtetheit. Dieser spezifische Charakter rechtfertigt nach seiner Theorie den Begriff »Handeln«, verstanden als sinnhaft aufeinander bezogene Aktionen (Interaktionen) von mindestens zwei Menschen. Handeln ist in diesem Verständnis als eine durch Beziehungen zwischen Akteuren geregelte Folge von Aktionen definiert, die in sozialen Situationen stattfindet, normativer Regelung unterliegt und der Motivation der Akteure folgt. Sozialwissenschaftliche Theorien, die von dieser Konzeption ausgehen, werden als »Handlungstheorien« bezeichnet.

Die Theorie des symbolischen Interaktionismus

Mead konzentriert seine Arbeiten in seinem Hauptwerk »Mind, Self und Society« (deutsch 1968) auf den Ursprung und die Entstehung der menschlichen Subjektivität. Grundlage für diesen Prozess ist in seiner Konzeption die Auseinandersetzung des Menschen mit der natürlichen und der sozialen Umwelt. Menschliches Handeln folgt physiologischen und organischen Bedingungen, ist aber durch soziale Interaktionsprozesse überformt. Individuum und Gesellschaft sind in sich prozesshaft verwoben. Mead versteht sie als zwei aufeinander bezogene Dimensionen, die erst im Wechselspiel die Entstehung des menschlichen Subjektes möglich machen (Joas 1991).

Persönlichkeit entsteht in dieser Konzeption als Produkt zweier Größen, der eher sozialen Komponente des »Me« (Mich) und der eher psychischen Komponente des »I« (Ich).

- Das Me präsentiert die Vorstellungen dessen, wie die anderen Menschen ein Individuum sehen und wie es sich nach der Interpretation ihrer Erwartungen zu verhalten hat. Es speichert gewissermaßen die intersubjektiv ausgehandelten Erwartungen und stellt handlungsleitende Strukturen und Orientierungen zur Verfügung. Berührungspunkte zur Konzeption des »Überich« bei Freud sind unverkennbar (Furth 1990).

- Das I vertritt gegenüber dem Me impulsive und spontane Energien der Person, die zwar durch das Me gezügelt wurden, aber eine unabhängige Größe der Persönlichkeit darstellen. Anklänge an Freuds Konzept des »Es« sind deutlich.

Durch das Zusammenwirken von »I« und »Me« bildet sich das »Self« (Selbst), nämlich das Selbstverständnis und Selbstbild von sich als Person. Das Self wird der reflexiven Intelligenz des Menschen, dem Bewusstsein (»Mind«) zum Objekt. Erst aus dem komplexen Zusammenspiel von I, Me, Self und Mind sind in der meadschen Konzeption die Entstehung der Persönlichkeit des Menschen und sein Handeln erklärbar. Der Mensch wird als ein Wesen mit reflexivem Bewusstsein verstanden, der ein individuelles und zugleich soziales und vergesellschaftetes Subjekt darstellt (Mead 1968, S. 244ff.).

Mead legt großen Wert auf »signifikante Symbole« im Handlungsprozess. Dazu gehört besonders die Sprache. Um sozial und abgestimmt handeln zu können, muss ein Mensch in der Lage sein, Empathie aufzubringen, also die eigene Handlung in ihrer Bedeutung für den anderen einzuschätzen. Daraus ergibt sich auch die Vorwegnahme der Reaktion des anderen. Jeder Mensch muss sich selbst mit den Augen des anderen sehen und dessen Handlungen quasi als eigene vorwegnehmen können (»Rollenübernahme«). Hierdurch kann er sich selbst zum Objekt werden, was Voraussetzung dafür ist, um subjektiv sinnhaft handeln zu können.

Handeln als symbolisch vermittelte Interaktion

In Meads Theorie wird soziales Handeln als symbolisch vermittelte Interaktion verstanden, die sich durch die wechselseitige Interpretation von Situationen, Rollenerwartungen und Handlungen vollzieht. Die wahrgenommenen Absichten und Einstellungen sowie die Bedeutungen im Handeln der anderen sind ebenso wie die Definition der eigenen Handlungen stets vorläufige Interpretationen, die ständig einer Revision durch nachfolgende Ereignisse im Handlungsprozess unterzogen werden müssen, um das Handeln auf die jeweils aktuellen Bedingungen der inneren und äußeren Realität auszurichten (Joas 1991). Mead geht vom Modell eines kreativ seine Umwelt verarbeitenden und gestaltenden Menschen aus.

- Der Mensch wird als ein schöpferischer Interpret und Konstrukteur seiner sozialen Lebenswelt verstanden. Die wesentliche Kompetenz, die ihn von der Vereinbarung durch die soziale und materielle Welt befreit, ist die der symbolischen Kommunikation. Der Mensch kann dadurch seine Umwelt und seine eigenen Handlungen in ihr mit Bedeutungen versehen, er kann sich in die Rolle der anderen Kommunikationspartner begeben, die soziale Umwelt konstituieren, und er entwickelt auf diesem Wege Bewusstsein und Selbstbild.
- Die Beziehungen zwischen Mensch und Gesellschaft werden dialektisch gesehen. Gesellschaftliche Bedingungen beeinflussen, determinieren aber nicht die menschlichen Bewusstseins- und Handlungsstrukturen. Menschliches Bewusstsein und menschliches Handeln sind kein mechanischer Ausdruck der sozialen Strukturen. Vielmehr bilden sich nach dieser Theorie die sozialen Strukturen aus den wechselseitigen Beziehungen der Menschen untereinander. Die sozialen Strukturen sind das Produkt der Interaktion und Interpretation der menschlichen Subjekte (Mead 1968, S. 307ff.).
- Die soziale Realität wird als ein interindividuelles Arrangement verstanden, das jeweils mit Bedeutungen belegt und unterlegt wird. Es handelt sich um ein Arrangement, das sich verselbstständigen, den aktiven Interpretationsprozessen entziehen und den Individuen als scheinbar dinghaft gestaltete Realität entgegentreten kann.

Meads Theorie geht von einem Umschlagpunkt von interaktiven in institutionelle soziale Strukturen aus und gewinnt damit eine gesellschaftstheoretische Komponente. Die Vorstellung von Gesellschaft wird an den Prozess des kommunikativen Handelns gebunden. Gesellschaft ist ein kollektives Handeln, das aus der Verbindung der Handlungen aller am gesellschaftlichen Leben beteiligten Menschen besteht. Die Verbindung der einzelnen Handlungen wird durch den Prozess der wechselseitigen Rollenübernahme vollzogen. Durch die Internalisierung gesellschaftlicher Werte und Normen ist soziales Handeln erst möglich, und umgekehrt verändert sich die Gesellschaft durch die Verbindung sozialer Handlungen. Gesellschaft in diesem Verständnis ist eine Verkettung stabiler Handlungsmuster (Krappmann 1985; Mühlbauer 1980, S. 60).

Kritische Würdigung der Theorie von Mead

Methodisch sind die Arbeiten von Mead überwiegend hermeneutisch ausgerichtet, indem sie auf sensiblen Beobachtungen und vor allem Gesprächen beruhen, die inhaltsanalytisch ausgewertet werden. In den von Mead angeregten, noch anzusprechenden neueren Strömungen der Handlungstheorie erweitert sich das methodische Instrumentarium in Richtung von quantifizierenden Vorgehensweisen, teilweise auch mit standardisierten Erhebungsinstrumenten (Blumer 1969). Insgesamt steht die Handlungstheorie heute für eine breite Kombination verschiedenster methodischer Verfahren und insbesondere für eine Kombination von qualitativen und quantitativen Ansätzen (Lindesmith und Strauss 1974).

Der Reiz der »symbolisch-interaktionistischen« Theorie von Mead für die Sozialisationsforschung liegt darin, individualistisch-handlungstheoretische und gesellschaftlich-strukturtheoretische Aspekte in einer Theorie kommunikativer Beziehungen zwischen Menschen miteinander verbunden zu haben (Berger und Luckmann 1980; Joas 1980). Der Schwerpunkt liegt aber auf der Subjektseite. So differenziert Mead seine Konzeption der Persönlichkeitsbildung im sozialen Prozess des gemeinsamen Handelns und Kommunizierens mit anderen Menschen entworfen hat, so vage bleiben seine sozialstrukturtheoretischen Aussagen. Er blendet die funktionale Differenzierung komplexer Gesellschaften vollständig aus. Er stellt kein analytisches Instrumentarium für festgeschriebene Macht-, Einfluss- und Konfliktlinien industrieller Gesellschaften zur Verfügung. Er kennt keine gesellschaftlich-strukturellen Segmentierungen und Abgrenzungen von Handlungszusammenhängen in institutionellen oder organisatorischen Formen.

Meads Ansatz ist subjektivistisch und konstruktivistisch orientiert. Zwar handelt der Mensch in der sozialen Welt auf der Basis der Interpretationen und Deutungen, die er dieser Welt gibt. Aber meiner Auffassung nach hat die soziale Welt nicht ausschließlich eine Qualität, die sich aus der individuellen und interindividuellen Bewusstseinsschöpfung herleiten ließe. Die soziale Realität besteht nicht nur aus dem, was das Subjekt an Wissen und Interpretation von ihr besitzt, auch wenn sie den Individuen immer nur in einer subjektiv interpretierbaren Weise erscheint und bedeutungsvoll wird. Soziale Strukturen verfestigen sich und gewinnen ihre eigene Seinsqualität. Sie entwickeln ihre eigene Dynamik, mit der sie sich von ihren Schöpfern ablösen und ihnen als vorgeformte Gegebenheiten entgegentreten (Hurrelmann 1983, S. 97). Diese Sichtweise ist in vielen Weiterentwicklungen der Theorie berücksichtigt worden.

Kommunikations-, Identitäts- und Rollentheorien

Im Anschluss an Mead sind Ausprägungen von Kommunikations-, Identitäts- und Rollentheorien entstanden, die teilweise allerdings nur in einer lockeren Beziehung zu der Ausgangsfassung der Theorie stehen.

Theorie der sozialisatorischen Interaktion

Eine einflussreiche interaktions- und kommunikationstheoretische Strömung entwickelte sich unter dem Einfluss von sprach- und kompetenztheoretischen Ansätzen. Diese Theorien setzen sich kritisch mit den oben angesprochenen Defiziten der strukturgenetischen Position von Piaget auseinander und betonen die »sozialisatorische Interaktion«, also die Bedeutung der Strukturen und Inhalte der Kommunikation mit den wichtigsten Personen der sozialen Umwelt und mit den zentralen Gegenständen der dinglichen Umwelt für die Persönlichkeitsentwicklung. In Abgrenzung zur Entwicklungspsychologie von Piaget wird in diesen Ansätzen herausgearbeitet, dass die Persönlichkeitsentwicklung nicht allein auf innerorganismische und innerpsychische Antriebe einer stufenweisen Entwicklung zurückzuführen ist, sondern einer Einbettung in soziale und dingliche Kontexte bedarf, die für Impulse bei der Persönlichkeitsentwicklung sorgen.

Wichtige Anstöße erhielt diese Theorie durch die Sprach- und Kommunikationstheorie von Vygotsky (1986). Vygotsky hatte herausgearbeitet, dass Kinder in der Entwicklung ihrer Kompetenzen des sozialen Handelns von Interaktionsprozessen profitieren und dabei schrittweise die Kontrolle über ihr eigenes Verhalten aufbauen (Miller und Weissenborn 1991, S. 548). In Deutschland wurde dieser theoretische Ansatz vor allem von Ulrich Oevermann (1976, 1979) aufgenommen und weiterentwickelt.

- Oevermann betont, dass die Entwicklung von persönlichen Kompetenzen nicht allein über Reifung und aus einer Selbstdynamik der kognitiven Entwicklung heraus erklärt werden kann, sondern sich »im Vollzug der dialogischen Interaktion« bilde (Oevermann 1976, S. 43). Die notwendigen kommunikativen Kompetenzen können demnach nur aufgebaut werden, wenn hierfür bestimmte strukturelle Bedingungen gegeben sind, die auf den jeweiligen Entwicklungsstand des Kindes Bezug nehmen. Deswegen wird eine Analyse der »Struktureigenschaften der sozialisatorischen Interaktion« vorgenommen. Das Kind benötigt solche Strukturen, die es in seiner Entwicklung voranbringen, zugleich aber auch eine Art probeweises Handeln ermöglichen, ohne die genaue Logik und den Sinn der Handlungen schon vollständig zu verstehen. Es wird vermutet, dass schon bei kleinen Kindern die Fähigkeit besteht, Handlungen und Gesten zu strukturieren und in einen Zusammenhang zu bringen, ohne die gesamte Logik der Handlungsabläufe schon nachvollziehen zu können. Das Kind benötigt hierfür Bezugspersonen, die ihr Verhalten dem jeweiligen kindlichen Verhaltensrepertoire anpassen und es zugleich zur nächsten Stufe an der Entwicklung anregen.
- Die Theorie der sozialisatorischen Interaktion steht in einem Ergänzungsverhältnis zu den entwicklungspsychologischen

> Theorien der Strukturgenese von Piaget. Durch das Verhalten der Bezugspersonen und die damit entstehende sozialisatorische Interaktion werden die von Piaget herausgearbeiteten Prozesse der ständigen Adaption angeregt, die dem Kind im Laufe der Entwicklung einen neuen und qualitativ höherwertigen Stand von Wahrnehmung, Urteil, Sprechen und sozialem Handeln ermöglichen. Die sozialisatorische Interaktion stellt also einen zentralen Bedingungszusammenhang der Subjektbildung dar, indem sie die in der Entwicklungspsychologie von Piaget herausgearbeiteten selbstreferenziellen Operationsweisen der Assimilation sozial einbettet und damit erst möglich macht. Die sozialen Handlungen der wichtigen Bezugspersonen bilden für das Kind einen sinnstrukturierenden Rahmen, der für den Aufbau seiner subjektiven Innenorganisation die notwendige Voraussetzung ist (Sutter 1997; Sutter 1999a, S. 73).

Mit dieser theoretischen Orientierung sind wichtige Impulse für die Analyse der sprachlichen Sozialisation einhergegangen. Wie Miller und Weissenborn (1991, S. 545) betonen, wird Spracherwerb als ein Prozess verstanden, in dem das Kind das, was es in der Interaktion mit Kommunikationspartnern bereits objektiv vollzieht, durch die Rekonstruktion der Absichten und ihrer sprachlichen Realisierungsformen subjektiv nachträglich einzuholen versucht. In den Untersuchungen von Oevermann und seinen Mitarbeiterinnen und Mitarbeitern wird der Versuch unternommen, zwischen unterschiedlichen Strukturen der sozialisatorischen Interaktion und unterschiedlichen Ergebnissen der Persönlichkeitsentwicklung systematische Verbindungen herzustellen. Dabei werden unterschiedliche Kompetenzebenen der Interaktion und der Strukturiertheit der sozialisatorischen Interaktion unterschieden.

Theorien der personalen und sozialen Identität

Eine weitere Strömung der Handlungstheorie konzentriert sich auf identitäts- und rollentheoretische Ansätze (Goffman 1967, 1996). In Deutschland sind sie vor allem von Lothar Krappmann (1969) aufgenommen worden. Er definiert Identität als das Erleben des Sich-selbst-Gleichseins, das sich auf die verschiedenen Stadien der eigenen Lebensgeschichte und auf die jeweils unterschiedlichen sozialen Anforderungen in verschiedenen Handlungsbereichen bezieht. Eine Person muss sich nach dieser Auffassung mit sich selbst identisch erleben, wenn sie zum Handeln fähig sein will. Dazu ist eine realistische Selbstwahrnehmung und eine positiv gefärbte Selbstbewertung Voraussetzung. Nur wenn diese Bedingungen gegeben sind, können unterschiedliche situative Anforderungen an das eigene Handeln und die Koordination der verschiedenen Handlungsanforderungen bewältigt werden.

In die Identität fließen Selbstwahrnehmung und Selbstbewertung auf Grund der Erfahrung der eigenen Person bei der Aneignung und Auseinandersetzung mit der äußeren und der inneren Realität ein. Voraussetzung für den Aufbau der Identität ist die realistische Wahrnehmung von Handlungskompetenzen und Bedürfnis- und Interessenstrukturen und ein insgesamt positiv gefärbtes Selbstbild der Handlungsfähigkeit in sozialen Situationen in verschiedenen Abschnitten des Lebens (Geulen 1977).

Krappmann versteht Identität als eine organisierende und koordinierende Instanz der Persönlichkeit mit zwei Komponenten:

- Als »persönliche Identität« wird die Kontinuität und Konsistenz des Selbsterlebens im Verlauf wechselnder lebensgeschichtlicher und biografischer Umstände bezeichnet.
- Als »soziale Identität« wird die Kontinuität und Konsistenz des Selbsterlebens in der Auseinandersetzung mit den Anforderungen verschiedener gesellschaftlicher Einrichtungen und Handlungsfelder bezeichnet.

Für die soziale Identität wird von einem Menschen verlangt, sich den gesellschaftlichen Erwartungen (der äußeren Realität) unterzuordnen, die sich im Prinzip an alle Menschen richten. Für die persönliche Identität wird hingegen erwartet, sich wegen der unverwechselbaren inneren Realität von allen anderen Menschen zu unterscheiden: »Es wird also zugleich gefordert, so zu sein wie alle und so zu sein wie niemand. Auf beiden Dimensionen muss das Individuum balancieren, weil es, um Interaktion nicht zu gefährden, weder der einen noch der anderen Anforderung noch beiden voll nachgeben, noch sie gänzlich verweigern kann.« (Krappmann 1969, S. 78)

Zwischen diesen beiden Anforderungen zu balancieren ist die Leistung des Individuums, die Krappmann im gelingenden Fall als Ich-Identität bezeichnet.

- Ich-Identität wird in diesem Verständnis nicht als ein für alle Mal gelungener, feststehender und verlässlicher Besitz eines Menschen verstanden, sondern als ein Zustand des Selbsterlebens, der ständig neuen Interpretations- und Aushandlungsprozessen mit der äußeren Umwelt und der eigenen inneren Natur unterliegt. Dabei bildet die Geschichte des bisherigen Kontinuitäts- oder Diskontinuitätserlebens eines Menschen die Grundlage für die aktuellen »Balancierungen« der Komponenten der Identität (Haußer 1983; Leu und Krappmann 1999; Nunner-Winkler 1991).
- Ich-Identität ist dann hergestellt, wenn die Auseinandersetzung mit der äußeren und mit der inneren Realität zu Lösungen geführt hat, die miteinander vereinbar sind. Die Bedürfnis- und Interessenstruktur eines Menschen und seine Handlungskompetenzen müssen dabei nicht in »Übereinstimmung« mit den jeweils institutionell und organisatorisch definierten sozialen Erwartungen der Umwelt stehen. Die eigentliche Koordinierungsleistung, die das Spezifikum von Identität ist, liegt gerade darin, die unvermeidlich bestehenden Spannungen auszuhalten oder auszugleichen, die sich aus der zwangsläufigen Nicht-Übereinstimmung zwischen eigenen Bedürfnissen und Kompetenzen und den sozialen und dinglichen Umweltanforderungen ergeben (Luckmann 1979, S. 103; Baacke 1983, S. 140).

Durch die zunehmende Differenzierung von sozialen Organisationen in modernen Gesellschaften ist die Sicherung der Identität schwieriger geworden. Die Rollen werden spezialisierter, zugleich gibt es nur wenige Modelle für Kombinationen von Rollen und ihre Ausführung. Die spezifischen Rollenkombinationen unterscheiden sich immer stärker von Person zu Person (Frey 1974; Frey und Hausser 1987; Schimank 2000, S. 65). Weitere strukturelle Probleme ergeben sich aus der kulturellen Vielfalt heutiger Gesellschaften. Dadurch entstehen vor allem für neu aufgenommene Migranten, aber auch die einheimischen Bevölkerungsgruppen hohe Anforderungen an die Sicherung der Ich-Identität. Das gilt verstärkt, wenn Menschen aus stark familien- und gemeinschaftsbezogenen Kulturen einwandern, denen die individualistische Ausrichtung unserer Kultur fremd ist (Krewer und Eckensberger 1991; Liegle 1991; Nestvogel 1999).

Theorien der Identitätsbehauptung

Die Anforderungen an die Identitätsbildung ergeben sich in Industriegesellschaften westlichen Typs im Wesentlichen durch den hohen Freiheitsgrad individueller Gestaltungsmöglichkeiten der Biografie und des Lebenslaufs. Norbert Elias (1987) hat in seinen historischen Gesellschaftsanalysen deutlich gezeigt, welche Freiheitsgrade und Restriktionen, Belohnungen und Kosten durch den Weg aus den eng geknüpften vorstaatlichen Geburtsverbänden in die modernen, differenzierten und pluralistischen Staatsgesellschaften entstanden sind:

- Vor allem die individuellen Gestaltungschancen sind im historischen Vergleich gestiegen. Alle Menschen haben die Gelegenheit zu einem hohen Maß an Individualität erhalten, das es in der historischen Entwicklung bisher nicht gegeben hat. Individualität wird dabei von Elias verstanden als die »Gestaltqualität der Selbststeuerung in Beziehung zu anderen Menschen und Dingen« (Elias 1987, S. 87). Der »Behauptung« der Identität wird große Aufmerksamkeit geschenkt.
- Nach der Theorie von Elias können heutige Gesellschaftsmitglieder nicht nur, sondern sie müssen auch in einem höheren Maße selbstständig werden, um mit den gesteigerten Wahlmöglichkeiten zurechtzukommen. Die Möglichkeit und die Notwendigkeit der größeren »Individualitätsentwicklung« ist eine ge-

> sellschaftliche Anforderung, die jenseits der Kontrolle des Einzelnen liegt. Die gesellschaftliche Entwicklung öffnet die Möglichkeit zu einem Mehr an persönlicher Entfaltung, auch unabhängig von der sozialen Herkunft, und erschließt damit neue Formen der Befriedigung und Erfüllung des Lebens. Zugleich aber bringt sie notwendig auch neuartigen sozialen Stress, neue Risiken des Leidens, des Unbehagens und der Ungewissheit mit sich.

Eine Identitätsbedrohung kann sich aus einer zu großen Wahlmöglichkeit von Alternativen, aber auch daraus ergeben, dass in sozial völlig festgelegten Situationen Vorstellungen von der eigenen Identität nicht eingelöst werden können. Diese Variante führt zu einer »Entindividualisierung«, die sich zum Beispiel in totalen Institutionen wie psychiatrischen Anstalten, Militäreinrichtungen, Klöstern, Internaten und zum Teil auch Krankenhäusern beobachten lässt (Goffman 1967, 1973).

In diesen Einrichtungen ist die Lebensführung der »Insassen« durch strenge Handlungsvorgaben und Bewachung in extremem Maß reglementiert. Deswegen sind die Spielräume für persönlichen Ausdruck äußerst gering oder ganz unmöglich. Die Rollenzwänge sind so stark, dass kaum Selbstansprüche artikuliert werden können (Plake 1981). Der Widerspruch von Individuation und Vergesellschaftung wird durch biografische Erzählungen, konkrete Beobachtungen von Entwicklungsprozessen und milieu- und geschlechtsspezifische Verhaltensformen analysiert, um den jeweils individuellen Vorgang des Wachsens einer Einzelperson in verzweifelter Abrenzung von sozialen Normierungen nachzuzeichnen (Foucault 1984).

Rationale Handlungstheorien

Eine andere Akzentsetzung verfolgen diejenigen Ansätze der Weiterentwicklung der Handlungstheorie, die Aussagen über die wichtigsten Antriebs- und Steuerungskräfte des Handelns von Menschen in heutigen Gesellschaften treffen. Sie berufen sich auf den neben Mead grundlegenden Handlungstheoretiker, nämlich Max Weber. Handeln kann im Anschluss an Max Weber definiert werden als »menschliches Verhalten, einerlei ob äußerliches oder innerliches Tun, Unterlassen oder Dulden, wenn und insofern der oder die Handelnden mit ihm einen subjektiven Sinn verbinden«. (Weber 1972, S. 2) Im Unterschied zu Identitäts- und Rollentheorien wird bezweifelt, dass es überwiegend soziale Normen sind, die das Handeln von Menschen steuern. Vielmehr wird auf individuelle Zielsetzungen und das Wollen des Akteurs verwiesen. Dieses Denkmuster stammt aus der ökonomischen Theorie und unterstellt, das Handeln eines Menschen sei durch rationale Kalkulation und Verfolgung eines persönlichen Nutzens gekennzeichnet. Deshalb wird dieser Ansatz auch als »Theorie rationalen Handelns« bezeichnet (Esser 1993).

- Die heutige gesellschaftliche Ausgangslage zwingt nach dieser Theorie jeden einzelnen Menschen, sich seiner Interessenlage genau bewusst zu werden und sein eigenes Handeln gut zu bedenken. Das führt zu einem Mehr an Selbstbeherrschung und Kontrolle der eigenen Emotionen. Jedes Individuum sieht sich gewissermaßen gezwungen, die eigenen Interessen durchzusetzen und zugleich so viele Leistungsansprüche gegenüber den Teilsystemen der Gesellschaft einzulösen wie möglich. Soziale Regeln und Vorgaben werden deshalb nur so weit eingehalten wie unbedingt nötig und den eigenen Interessen entsprechend.
- Die Theorie des rationalen Handelns geht von der These aus, in modernen westlichen Gesellschaften gewinne das am Eigennutz orientierte Handeln an Boden, wohingegen das an sozialen Normen ausgerichtete Handeln nicht so dominierend sei wie in traditionellen Gesellschaftsformen. Der Grund dafür wird in der funktionalen Differenzierung der modernen Gesellschaften gesehen, also der Arbeitsteilung zwischen den gesellschaftlichen Sektoren Politik, Wissenschaft, Wirtschaft und Freizeit. In allen diesen Bereichen kommt es zu einer Spezialisierung von Rollen und zu einer größeren Abhängigkeit von Handelnden von jeweils anderen Akteuren bei gleichzeitig anwachsender Unübersichtlichkeit (Schimank 2000, S. 115).

2.2.3 Gesellschaftstheorien

Unter dem Sammelbegriff »Gesellschaftstheorien« lassen sich verschiedene Theorieströmungen zusammenfassen, die gesamtgesellschaftliche Strukturen und ihre Dynamik analysieren. Diese Theorien betonen weitaus stärker als die handlungstheoretischen Ansätze die ökonomische, politische und kulturelle Strukturierung der Wechselbeziehungen zwischen Person und Umwelt. Die Entwicklung der menschlichen Persönlichkeit wird in enge Beziehung zur Entwicklung der Gesellschaft gesetzt. Sorgfältig wird analysiert, ob die gesellschaftliche Entwicklung eine Selbstverwirklichung des Menschen ermöglicht oder nicht. Hieraus ergibt sich ein direkter Bezug zur Sozialisationstheorie.

Die materialistische Gesellschaftstheorie

Die materialistische Gesellschaftstheorie von Karl Marx (1818 bis 1883) konzentriert sich schwerpunktmäßig auf eine historische Analyse der Entwicklung der wirtschaftlichen Produktionsverhältnisse, wobei die spannungsreichen Beziehungen zwischen den Besitzern der Produktionsmittel und den »eigentlichen« Produzenten, den Arbeitern, in Gestalt einer »Klassentheorie« formuliert werden. Zugleich aber hat diese Theorie auch einen Subjektbezug, denn Marx geht von einem handelnden Individuum aus, das sich in einer produktiven und kommunikativen Form ständig mit der sozialen und physischen Umwelt auseinander setzt. Diese »menschliche Praxis« findet nach Marx seit vielen Jahrhunderten unter politischen und ökonomischen Bedingungen statt, die eine freie Entfaltung der menschlichen Persönlichkeit nicht zugelassen haben.

Marx lässt aber keinen Zweifel daran, dass diese gesellschaftlichen Rahmenbedingungen von den Menschen selbst produziert worden sind, obwohl sie ihnen unter den gegebenen Verhältnissen wie eine »fremde Gewalt« entgegentreten. Werden die Verhältnisse, insbesondere die Besitzverhältnisse an den Produktionsmitteln, geändert, dann entstehen nach Marx auch erheblich bessere Bedingungen für die Subjektwerdung der Gesellschaftsmitglieder.

Grundlagen der Theorie von Marx

Da die Theorie von Marx jahrzehntelang von den Staaten der Sowjetunion und der von ihr abhängigen Länder zur Basis einer politischen Staatsideologie gemacht wurde, fällt ein unbefangener Blick schwer. Die Theorie hat in ihrem Kern ein Menschenbild, das für die Sozialisationstheorie interessant ist. Der Mensch wird als ein aktiv handelndes Individuum verstanden, das in einer produktiven, durch gegenständliche Auseinandersetzung in Form von Arbeit und in einer kommunikativen Auseinandersetzung in Form von Interaktion mit anderen Menschen tätig ist. Durch diese produktive und kommunikative Praxis verändert der Mensch ständig seine soziale und physische Umwelt und entwickelt intellektuelle, emotionale und soziale Fähigkeiten, die sich in einem sensiblen Selbstbewusstsein bündeln (Marx 1966, S. 57).

In dieser Konzeption findet sich eine für die Sozialisationstheorie wegweisende Vorstellung der Auseinandersetzung des Menschen mit der äußeren Natur:

- In Form der produktiven Arbeit lernt der Mensch die Eigengesetzlichkeit der natürlichen Stoffe kennen und entwickelt dabei seine Kräfte und Fähigkeiten, die bei einer gelungenen Auseinandersetzung mit den objektiven Anforderungen der Natur zu Freude und Selbstvertrauen führen.
- In den sozialen Bezügen lernt der Mensch, sich mit anderen bewussten Gattungswesen zu verständigen, was nur durch eine besondere Form der Beziehungsarbeit möglich ist, nämlich sich in die Situation des anderen hineinvertiefen und sich selbst als Objekt wahrnehmen zu können. Auch diese Fähigkeit ist Quelle des Selbstvertrauens.

Die eigentlichen Potenziale der menschlichen Subjektentwicklung werden nach der Analyse von Marx aber unter den obwaltenden kapitalistischen Herrschaftsbedingungen nicht freigesetzt, weil die sozialen Beziehungen durch die ökonomisch geprägten, rein sachlichen Geldverhältnisse verzerrt sind. Das gesamte Leben der Menschen in den kapitalistischen Gesellschaften wird durch Waren-

und Marktgesetze determiniert, die die Mehrheit der Bevölkerung unter den »Zwang der ökonomischen Verhältnisse« pressen, weil sie ihre Arbeitskraft gegen Lohn verkaufen müssen. Hierdurch wird die Persönlichkeit der arbeitenden Menschen geradezu verkrüppelt. Sie sind gezwungen, sich an die vorherrschenden, von ihnen aktuell nicht veränderbaren kapitalistischen Produktionsverhältnisse anzupassen und sich ihnen zu unterwerfen. Die hierfür notwendigen Grundstrukturen der Persönlichkeit werden durch die politischen und ökonomischen Systeme geformt, die den einzelnen Menschen davon abhalten, seine wirklichen Bedürfnisse und Interessen zu erkennen und durchzusetzen (Marx 1966).

Materialistische Persönlichkeitstheorien

Im Anschluss an Marx haben sich materialistische Persönlichkeitstheorien entwickelt. Sie suchen nach den Spuren, die gesellschaftliche und ökonomische Strukturen durch ihre Alltagszwänge in der Persönlichkeit der heranwachsenden und erwachsenen Gesellschaftsmitglieder hinterlassen (Ottomeyer 1991; Seve 1977). In diesen Theorien gewinnt die persönlichkeitstheoretische Komponente der materialistischen Gesellschaftstheorie gegenüber den bei Marx noch dominierenden politischen und ökonomischen Komponenten die Oberhand.

Bei Leontjew (1979) wird der Widerspruch, dass gesellschaftliche und ökonomische Faktoren einerseits der Persönlichkeit eines Menschen als äußere Bedingungen entgegentreten, andererseits aber die sich entwickelnde Persönlichkeit eine aktiv die Umwelt verändernde Instanz ist, dynamischer und intensiver als in der Theorie von Marx herausgearbeitet. In seiner Persönlichkeitstheorie stellt er sich der Frage, wie der Mensch durch das soziale Erbe, nämlich die von anderen Menschen geschaffene Wirklichkeit, in seiner Entwicklung beeinflusst wird und wie er diese Wirklichkeit aktiv selbst gestalten und beherrschen kann. Der Begriff »Tätigkeit« wird zum Schlüsselbegriff. Tätigkeiten sind zusammenhängende Ketten von menschlichen Handlungen, die durch ein Motiv gesteuert und auf ein Ziel gerichtet sind. Hiermit wird eine interessante

Vermittlungskategorie für die Analyse der Beziehungen zwischen Mensch und Gesellschaft eingeführt, die Querverbindungen zu den handlungstheoretischen Konzeptionen ermöglicht.

Theorie der kommunikativen Kompetenz

Die in Deutschland einflussreichste Weiterentwicklung von Gesellschaftstheorien erfolgte durch die »Frankfurter Schule« um Max Horkheimer, Theodor Adorno und Erich Fromm. Alle drei Wissenschaftler vom Frankfurter Institut für Sozialforschung wurden im Nationalsozialismus aus Deutschland vertrieben und etablierten die 1937 von Horkheimer so genannte »kritische Theorie der Gesellschaft«, die in den Mittelpunkt ihrer Analysen die Frage stellte, auf welche Weise gesellschaftliche Machtstrukturen, vor allem die der bürgerlichen und der proletarischen Familie, auf die Struktur der Persönlichkeit ihrer Mitglieder wirken.

Die Entwicklung von totalitären Gesellschaftssystemen, insbesondere des Nationalsozialismus in Deutschland, wurde auf die ökonomische Krisensituation und den damit verbundenen Verfall der traditionellen bürgerlichen Familie zurückgeführt. Hierdurch wurde nach dieser Theorie die traditionelle Autorität des Mannes und Vaters als Versorger der Familie und der Frau und Mutter als emotionaler Integrationsperson zerstört. Eine stabile Persönlichkeit mit einer ausgeruhten Ich-Identität ist unter diesen sozialen Bedingungen nicht mehr möglich, im totalitären und faschistischen System wird vielmehr eine blinde und irrationale Hinnahme gesellschaftlichen Zwangs charakteristisch und die Persönlichkeit zur »autoritären Persönlichkeit« deformiert (Adorno 1971; Fromm, Horkheimer, Mayer, Marcuse 1936).

In diese Theorie wurden psychoanalytische Elemente aufgenommen, um zu erklären, wie die außerfamilialen, durch Staatsherrschaft im Totalitarismus abgesicherten Formen gesellschaftlicher Autorität unmittelbar, also nicht mehr vermittelt durch die Sozialisationsleistung von Vater und Mutter, auf das Kind auftreffen und seine Ich-Synthese stören. An die Stelle einer bewussten Selbstreflexion, so die Theorie, tritt unter totalitären gesellschaftlichen Bedingungen die herrschaftliche Unmittelbarkeit des gesellschaftlichen Zwangs (Dubiel 2001, S. 49).

Grundlagen der Theorie von Habermas

Der ursprüngliche Impuls der »kritischen Frankfurter Schule«, solche gesellschaftlichen und ökonomischen Strukturen zu analysieren, die eine Emanzipation des Individuums und die Befreiung aus autoritären Zwangsstrukturen ermöglichen, wurde durch Jürgen Habermas wieder aufgenommen und in eine eigenständige, allerdings von den traditionellen Ansätzen teilweise abgelöste Konzeption aufgenommen. Habermas baut eine kritische Gesellschaftstheorie auf, in die er soziologische Handlungstheorien, psychologischen Entwicklungstheorien und psychoanalytische Theorien einbezieht. Seine Theorie umfasst auch eine explizit als solche bezeichnete Sozialisationstheorie.

Das besondere Bemühen von Habermas richtet sich darauf, im Anschluss an den »historischen Materialismus« von Marx ein analytisches Instrumentarium zur Beschreibung und Erklärung von gesellschaftlichen Bedingungen zur Verfügung zu stellen, das die Freiheitsgrade des sozialen Handelns von Menschen in unterschiedlichen Lebenslagen erfasst (Habermas 1976). Gesellschaftliche Bedingungen und Situationen sollen nach ihrem Unterdrückungsgehalt, der Dichte ihrer Verhaltensvorschriften und der Intensität ihrer Handlungskontrollen unterschieden werden. Soziale Konstellationen werden darauf abgefragt, ob sie Interaktionen und Kommunikationen zulassen, die jedem Menschen die Entfaltung der Persönlichkeit und Bildung der Identität ermöglichen. Die Theorie fragt nach den strukturellen Vorgaben und Möglichkeiten für die Entfaltung von persönlichen Kompetenzen unter konkreten gesellschaftlichen Bedingungen (Habermas 1976, S. 63ff.).

Habermas hat eine Theoriekonzeption vorgelegt, die für die Sozialisationsforschung besonders wertvoll ist, weil sie soziologische und psychologische Traditionen miteinander verbindet und aufeinander zuführt. An seinem Werk lässt sich ablesen, wie ein Verbund von unterschiedlichen Einzeltheorien gebildet werden kann, gewissermaßen eine »Montage« von Theoriestücken aus verschiedenen Basistheorien, die zu einer breiten und mehrdimensionalen Theorie zusammengefasst werden:

- Habermas orientiert sich an der Gesellschaftstheorie von Marx, die er allerdings aus dem historischen Entwicklungsstadium des klassischen Kapitalismus heraushebt und zu einer Theorie des »Spätkapitalismus« weiterentwickelt.
- Er ergänzt diese theoretischen Vorgaben mit der Handlungs- und Rollentheorie, um zu klären, wie Menschen ihre Handlungsfähigkeit entwickeln und ihre Identität aufbauen.
- Um auch die schrittweise Entwicklung der menschlichen Persönlichkeit im körperlichen, psychischen und sozialen Bereich und insbesondere in den intellektuellen und moralischen Dimensionen einbeziehen zu können, orientiert er sich an den Aussagen der kognitiven Entwicklungspsychologie.
- Schließlich werden psychoanalytische Erkenntnisse über Entwicklungskrisen während des menschlichen Lebenslaufs aufgenommen, um eine Analyse der elementaren innerpsychischen Antriebskräfte vornehmen zu können.

Das Konzept der kommunikativen Kompetenz

Das Erkenntnisinteresse dieser Theorie ist es, die Bedingungen für die Emanzipation der menschlichen Subjekte und die Demokratisierung der Gesellschaft zu benennen. Die zentralen Begriffe »kommunikative Kompetenz« und »Ich-Identität« bezeichnen die Eigenschaften eines handlungsfähigen, die eigene Persönlichkeit und das gesellschaftliche Umfeld gestaltenden Subjekts. Die Begriffe »Gerechtigkeit«, »Gleichheit« und »Herrschaftsfreiheit« bezeichnen die Merkmale einer demokratischen Gesellschaft. Nur wenn diese Merkmale gegeben sind, kann nach dieser Theorie das volle Potenzial der menschlichen Entwicklung freigesetzt werden.

Der Schlüsselbegriff ist das Konzept der kommunikativen Kompetenz (Habermas 1981):

- Das Ziel der Subjektbildung ist die Beherrschung der Regeln für »vernünftiges Handeln«. Ist dieser Zustand der Entwicklung gegeben, spricht Habermas von der Verfügbarkeit einer kommunikativen Kompetenz. Diese Kompetenz ist für ihn die Fähigkeit, Redesituationen hervorzubringen und an ihnen verstehend teilzunehmen, indem man bestimmte Sprechakte beherrschen kann. Besonders wichtiger Bestandteil der kommunikativen Kompetenz ist die Fähigkeit zum Diskurs. Im Diskurs wird die Geltung von Sinnzusammenhängen nicht wie in eingelebten und normativ abgesicherten Sprachspielen einfach vorausgesetzt, sondern durch Verständigung und argumentative Begründung ständig erneut hergestellt.
- Eine Verständigung zwischen Menschen ist nach dieser Konzeption nur möglich, wenn eine ideale Sprechsituation herrscht, also eine gleichberechtigte und unverzerrte Kommunikation hergestellt ist, in der nur der »Zwang des besseren Arguments« gelten kann. Diese Bedingungen der idealen Sprechsituation sind zugleich die Bedingungen der idealen Lebensform, die real nicht immer existiert. Der Begriff der idealen Sprechsituation nimmt in diesem Verständnis die Lebensform vorweg, an der gesellschaftliche Verhältnisse idealerweise zu messen sind. Diese Lebensform ist nur in einer demokratischen Verfassung der Gesellschaft zu verwirklichen (Habermas 1973a).

Kompetenzen des Rollenhandels

Um kompetent kommunizieren zu können, müssen Menschen die Sprache als Regelsystem beherrschen und die Fähigkeiten der Rollendistanz, Ambiguitätstoleranz und Frustrationstoleranz aufbringen. Hiermit sind Grundlagen des Handelns bezeichnet, mit denen unterschiedliche Erwartungen im Rollenspiel bewältigt werden, die in der täglichen Kommunikation auftreten (Habermas 1973b, S. 128).

- Rollendistanz ist notwendig, weil in Familie, Schule, Freizeit und Arbeitsleben verschiedene Werte und Normen institutionalisiert sind, die den eigenen Bewertungen und dem Streben nach Autonomie teilweise widersprechen. Ein autonomes »Spielen« der sozialen Rolle setzt voraus, dass diese zwar beherrscht wird, aber auch die Fähigkeit vorhanden ist, sich davon in manchen Bereichen strategisch abzusetzen. Wer vollständig nur in einer Rolle aufgeht, kann keine autonome Persönlichkeitsentwicklung haben.

- Ambiguitätstoleranz ist notwendig, weil die Erwartungen an eine soziale Rolle immer ungenau und diffus sind und deswegen eine gewisse Interpretation verlangen. Jeder Mensch benötigt die Fähigkeit, Unklarheiten und Spannungen im Rollengefüge zu ertragen und dennoch handlungsfähig zu bleiben. Eine vollständige Übereinstimmung zwischen der Rollendefinition und dem tatsächlichen Verhalten ist äußerst selten und meist ein Zeichen für ein hohes Ausmaß von Zwang in einem sozialen System.
- Frustrationstoleranz wird notwendig, weil zwischen den Rollenerwartungen und den Bedürfnissen von Menschen nur selten vollständige Übereinstimmung besteht. Viele Rollen erlauben nur ein geringe Befriedigung der eigenen Wünsche und Bedürfnisse, dennoch muss aber ein Mensch in ihnen handeln und die Interaktion in ihren Bahnen aufrechterhalten. Hierfür ist die Fähigkeit notwendig, trotz der geringen Bedürfnisbefriedigung und trotz der Einschränkungen von Handlungsmöglichkeiten die Kommunikation fortzusetzen.

Stufen der Identitätsentwicklung

Ein weiteres theoretisches Element in der Sozialisationstheorie von Habermas ist die Vorstellung von Entwicklungsstufen und Entwicklungskrisen während der menschlichen Persönlichkeitsbildung. Ziel ist es, verschiedene Stadien der kommunikativen Kompetenz zu analysieren, die mit verschiedenen Stufen der persönlichen Reife und Identität korrespondieren.

In Anlehnung an die Theorie von Piaget und Kohlberg konzentriert Habermas seine Überlegungen auf die stufenweise Entwicklung der moralischen Urteilsfähigkeit im Lebenslauf. Die höchste Stufe der Moralentwicklung ist die »postkonventionelle« Moral, bei der geltende Regeln und Gesetze auf ihre Einstimmung mit selbst gewählten moralischen Prinzipien hin abgefragt werden. Diese hohe und ausgereifte Stufe der menschlichen Moralentwicklung gestattet eine Ich-Identität und gilt als Ideal für die Entwicklung einer demokratischen Gesellschaft mit allgemein gültigen Regeln von Gleichheit und Gerechtigkeit. Sie kann nur erreicht werden, wenn der Sozialisationsprozess in Familie, Schule und sozialer Umwelt in optimaler Form abläuft (Habermas 1981).

Habermas und im Anschluss daran Döbert und Nunner-Winkler (1975) haben diese theoretischen Vorgaben in eine Konzeption der stufenweisen Identitätsentwicklung mit Entwicklungskrisen eingearbeitet:

- Der ersten Stufe einer »natürlichen Identität« in den ersten sechs Lebensjahren mit einem noch nicht bewusst empfundenen Innenleben und der noch nicht vorhandenen Fähigkeit, sich in die Perspektive eines anderen gedanklich zu vertiefen, folgt eine zweite Stufe. Diese Stufe der »Rollenidentität« setzt im sechsten Lebensjahr ein und führt zu einer Fähigkeit des operationalen Denkens und der konventionellen moralischen Urteilsfähigkeit.
- Die höchste Stufe ist die Ich-Identität, die erst nach dem Durchlaufen der Adoleszenzkrise im Anschluss an die Pubertät möglich ist. Die Krise wird als unvermeidlich und hilfreich für die persönliche Entwicklung gewertet. Wenn der Prozess optimal verläuft, entsteht am Ausgang des Jugendalters eine prinzipiengeleitete Form der Ich-Identität, bei der Menschen eine subjektive Sicht ihrer Persönlichkeit und Individualität mit einer Außensicht und der Fähigkeit zum sozialen Rollenhandeln verbinden können.

Döbert und Nummer-Winkler gehen davon aus, dass das hohe Maß von gesellschaftlicher Arbeits- und Rollenteilung und die komplexe politisch-bürgerliche Öffentlichkeit in den heutigen Gesellschaften die kommunikativen Kompetenzen und die hohe Stufe der Ich-Identität unbedingt voraussetzen, wenn Menschen souverän und autonom handeln wollen (Döbert und Nunner-Winkler 1975, S. 37).

Kritische Würdigung der Theorie von Habermas

Mit der Theorie der »kommunikativen Kompetenz« hat Habermas ein Konzept entwickelt, mit dem die Fähigkeit eines Menschen zum flexiblen und prinzipiengeleiteten Handeln in sozialen Rollen und die Fähigkeit, in kritischer Selbstreflexion auch über Regeln und Normen verhandeln zu können, systematisch analysiert werden kann. Damit wird ein von Ungleichheit und Unterdrückung freies, ideales Modell der gesellschaftlichen Verständigung vorgeschlagen, das sich als Prüfstein anwenden lässt, um Ungleichheit und beengende Lebensbedingungen zu identifizieren. Mit Hilfe dieses Modells lässt sich klären, welche gesellschaftlichen Voraussetzungen notwendig sind, um die Ich-Identität eines Menschen zu sichern (Tillmann 2000, S. 239).

Kritisch lässt sich der Theorie entgegenhalten, dass von der ursprünglichen materialistischen Ausgangsposition bei Marx nur die kommunikative Komponente übrig geblieben ist, während die produktiv-arbeitsbezogene fast ganz zurückgenommen wurde. Gesellschaftlichkeit, so wird etwa von Bilden (1977) angemerkt, ist auf Sprache, die menschliche Subjektentwicklung auf die Aneignung von interaktiven Fähigkeiten reduziert. Der Umgang und die Auseinandersetzung des Menschen mit der gegenständlichen Umwelt über Arbeit und Spiel findet hingegen kaum Aufmerksamkeit. Auch die Aneignung der eigenen Körperlichkeit und der Umgang mit Trieben und Emotionen erscheint nur am Rande.

Problematisch ist auch die vorbehaltlose Übernahme der Theorie der Entwicklungsstufen von Piaget und Kohlberg, die von Habermas als quasi allgemein gültiges Gesetz der menschlichen Subjektbildung unterstellt wird. Wie Bertram (1981, S. 731) und Lempert (1982, S. 115) betonen, hat die empirische Überprüfung der Stufentheorien bisher kein überzeugendes Ergebnis gebracht. Von einer universell gültigen, in allen Kulturen vorfindbaren und sowohl für die körperliche als auch für die psychische und moralische Entwicklung zutreffenden stufenförmigen Entwicklung der menschlichen Persönlichkeit kann demnach keine Rede sein. Ganz offensichtlich unterscheiden sich die Entwicklungsstufen nach sozialem Hintergrund, Anregungsgehalt der Umwelt, angeborenen persönlichen Vorgaben, kulturellen Rahmenbedingungen und ökonomischen Lebenslagen. Auch Geschlechtsunterschiede spielen eine große Rolle (Bilden 1991; Gilligan 1999).

Trotz dieser Einwände lässt sich sagen, dass mit der Theorie von Habermas die bisher weitreichendste und umfassendste Konzeption für die Sozialisationstheorie vorliegt. Die Theorie erfüllt die in Kapitel 1 formulierten Anforderungen an eine umfassende Sozialisationstheorie so gut wie kaum eine andere der hier vorgestellten Theorien. Es ist bemerkenswert, dass sich Habermas dabei einer Kombination von verschiedenen Theoriestücken aus unterschiedlichen theoretischen Strömungen bedient. Damit macht er auf die Möglichkeit aufmerksam, zur breiten Abdeckung eines erkenntnisleitenden Modells nicht auf eine Universaltheorie zurückzugreifen, sondern auf eine Verknüpfung von verschiedenen Einzeltheorien. Für die Sozialisationstheorie könnte das auch in Zukunft eine aussichtsreiche Strategie sein.

Lebenslagen- und Lebensstiltheorien

Ebenso wie Habermas orientieren sich Lebenslagen- und Lebensstiltheorien an der Tradition der marxschen Gesellschaftstheorie. Ihr Ziel ist es, die Auswirkungen von sozialen Strukturen auf Lebenslagen und Lebensgewohnheiten von Menschen und ihre persönlichen Lebens- und Bewältigungsstile zu analysieren.

Theorien der Individualisierung der Lebenslagen

Der Gesellschaftstheorie von Ulrich Beck (1986) liegt die Annahme zu Grunde, die Strukturen der traditionellen Industriegesellschaft aus den Zeiten von Karl Marx seien mit dem Ende des 20. Jahrhunderts weitgehend überwunden, weil für breite Schichten der Bevölkerung ein hoher materieller Lebensstandard mit breit gefächerter sozialer Absicherung Realität geworden ist. Die traditionellen Klassenbedingungen bestimmen nach dieser Theorie nicht mehr das Schicksal am Arbeitsmarkt und im Privatleben, weil durch die »wohlfahrtsstaatliche Modernisierung« (Beck 1986, S. 116) die Freiheitsgrade für die Entfaltung der eigenen Persönlichkeit erheblich gestiegen sind. Das wird auch auf die Erweiterung der Bildungschancen, die Verkürzung der Erwerbsarbeit, die Steigerung sozialer und regionaler Mobilität und die Flexibilisierung der Beschäftigungsverhältnisse zurückgeführt. Als Kehrseite der Entwicklung wird die ständige Gefahr der Arbeitslosigkeit gesehen. Hier zeigen sich die »neuen Risiken« der modernen Gesellschaft, die von Beck bildhaft auch als »Risikogesellschaft« bezeichnet wird.

Beck betont die zunehmende »Individualisierung« moderner Gesellschaften, die durch die Freisetzung von traditionellen Normen und Bindungen entsteht:

- Die Individualisierung zwingt jeden Einzelnen, die Lebensführung selbsttätig in die Hand zu nehmen. Durch Wohlstand und Bildung haben sich die Entfaltungsmöglichkeiten aller Gesellschaftsmitglieder erheblich verändert und machen die fortbestehenden sozialen Ungleichheiten weniger spürbar.
- Die Einzelnen können und müssen ihr Leben vergleichsweise vorbildlos durch eigene Reflexion gestalten – ohne die Stütze, aber auch ohne den Zwang selbstverständlich geltender Muster. »Die Chancen der Autonomie und die Gefahren der Anomie (Norm- und Orientierungslosigkeit) liegen hierbei nahe beieinander. Allein oder mit anderen gemeinsam entwerfen, wählen, mischen oder verändern die Einzelnen neue Lebensstile und Lebensweisen. Eine Pluralisierung von sozialen Milieus und Lebensstilen findet statt. Die gesellschaftlichen Individualisierungsschübe führen zur Entstehung immer neuer sozialer Formationen und Identitäten.« (Hradil 1999, S. 140)

Die Theorie der Individualisierung von sozialen Lebenslagen ist geeignet, die Konsequenzen veränderter sozialer und kultureller Konstellationen für persönliche Einstellungen und Orientierungen zu analysieren, und zwar auch die problematischen Folgen, die sich aus der Freistellung von traditionellen Normen und Bindungen ergeben. So hat Wilhelm Heitmeyer theoretische und empirische Analysen vorgelegt, die auf die »persönlichen Kosten« der Entstrukturierung von Lebensvorgaben in der Jugendphase hinweisen:

- Für einen Teil der Jugendlichen ist demnach die unklare soziale Definition ihrer Lebenssituation psychisch nicht verarbeitbar, weil ihnen Maßstäbe für die Verortung in Gemeinde und Berufsleben verloren gehen. Sie fühlen sich ausgegrenzt und suchen nach Einstellungen und sozialen Bindungen, die ihnen in Familie, Schule und Nachbarschaft nicht gelingen.
- Rechtsextreme und Gewalt befürwortende Gruppen und Organisationen, religiöse Sekten und andere weltanschauliche Organisationen können aus diesem Grund von großer Anziehungskraft für »individualisierungsgeschädigte« Jugendliche sein. Heitmeyer interpretiert solche Orientierungsprobleme als einen individuellen und kollektiven Versuch, sich in einer unüberschaubaren sozialen Situation Sicherheit durch feste Identifikationsmuster, klare Rollenorientierungen und ein hierarchisches Gesellschaftsbild zu verschaffen (Heitmeyer 1995, S. 93).
- Verallgemeinernd lässt sich aus diesen Untersuchungen ablesen, wie hoch der Druck auf Menschen in einer »individualisierten« Gesellschaftsform ist, flexible psychische Strukturen für die Persönlichkeitsentwicklung und die Sicherung der Ich-Identität aufzubauen. Dieser Druck kann ganz offensichtlich von den Bevölkerungsgruppen besonders schlecht bewältigt werden, die nach Bildung und kultureller Zugehörigkeit eine Randstellung einnehmen (Giddens 1999; Sennett 1997).

Der Begriff »soziale Klasse« ist für die heutige Gesellschaftstheorie ebenso wie »soziale Schicht« nur wenig geeignet, um Bevölkerungsgruppen nach ihren Ausgangsbedingungen und Chancenstrukturen zu unterscheiden. Stefan Hradil plädiert dafür, als analytischen Leitbegriff das Konzept »soziale Lage« zu verwenden. Hiermit bezeichnet er die Situation einer Bevölkerungsgruppe, deren Lebensbedingungen maßgeblich durch eine bestimmte soziale Position geprägt und ähnlich gestaltet werden. Das Konzept der sozialen Lage hat den großen Vorteil, dass es auch die Teile der Bevölkerung mit einbezieht, die sich nicht oder nicht (mehr) im Erwerbsprozess befinden.

»Die Begriffe der sozialen Lage und der (individuellen) Lebenslage bilden die Grundlage für die differenzierte Unterscheidung ungleicher Lebensbedingungen gesellschaftlicher Gruppierungen. Lagenkonzepte sind den Ungleichheitsgefügen in pluralen Wohlstands- und Wohlfahrtsgesellschaften besonders angemessen und können auf spezifische Gruppierungen (zum Beispiel die Lage von allein Erziehenden) oder auch bestimmte Fragestellungen (zum Beispiel gesundheitsrelevante Lebenslagen) zugeschnitten werden.« (Hradil 1999, S. 40) Die sozialen Lagen werden vor allem nach ihrem Grad an kultureller und sozialer Integration, ökonomischem Wohlstand und politischer Partizipation unterschieden (Berger und Vester 1998).

Theorie des sozialen Habitus

Alternativ zur sozialen Lage lassen sich Gruppen der Bevölkerung auch nach Werthaltungen und Mentalitäten unterscheiden. Die Art und Weise, wie Menschen ihre Beziehungen zu Mitmenschen einrichten und ihre Umwelt organisieren, wird auch »Lebensstil« oder »sozialer Habitus« genannt. Damit wird das spezifische Profil der Verhaltensweisen, Ausdrucksformen, Geschmacksvorlieben, Meinungen und bewertenden Einstellungen einer Gruppe von Menschen bezeichnet.

Die Berücksichtigung von Milieu und Lebensstil wird als wichtig erachtet, weil Menschen in einem wachsenden Ausmaß ihre persönliche Lebensweise definieren und nicht wie in früheren gesellschaftlichen Konstellationen durch die sozialen Vorgaben der Lebenslage (Schicht oder Klasse) festgelegt sind. Werthaltungen und Verhaltensmuster von Menschen lassen sich demnach nur noch zum Teil als Reaktion auf ihre soziale und ökonomische Lebenslage verstehen (Endruweit 2000; Michailow 1994; Vester 2001).

Ein profilierter Vertreter dieser Theorie ist der Franzose Pierre Bourdieu (1993). Er entwickelt die Klassen- und Schichttheorie weiter, indem er auf den Lebensstil von Bevölkerungsgruppen eingeht und dabei nach Wohnungseinrichtungen, Speisen, Musikgeschmack, Kunstorientierung, Häufigkeit von Besuchen im Museum und Bildungswissen bestimmter Bevölkerungsgruppen unterscheidet. Der soziale Status von Denk-, Wahrnehmungs- und Bewertungsformen von Menschen in ähnlicher Lebenslage wird demnach durch die jeweiligen Lebensbedingungen geprägt:

- So wird in der Arbeiterbevölkerung das Leben an den harten finanziellen und sozialen Notwendigkeiten ausgerichtet, was sich in Kleidungskäufen und Wohnungseinrichtungen ausdrückt, die nach Preis, Haltbarkeit und Nutzen bewertet werden.
- Das Kleinbürgertum ist auf sozialen Aufstieg orientiert, auf ein ehrgeiziges und teils ängstliches, teils plakatives Erfüllen vorgegebener kultureller Normen in Bildung und Geschmack.
- Der Bourgeoisie hingegen ist es möglich, sich in Kenntnis der richtigen kulturellen Standards über diese zu erheben und einen eigenen Stil zu entwickeln, diesen als gesellschaftliche Norm zu propagieren und durchzusetzen (Hradil 1999, S. 139; Liebau 1987; Wagner 1993).

Auf diese Weise arbeitet Bourdieu in der modernen Gesellschaft die »feinen Unterschiede« heraus, die für das Alltagsverhalten und die Persönlichkeitsentwicklung von großer Bedeutung sind. Da dem Lebensstil eine so große Bedeutung für die Selbstwahrnehmung und Stilisierung der Persönlichkeit zukommt, ist den meisten Menschen nach dieser Theorie gar nicht mehr bewusst, dass sie in Strukturen großer sozialer und ökonomischer Ungleichheit leben (Bourdieu und Passeron 1971).

Edelstein (1999) und Grundmann (1999) ergänzen den milieuspezifischen Ansatz um kompetenztheoretische Überlegungen. Jeder Mensch ist aktiv an der Konstruktion und Gestaltung seiner Umwelt beteiligt, doch hierbei auf die eigenen Kompetenzen und Handlungsmöglichkeiten angewiesen, die im Verlaufe der Lebensgeschichte angeeignet wurden. Das individuelle Handeln wird demnach durch habituelle Filter vorstrukturiert, in denen Wahrnehmungs- und Beurteilungsmuster enthalten sind, die mit Bildung und Lebenssituation einhergehen. Umweltkonstellation, fördernde oder hemmende Einflüsse der sozialen Herkunft, soziale, materielle und kulturelle Ungleichheiten wirken sich auf die Handlungsdispositionen im Sinne von Habituskonfigurationen aus und strukturieren den Prozess der Individuation und der Vergesellschaftung.

Kritische Einschätzung der Lebenslagen- und Lebensstiltheorien

Die Lebenslagen- und Lebensstiltheorien setzen eine zentrale Traditionslinie der materialistischen Gesellschaftstheorien fort, indem sie den Zusammenhang zwischen sozialen, ökonomischen und kulturellen Strukturen und den persönlichen Entwicklungsbedingungen der Menschen in einer Gesellschaft herstellen. Im Unterschied zur materialistischen Gesellschaftstheorie sind sie darum bemüht, die Kernaussagen auch empirisch zu überprüfen. Untersuchungen zur Erfassung von sozialen Lebenslagen und Milieus und den damit verbundenen Lebensstilen gehören inzwischen zu den am sorgfältigsten mit quantitativen und qualitativen Methoden der empirischen Sozialisationsforschung abgesicherten Bereichen der Gesellschaftstheorie (Inglehart 1989; Kreckel 1998; Steinkamp 1991; Strasser und Dederichs 2000).

- Die Lebenslagen- und Lebensstiltheorien sind für die Sozialisationstheorie bedeutsam, weil sie das seit den 1960er-Jahren beherrschende Thema der gesellschaftlichen Ungleichheit aufnehmen. Dieses Thema hat nicht nur zur wissenschaftlichen, sondern auch zur gesellschaftspolitischen Bedeutung der Sozialisationstheorie und Sozialisationsforschung beigetragen.
- In den 1970er- und 1980er-Jahren kam es unter der Bezeichnung »schichtspezifische Sozialisation« zu einer enormen Popularität der ungleichheitsbezogenen Sozialisationsforschung auch im politischen und öffentlichen Raum. In Deutschland wäre die gesamte Diskussion über eine Erweiterung der Bildungschancen

für sozial benachteiligte Bevölkerungsgruppen (Arbeiterkinder, Kinder aus dem ländlichen Bereich, Mädchen) ohne diese Forschungstradition weniger nachhaltig gewesen.

Lebensstiltheorien müssen sich ständig mit dem Missverständnis auseinander setzen, durch veränderte ökonomische und soziale Bedingungen habe sich der Einfluss gesellschaftlicher Faktoren auf die Persönlichkeitsentwicklung nicht nur in seiner Ausprägung, sondern grundsätzlich in seiner Strukturdynamik verändert (Eickelpasch 1998; Zinnecker 2000). In einem weitgehend »zerfaserten« sozialen und kulturellen Umfeld sei Sozialisation nur als »Selbstsozialisation« möglich (Zinnecker 2000). Ähnlich wie in der sozialen Systemtheorie wird hieraus die Vorstellung abgeleitet, der Prozess der Persönlichkeitsentwicklung finde heute nicht mehr in Auseinandersetzung mit der äußeren Lebensumwelt, sondern nur noch mit der inneren statt. Individualisierung, von Beck als ein zur Bezeichnung der Veränderung von Sozialstrukturen verwendeter Begriff, wird damit subjektiviert und mit dem Begriff »Selbstsozialisation« gleichgesetzt.

- Durch eine solche Akzentuierung werden die nach wie vor existierenden, in ihrer Ausprägung aber nur durch genaue Analysen identifizierbaren Formen von Ungleichheit in modernen Gesellschaften übersehen. Die Freisetzung aus traditionellen Normen- und Schichtzusammenhängen, die Beck in seiner Theorie anspricht, wird unberechtigterweise mit einer Vereinseitigung des Sozialisationsbegriffs gleichgesetzt. Die für den Prozess der Persönlichkeitsentwicklung konstitutive Auseinandersetzung mit den äußeren Lebensbedingungen wird ausgeblendet oder auf den sozialen Raum von Gleichaltrigengruppen und Kulturaktivitäten reduziert (Bauer 2002).
- Eine solche individualisierungstheoretische Verzerrung bekommt sowohl der Gesellschaftstheorie als auch der Sozialisationstheorie nicht. War die sozialisationstheoretische Diskussion in den 1970er-Jahren durch eine Überbetonung von gesellschaftsdeterministischen Akzenten belastet, so kommt es jetzt zu einer subjektivistischen und konstruktivistischen Überzeich-

nung. Es wird der Eindruck erweckt, die Persönlichkeitsentwicklung sei ein freier und autonomer Akt der Selbstschöpfung.

Die Kernaussage sowohl der Theorien von Beck als auch von Bourdieu ist, dass sich Ungleichheitsstrukturen in modernen Gesellschaften nicht aufgelöst, sondern in eine Milieustruktur horizontal und vertikal differenzierter Lebenslagen umgewandelt haben. Es gibt nach wie vor eine Hierarchie ungleicher Lebenschancen, und diese wirkt sich auf Prozesse der Erziehung, Bildung und kulturellen Aneignung aus, die letztendlich ihre Spuren in den Persönlichkeiten der Gesellschaftsmitglieder hinterlassen (Giddens 1999). In diesem Sinne leisten die Lebenslagen- und Lebensstiltheorien einen wesentlichen Beitrag zur gesellschaftstheoretischen Untermauerung der Sozialisationstheorie.

2.3 Möglichkeiten einer Theoriekombination

In diesem Kapitel wurden aus der psychologischen und der soziologischen Tradition solche Theorien vorgestellt, die für die Umsetzung des in Kapitel 1 entwickelten Modells der Sozialisation in Frage kommen. Die Darstellung, Einordnung und kritische Würdigung der Theorien zeigte, dass sie oft nur Teilbereiche und einzelne Ebenen der Modellvorstellung von »Sozialisation als produktive Auseinandersetzung eines Menschen mit der inneren und äußeren Realität« thematisieren können. Es stellt sich deswegen die Frage, ob eine Kombination verschiedener Theorien für die weitere Arbeit in der Sozialisationsforschung sinnvoll ist.

Anforderungen an die Basistheorien

Das in diesem Buch vorgestellte Modell der Sozialisation verlangt nach wissenschaftlichen Theorien, die körper- und personenbezogene Aussagen über Gene und Anlagen des Menschen, die Entwicklung seiner körperlichen und psychischen Konstitution bis zur Herausbildung von Persönlichkeitsstrukturen und der Ableitung der

Entwicklungsaufgaben ermöglichen. Diese theoretischen Bausteine muss das Modell der Sozialisation aus den psychologischen Theorien (einschließlich biologischer Ansätze) gewinnen. Um die umwelttheoretischen Komponenten auszufüllen, sind Aussagen über den natürlichen Lebensraum, Gesellschaftsstrukturen, Organisationen und Gruppen sowie die Entwicklung von sozialen Rollenmustern und die Identität von Menschen notwendig. Hierzu muss sich das Modell der Sozialisation soziologischer Theorien (einschließlich ökologischer Ansätze) bedienen.
Die Sozialisationstheorie verbindet die Aussagen zur inneren und äußeren Realität miteinander und bezieht sie auf die Persönlichkeitsentwicklung (Abbildung 4).

Abb. 4: Die Kombination von Basistheorien

In der Forschungspraxis hängt es von der Untersuchungsfrage ab, welche »Basistheorien« aus der psychologischen oder soziologischen Tradition als Ausgangspunkt für die wissenschaftliche Arbeit gewählt werden. Wissenschaftlerinnen und Wissenschaftler müssen diese Frage danach entscheiden, welches Erkenntnisinteresse sie haben und welche Antworten sie auf ein Problem erwarten. Wie die Darstellung der einzelnen Theorien gezeigt hat, legt jede von ihnen einen Schwerpunkt auf bestimmte wissenschaftliche Aspekte der inneren und äußeren Realität.

Klaus-Jürgen Tillmann hat in seinem Buch »Sozialisationstheorien« (2000) anschaulich demonstriert, dass einzelne psychologische und soziologische Basistheorien eine Affinität zu bestimmten Themen der Sozialisationsforschung haben:

- Psychoanalyse, Lerntheorie und kognitive Entwicklungspsychologie eignen sich zum Beispiel besonders für detaillierte Analysen der geschlechtsspezifischen Sozialisation und Persönlichkeitsentwicklung. Tillmann arbeitet die jeweiligen Akzentsetzungen dieser drei Theorien heraus und kann nachweisen, dass jeweils bestimmte inhaltliche und strukturelle Aspekte der geschlechtsspezifischen Persönlichkeitsentwicklung thematisiert und interpretiert, andere Aspekte aber nur schwach oder gar nicht angesprochen werden.
- Die soziologischen Theorien des strukturellen Funktionalismus, symbolischen Interaktionismus und historischen Materialismus werden von Tillmann auf das Forschungsthema »schulische Sozialisation« angewendet. Wieder kann er zeigen, dass diese Theorien in unterschiedlicher Schwerpunktsetzung bestimmte Themenbereiche aus dem Komplex der schulischen Sozialisation ansprechen und andere teilweise ausblenden.
- Schließlich demonstriert Tillmann an einem dritten zentralen Forschungsfeld der Sozialisation, nämlich der Sozialisation im Jugendalter, wie psychologische und soziologische Basistheorien miteinander verknüpft werden können, um zu einer umfassenden, mehrere wissenschaftliche Module zugleich aufnehmenden Theorie zu kommen. Er spricht damit die Möglichkeit einer Theoriekombination an.

Möglichkeiten einer Theoriekombination

Die Kombination einzelner Elemente (Theoriestücke) aus verschiedenen Theorien ist am umfassendsten in der Theorie des kommunikativen Handelns von Jürgen Habermas umgesetzt worden (siehe Kapitel 2.2.3). Es gelingt Habermas, eine weit ausholende Sozialisationstheorie zu entwickeln, indem er historisch-materialistische Theoriestücke aus der Gesellschaftstheorie, psychoanalytische aus der Persönlichkeitstheorie, symbolisch-interaktionistische aus der Handlungstheorie und kognitionspsychologische aus der Entwicklungstheorie miteinander verbindet. Habermas hat damit einen »Theorieverbund« vorgestellt, der fast sämtliche Ebenen einer umfassenden Sozialisationstheorie aufnimmt. Dabei wird der Handlungs- und Kommunikationstheorie eine Leitfunktion eingeräumt. Diese Vorgehensweise ist für die Sozialisationstheorie wegweisend, es sind aber folgende Probleme zu beachten:

- Ob eine solche Kombination und Vernetzung von einzelnen Theoriestücken aus unterschiedlichen Basistheorien Gewinn bringend ist oder nicht, hängt vom Erkenntnisinteresse der Wissenschaftlerinnen und Wissenschaftler ab. Habermas wählt die aus verschiedenen Denktraditionen und Arbeitsweisen stammenden Einzeltheorien nach dem Erkenntnisinteresse der Emanzipation der menschlichen Persönlichkeit von kulturellen, ökonomischen und gesellschaftlichen Restriktionen aus. Er bemüht sich, jeweils solche Theoriestücke zu kombinieren, die unter dem Einheit stiftenden Suchraster »freie Entfaltung der Persönlichkeit« zusammengefasst werden und so in ein theoretisches und methodologisches Gesamtkonzept gestellt werden können.
- Habermas verbindet die verschiedenen Theorieelemente nicht gleichwertig miteinander, sondern orientiert sie an einem leitenden Paradigma, nämlich an den handlungstheoretischen Vorstellungen über die Entwicklung der Identität (Tillmann 2000, S. 284). Trotz aller interparadigmatischer Komplexität bleibt die habermassche Theorie damit eine Handlungs- und Kommunikationstheorie. Diese wird zur »Leittheorie«, auf die

> die anderen Theoriestücke zugeschnitten sind. Der Vorteil einer solchen Vorgehensweise liegt darin, dass die begrenzte Reichweite der Leittheorie erheblich erweitert wird, ohne dass ihre Grundannahmen und Perspektivitäten völlig verändert werden müssen. Die Verbindung von verschiedenen Theorien und damit auch der ihnen zu Grunde liegenden theoretischen und methodologischen Annahmen ist unter diesem Gesichtspunkt zu rechtfertigen, auch wenn nicht zu übersehen ist, dass die in die Leittheorie hineingestellten einzelnen Theoriestücke durch das Herausnehmen aus ihrer ursprünglichen Basistheorie eine andere Konnotation erhalten.

Für die Sozialisationstheorie ist die Theoriekombination eine aussichtsreiche Arbeitsform, weil der Bedarf an Integration von verschiedenen wissenschaftlichen Modulen und ihrer jeweiligen Perspektivität für den Gegenstandsbereich »Sozialisation« gedeckt werden kann. Die Alternative zu einem solchen Vorgehen liegt in der Orientierung an einer Generaltheorie, die in ihren Konzepten und Arbeitweisen so allgemein ausgerichtet ist, dass sie sämtliche wissenschaftliche Module der Sozialisationstheorie aufnimmt. Die in Kapitel 2.2.1 vorgestellte Systemtheorie in der Variante von Niklas Luhmann hat einen solchen Charakter und wird von einer zunehmenden Zahl von Forscherinnen und Forschern in der Sozialisationstheorie eingesetzt. Der Systembegriff lässt sich auf alle Ebenen des Sozialisationsprozesses anwenden, zum Beispiel auf organische Systeme, psychische Systeme, Handlungssysteme, Gruppensysteme, Organisationssysteme und Gesellschaftssysteme. Damit kann in einer in sich geschlossenen konzeptionellen Begrifflichkeit mit einem einheitlichen Rahmen und einer durchgehenden erkenntnisleitenden Orientierung gearbeitet werden. Eine »Montage« und Kombination von verschiedenen Theoriestücken ist deshalb nicht notwendig.

Wie bei der kritischen Einschätzung der Systemtheorie schon erwähnt wurde, scheint mir diese Alternative zumindest beim gegenwärtigen Entwicklungsstand der Systemtheorie nicht tragfähig zu sein. Die Systemtheorie ist in ihrer heutigen Fassung zu formalistisch ausgelegt und entspricht nicht den subjektorientierten

Grundannahmen des Modells der produktiven Verarbeitung der inneren und äußeren Realität. Einen möglichen Ausweg aus dieser Engführung weist Sutter auf, indem er den Versuch macht, Subjektstrukturen als »Resultate von Konstruktionen selbstreferenziell operierender Systeme« zu verstehen und damit den Subjektbegriff in die Systemtheorie aufzunehmen (Sutter 1999b, S. 85). Noch ist dieser Vorschlag aber in der Systemtheorie die Ausnahme.

Bei der von Habermas vorgeschlagenen theoretischen Fundierung der Sozialisationstheorie wird eine subjektorientierte Analyse der Persönlichkeitsentwicklung möglich. Orientierungs- und Zielpunkte für den Prozess der menschlichen Subjektwerdung können theoretisch abgeleitet werden. Durch die Anreicherung der handlungs- und kommunikationstheoretisch ausgerichteten Leittheorie um Theoriestücke aus den anderen Theorietraditionen kann die Reichweite so erweitert werden, dass alle wesentlichen Aussagen über die »äußere Realität« und die »innere Realität« getroffen werden können, die für die Verschränkung von Persönlichkeitsentwicklung und Gesellschaftsentwicklung von Bedeutung sind.

Die folgenden Kapitel dieses Buches orientieren sich an dieser Vorgabe. Sie berücksichtigen Erkenntnisse der Sozialisationsforschung aus allen Theorien, die in diesem Kapitel vorgestellt wurden. Sie bemühen sich aber darum, die verschiedenen Aussagen jeweils unter einer handlungstheoretischen Perspektive zu bündeln und von hier aus eine zusammenfassende Interpretation der Erkenntnisse zur Sozialisation in Familien, Erziehungs- und Bildungssystem und im soziokulturellen Umfeld anzubieten.

3. Sozialisation in Familien

Familien sind seit Jahrhunderten die zentrale Instanz der Sozialisation. Als sensible soziale Systeme sind sie geeignet, auf persönliche Bedürfnisse einzugehen und die Einflüsse der äußeren Realität zu filtern und zu »übersetzen«. Die Sozialisation in Familien kann als »primäre Sozialisation« bezeichnet werden, weil Familien in der Regel die früheste und nachhaltigste Prägung der Persönlichkeit eines neu geborenen Gesellschaftsmitgliedes vornehmen.

3.1 Familienstruktur und Persönlichkeitsentwicklung

Die Veränderung wirtschaftlicher und kultureller Bedingungen in den westlichen Gesellschaften hat alle Lebensverhältnisse berührt und vor den privaten Lebensformen nicht Halt gemacht. Auch die Lebensform »Familie«, gekennzeichnet durch das dauerhafte Zusammenleben von Eltern und Kindern, wurde in diesen sozialen Wandlungsprozess einbezogen (Böhnisch und Lenz 1997, S. 16; Schnabel 2001, S. 36).

Ein Hauptmerkmal der gesellschaftlichen Veränderungen der letzten zweihundert Jahre ist die Aufspaltung von zuvor einheitlichen in mehrere spezialisierte Systeme. Dieser in der Soziologie als »Differenzierung« bezeichnete Vorgang der Aufgliederung eines sozialen Systems nach verschiedenen spezifischen Aufgaben, um Leistungsfähigkeit nach innen und Angepasstheit an die Umwelt zu vergrößern, hat die noch bis in das 19. Jahrhundert hinein in die Familie integrierte Nahrungsproduktion, Kleiderreparatur, Berufsbildung und Altenpflege weitgehend in hierfür spezialisierte, neu gegründete Systeme überführt, die der Familie nun als »soziale Umwelt« entgegentreten. Die Familie wird zu einem sozialen System unter anderen.

Dieser zivilisationsgeschichtliche Prozess wird von einer »Individualisierung« begleitet, nämlich der Herauslösung von Menschen aus überkommenen Sozialformen von Verwandtschaft und Nachbarschaft, Sozialmilieus (Arbeitermilieu, Stadtteilmilieu) und Sozialorientierungen (Traditionen, Sitten, Bräuche). Dadurch hat jedes Gesellschaftsmitglied unabhängig von Herkunft und Geschlecht erheblich mehr Gestaltungsmöglichkeiten für die eigene Lebensführung als früher, zugleich werden aber die traditionellen gemeinschaftlichen Werte immer schwächer und ihre Bedeutung als Einheit stiftende Kraft schwindet (»Enttraditionalisierung« von Lebenswelten) (Beck 1986; Beck, Giddens und Lash 1996; Giddens 1999; S. 153, 570).

Die soziale Institution Familie galt zur Zeit der Entstehung des Begriffes Sozialisation und der Entwicklung der ersten Sozialisationstheorien als Garant für die Sicherung der gesellschaftlichen Integration und damit der Stabilität der sich differenzierenden Gesellschaft. Der traditionelle Begriff von Sozialisation, wie ihn Durkheim geprägt hat, schrieb der Familie die Schlüsselrolle für die »Vergesellschaftung der menschlichen Natur« zu. Die von 1900 etwa bis 1950 vorherrschende Form der Familie als soziales System mit fest definierter Arbeitsteilung und klar geschnittenen sozialen Generations- und Geschlechtsrollen erschien als die angemessene und unersetzliche Instanz für die Sicherung der gesellschaftlichen Integration. Entsprechend war der Begriff Sozialisation auf das Einüben von Kindern und Jugendlichen in diese soziale Rollen und die Verinnerlichung von gesellschaftlichen Wertorientierungen ausgerichtet (Nave-Herz und Markefka 1989; Sigel und Laosa 1983; Vaskovics 1997).

Durch die schnellen Veränderungen gesellschaftlicher Lebensverhältnisse seit den 1950er-Jahren haben sich diese wirtschaftlichen, kulturellen und sozialen Rahmenbedingungen für die Familie spürbar gewandelt. Die Kernfunktionen der Familie, darunter die der Sozialisation, werden heute unter veränderten Bedingungen in neuer Form erfüllt (Allert 1998; Grundmann 1992; Nave-Herz 1994; Schneewind 1999).

3.1.1 Die Struktur der Kernfamilie

Heute existieren in den hoch entwickelten westlichen Gesellschaften viele verschiedene Formen der Familie nebeneinander. Darunter ist auch die traditionelle Form: Der Mann fungiert als Oberhaupt der Familie, weil er die Rolle des Geldverdieners innehat. Die Frau wird als alleinige Erzieherin der Kinder verstanden, die auch für das emotionale Binnenklima der gesamten Familie verantwortlich ist. Der Anteil dieser »traditionellen« Familien wird aber allmählich geringer, weil immer mehr Frauen in den Erwerbsbereich eintreten und insgesamt die haushaltsökonomischen Funktionen der Familie (Essenherstellung, Kleidungsreparatur, Pflege) heute im Vergleich zur Zeit vor der Industrialisierung weit in den Hintergrund getreten sind.

Hierdurch ist das gesamte System Familie in den Wandlungsprozess einbezogen worden, es wird von der »Enttraditionalisierung« erfasst.

- Die lebenslange Einheitsfamilie ist nicht mehr der Regelfall, vielmehr herrscht im Lebenslauf der meisten Menschen ein Abwechseln zwischen Familienstrukturen auf Zeit und nicht familialen Formen des Zusammenlebens vor. Die Familie als soziales System lebt aber weiter. »Überlebt hat sie deshalb, weil sie einige Funktionen abgegeben, andere geändert, dritte gestärkt, neue soziale Formen entwickelt und vielleicht sogar vergangene Lösungen neuen Bewertungen unterzogen hat.« (Hettlage 2000, S. 93).
- Die heute vorherrschenden Familienformen sind nicht mehr in erster Linie ökonomische und praktische Zweckbündnisse, sondern sensible soziale Gemeinschaften. Deshalb hat die Bedeutung der Gefühle für den Systemerhalt der Familie zugenommen. Die Familie ist ein System mit einer sehr starken Personenorientierung geworden und hat in den letzten Jahren einen Zuwachs an Privatheit und Intimität erfahren. Sie ist auf die Erfüllung der Bedürfnisse nach »Glück« ihrer Mitglieder – im Sinne von Liebe, Nähe, Emotionalität, Entspannung und Rückzug – ausgerichtet (Bertram 1995).

Um nicht in die Gefahr zu geraten, die traditionelle Form der Familie mit der »sozialen Idee« der Lebensform Familie in eins zu setzen, ist eine tragfähige Definition von Familie notwendig. Die alte Definition von Familie als auf der Ehebeziehung von zwei erwachsenen Menschen unterschiedlichen Geschlechts aufbauende solidarische Gemeinschaft mit Kindern, die eine Produktionseinheit darstellt, ist nicht mehr angemessen. Stattdessen sollte Familie als eine soziale Lebensform definiert werden, die durch das dauerhafte Zusammenleben von mindestens einem Elternteil und einem Kind charakterisiert ist, in der die Beziehungen durch Solidarität, persönliche Verbundenheit und Betreuung geprägt sind.

Im Unterschied zur traditionellen stellt diese Definition nicht auf das Vorhandensein von zwei Eltern und auch nicht auf deren rechtliche Beziehung als Ehebeziehung ab. Auch berücksichtigt diese Definition, dass Familienbeziehungen nicht unbedingt an eine biologische Mutterschafts- oder Vaterschaftsrolle gegenüber dem Kind gebunden sind. Die Definition macht deutlich, worin der soziologische Kern der Familie liegt, nämlich in der dauerhaften Beziehung und Verbundenheit von Menschen verschiedener Generationen und der gegenseitigen Berücksichtigung ihrer Bedürfnisse.

Die Familie als soziales Beziehungsgefüge

Die für die Sozialisation von Kindern wichtige Beziehungsdynamik in Familien soll zunächst am Beispiel der »soziologischen Kernfamilie« erläutert werden, die auch heute noch die häufigste Familienform darstellt. Diese Kernfamilie besteht in idealtypischer Betrachtung aus vier sozialen Rollen: Mutter, Vater, Tochter und Sohn. Diese vier Rollen unterscheiden sich auf zwei Dimensionen, nämlich der Geschlechterdimension (Mutter und Tochter gehören dem weiblichen, Vater und Sohn dem männlichen Geschlecht an) und auf der Generationendimension (Mutter und Vater gehören der älteren, Tochter und Sohn der jüngeren Generation an) (siehe Abbildung 5).

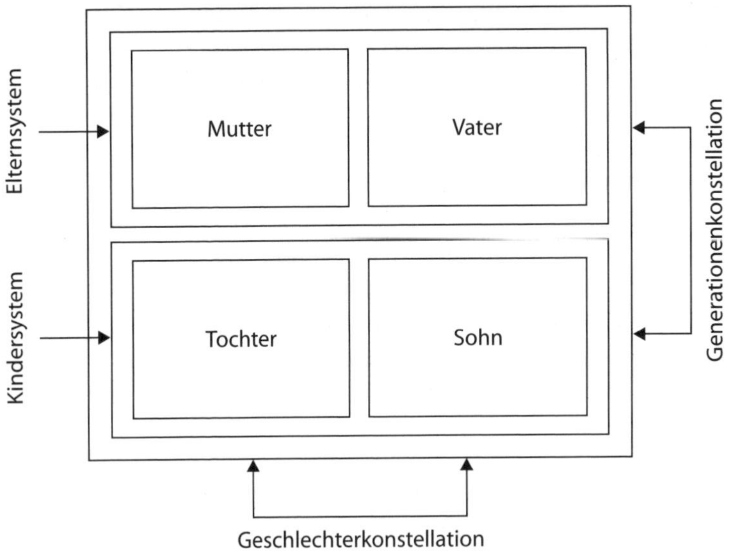

Abb. 5: Die sozialen Rollen in der Kernfamilie

Die Beziehungsdynamiken innerhalb der Kernfamilie bauen zum einen auf der Unterschiedlichkeit der Geschlechter auf. Vater und Sohn können zum Beispiel eine »Koalition« gegen die weiblichen Mitglieder des Systems Familie bilden, um bestimmte Interessen durchzusetzen, die mit der Aufrechterhaltung von Merkmalen der männlichen sozialen Rolle zusammenhängen. Mutter und Tochter können ebenfalls ein solches Bündnis eingehen. Zum Zweiten sind die Beziehungsdynamiken auf der Generationenebene zu beobachten. Mutter und Vater bilden ein Subsystem, wenn es um ihre persönlich-intime Beziehung und um die Durchsetzung von sozialen Umgangsformen und Regeln im »Erziehungsprozess« geht, bei dem sie in der Regel die Vorgaben setzen und versuchen Tochter und Sohn nach ihren Vorstellungen zu beeinflussen. Umgekehrt können Tochter und Sohn eine »Kinderkoalition« bilden, mit der sie den Versuch machen, Einfluss auf die Umgangsformen und Regeln des Familienlebens zu nehmen (Neidhardt 1975).

Neben den bereits angesprochenen Untersystemen (Koalitionen) innerhalb des Familiensystems sind auch die Konstellation Mutter–Sohn und Vater–Tochter zu erwähnen. Hierbei handelt es sich um Systeme, bei denen sich die Geschlechterebene und die Generationenebene überschneiden. Für die Einübung von Geschlechterrollen bieten solche Konstellationen viele Möglichkeiten, indem zum Beispiel von der Tochter spielerisch die Rolle der Frau gegenüber dem Vater oder vom Sohn spielerisch die Rolle des Mannes gegenüber der Mutter eingenommen wird.

In den traditionellen Kernfamilien, die bis etwa 1950 zahlenmäßig vorherrschten, hatte jede der vier sozialen Rollen eine festgelegte Ausrichtung innerhalb und außerhalb der eigenen »Systemgrenzen«.

- Die Rolle der Mutter war durch die Verantwortung für die Gesamtheit der innerfamilialen Beziehungen einschließlich der Haushaltsführung und der gezielten Erziehung der Kinder charakterisiert, die Rolle des Vaters durch die Verantwortung für die wirtschaftliche und finanzielle Sicherheit der Familie und die Sicherung des sozialen Status.
- Diese traditionelle Rollenaufteilung drückt sich meist darin aus, dass Mütter nur zu einem geringen Anteil berufstätig sind und sich entsprechend nur wenig außerhalb des Familiensystems aufhalten. Demgegenüber ist für Väter charakteristisch, in einer von der Familie räumlich abgetrennten beruflichen Welt viele Stunden des Tages zu verbringen und nur an Randzeiten des Tages und am Wochenende voll in das Familiensystem und seine innere Dynamik einzutreten. Diese Rollenmuster werden in der Regel direkt an die Kinder weitergegeben.

Dieses traditionelle Muster der Kernfamilie ist heute immer seltener anzutreffen. Die Mutter ist zwar häufig noch die »Innenministerin« des Familiensystems, übt aber zumindest nach der Grundschulzeit der Kinder ihren angestammten Beruf oder eine andere Erwerbstätigkeit aus, oft auf Teilzeitbasis. Der Vater ist vielfach noch vorherrschend der »Außenminister« der Familie, doch fühlt er sich für Haushaltsabläufe und Erziehungs- und Beziehungsprobleme innerhalb des Familiensystems stärker verantwortlich als in der traditionellen Familie, wie sie etwa in den 1950er-Jahren charakteristisch war. Die Veränderungen gehen zwar langsam vonstatten und treten auch nicht in allen Familien auf. In vielen Familien hinken die traditionellen Geschlechtsstereotype den bereits eingetretenen tatsächlichen Veränderungen hinterher (»cultural lag« nach Ogburn 1969). Aber der Wandel ist unaufhaltsam.

Die spezifische Rolle von Müttern und Vätern

Viele Studien zeigen, dass die Bindungen des Kindes zu Vater und Mutter individuell geprägt sind und jeweils eine eigene Beziehungsqualität besitzen. Toleranz, Solidarität, Kooperation, Offenheit für Diskussion sowie Großzügigkeit und Zärtlichkeit gegenüber den Kindern werden häufig bei Vätern beobachtet, bei Müttern Emotionalität, Mitgefühl, Zuwendung und Anleitung (Fthenakis 1985). Durch den allmählichen Abbau der traditionellen Mutter- und Vaterrolle werden Vaterschaft und Mutterschaft jeweils von beiden Geschlechtern als ein positives und wichtiges Ereignis bewertet, das für die individuelle Persönlichkeitsentwicklung und Lebenszufriedenheit als Mann und Frau von Bedeutung ist. In immer mehr Familien wandelt sich die traditionelle »patriarchalische« Struktur in eine »parentale«, gleichberechtigt durch die Elternrolle definierte (Stein 2000). Hierdurch entstehen neuartige Impulse für den kindlichen Sozialisationsprozess:

- Für Väter ergeben sich durch ein Engagement im Erziehungsprozess neue Erlebensqualitäten und die Erfahrung, über einen längeren Zeitraum zuverlässig für das Wohlergehen von Kindern sorgen zu können. Sie werden dadurch stärker als Ratgeber, Vertrauensperson, Unterstützer, Konfliktlöser und zuverlässige Partner geschätzt. »Dieser Wandel der Väterlichkeit kann als ein Wandel von der traditionellen autoritären, repressiven und marginalen Rolle des Vaters hin zu einer freundschaftlichen, liebevollen und zentralen Rolle in der Familie umschrieben werden. Auch wenn das innerfamiliale Engagement der Väter sicher stärker sein könnte, zeigen die Forschungen deutlich, dass das vaterlose Zeitalter allmählich zu Ende geht. Schließlich sind auch die Männer in der Lage, die volle Verantwortung für Pflege und Erziehung zu übernehmen.« (Stein 2000, S. 63)

- Die Entwicklung zur »neuen Väterlichkeit« ist allerdings auf eine enge Partnerschaft von Mann und Frau angewiesen, in der die Aufgaben von Haushalt, Erziehung und Außenkontakten gut abgestimmt werden. Nach den Untersuchungen von Fthenakis (1985) sind Einflüsse des Vaters dann besonders günstig, wenn sie mit denen der Mutter abgestimmt sind. Häufig tritt die Mutter auch als Koordinatorin für die Einziehungseinflüsse auf.
- Insgesamt sind die unterschiedlichen sozialen, emotionalen und instrumentellen Akzentsetzungen von Vater und Mutter für die Persönlichkeitsentwicklung des Kindes – auch bei leichten Abweichungen und Spannungen – von Vorteil, weswegen viele Autorinnen und Autoren auch die These vertreten, dass für die Entwicklung eines Kindes eine Vater-Mutter-Kind-Triade wünschenswert ist. Kinder können sich in einer Dreierkonstellation je nach ihrem Entwicklungsstand aktiv diejenigen Anregungen und Impulse holen, die für ihre Persönlichkeit besonders hilfreich sind (Hildenbrand 2001; Lamb 1976).

Durch die gesellschaftliche Enttraditionalisierung ist es zwar zu einem Sinken der Heiratsbereitschaft, steigenden Scheidungsziffern und einem wachsenden Anteil von Stieffamilien und allein Erziehenden gekommen, aber das familiale Zusammenleben von Mutter, Vater und Kind(ern) gilt in allen Schichten der Bevölkerung immer noch als leitender Orientierungswert für die Lebensführung (Hildenbrand 1999). Von Eltern wird erwartet, dass sie die natürliche Spannung zwischen Paarbeziehung und Eltern-Kind-Beziehung, die durch die heute sehr individuelle Gestaltung der Paarbeziehung als Liebesbeziehung noch größer als früher ist, aus eigener Kraft lösen und dem Kind als eine zuverlässige und solidarische »Koalition« mit den Merkmalen Dauer, Verlässlichkeit und gefühlsmäßige Zuwendung gegenübertreten (Herlth, Brunner, Tyrell und Kriz 1994). Das Ausbalancieren dieser Ansprüche verlangt von allen Familienmitgliedern hohe soziale Kompetenzen.

Veränderungen der Frau-Mann-Beziehung durch das erste Kind

In die Partnerbeziehungen der Eltern geht eine Vielzahl persönlicher Wünsche und Bedürfnisse ein. Paarbeziehungen sind exklusive Liebesbeziehungen mit erotischer und sexueller Färbung und zugleich pragmatische Beziehungen zum Betreiben eines gemeinsamen Haushalts. Die Ankunft des ersten Kindes führt zu einer empfindlichen Störung dieser Balance. Die Beziehung der beiden Partner muss auf eine völlig neue soziale und psychische Basis gestellt werden. Elternschaft bedeutet deshalb immer auch eine Krise der Partnerschaft (Gloger-Tippelt 1995).

- Für mehrere Wochen nach der Ankunft des ersten Kindes sind diese Veränderungen ganz offensichtlich recht gut zu ertragen. Studien zeigen, dass es so etwas wie »Baby-Flitterwochen« gibt, eine Zeitspanne, in der sowohl die Mutter als auch der Vater – von der Ankunft des Kindes psychisch überwältigt – zu Kompromissen in der Zeit- und Sozialgestaltung ihrer Beziehung gern bereit sind. Danach aber zeigt sich das wahre Ausmaß der Veränderungen, die durch die Ankunft des Kindes hervorgerufen wurden, und es wird deutlich, wie dringend jetzt die Neubalancierung der Beziehung wird (Bauer 1992; Belsky, Lerner und Spanier 1984).
- Die große Mehrzahl von Müttern und Vätern orientiert sich heute an einem partnerschaftlichen Verhalten mit gleichberechtigter Verantwortung beider Geschlechter an Haushalts- und Erziehungsaufgaben. Durch die Ankunft des Kindes wird diese Rollenaufteilung, die teilweise zwischen den Partnern über einen längeren Zeitraum ausgehandelt ist, empfindlich gestört. Mit der Ankunft des Kindes werden die Mütter oft gegen ihren Willen in Richtung eines traditionellen Bildes von Mütterlichkeit gedrängt. Sie üben über das Stillen eine intensive Rolle in der Kinderpflege aus. Spiegelbildlich dazu rutschen die Männer stärker als zuvor in die Rolle des berufstätigen Ernährers der Familie. Auch wenn die Mutter nur vorübergehend ihre Berufstätigkeit einstellt, kommt es zu dieser Verschiebung der Rollenmuster nach traditionellen Vorstellungen (Petzold 1991; Reichle 1994).

Die Geburt des Kindes stellt also die zuvor ausgehandelten Strukturen der Partnerschaft auf eine harte Probe. Viele Beziehungen erhalten hier einen Riss, der später nur mühselig gekittet werden kann. Nur dann, wenn sich Männer nicht demonstrativ auf das konventionelle Bild des berufstätigen Familienernährers zurückziehen und deutlich eine unterstützende Position aufrechterhalten, können kritische Entwicklungen vermieden werden. Dazu gehört die Unterstützung der Frauen im Haushalt und bei der Kinderbetreuung und auch das Aufrechterhalten eines gleichberechtigten, partnerschaftlichen Umgangsstils. Diese unterstützende Haltung des Mannes muss mit einer verständnisvollen Haltung der Frau korrespondieren; Frauen, die eine überbehütende und abschirmende Rolle bei der Kinderbetreuung einnehmen, können die Beziehungsbalance zu ihrem Partner stören (Cowan und Cowan 1994).

Die frühe Mutter-Vater-Kind-Interaktion

Die Verhaltensforschung zeigt, wie wenige natürliche Ausstattungen das Gattungswesen Mensch beim Umgang mit dem eigenen Nachwuchs hat. Es gibt kaum eingespielte, gewissermaßen »genetisch programmierte« Schemata für das eigene Verhalten. Im Umgang zwischen Mutter und Kind greifen nur in den seltensten Fällen reflexartige Verhaltensmuster, der größte Anteil des Verhaltens ist durch die aktiven, bewusst gesteuerten Impulse von Mutter und Kind beeinflusst (Rowe 1997).

- So ist die Fähigkeit, mit dem Säugling zu interagieren und zu kommunizieren, zwar prinzipiell bei jeder Mutter vorhanden, aber ihre Ausprägung und Gestalt ist nicht angeboren. Die Kompetenz, mit einem Säugling umzugehen, ist auch nicht an die leibliche Mutter gebunden, wahrscheinlich auch nicht an das Geschlecht. Väter zeigen allerdings in den meisten vorliegenden Studien eine deutlich geringere Kompetenz als Mütter, denn sie haben ein recht stereotypes und einfaches Rollenrepertoire beim Umgang mit kleinen Kindern. Der Grund dürfte in der in unserer kleinen kulturellen Traditionen gegebenen Seltenheit des Kontaktes von Männern mit kleinen Kindern und ihrer dadurch bedingten Ungeschicklichkeit liegen (Fthenakis 1985).

- Vor allem die entwicklungspsychologische, lernpsychologische und persönlichkeitspsychologische Forschung, in den letzten Jahren ergänzt um verhaltenspsychologische und -biologische Untersuchungen, weist auf die fast grenzenlose Lern- und Entwicklungsfähigkeit des kleinen Kindes hin. Eltern sind dabei die allererste Beziehung, auf die das Kind sich einlässt. Die Kontakte zu Mutter und Vater werden zum Maßstab für alle späteren Beziehungen des heranwachsenden Menschen. Deshalb kommt einer gelingenden und ausgeglichenen Beziehung zwischen Mutter und Kind sowie Vater und Kind eine so große Bedeutung für die gesamte weitere Persönlichkeitsentwicklung des Kindes zu.

In den frühen Kontakten erlernt ein Kind die Kompetenz, mit anderen Menschen umzugehen und die soziale Umwelt zu erkunden. Die Eltern wirken hierbei als Übungspartner und Setzer von Bewertungsmaßstäben und bilden eine emotionale Brücke in die soziale Umwelt außerhalb der Familie. Früh wird in der Beziehung zwischen Mutter, Vater und Kind auch eingeübt, wie mit Spannungen und Konflikten umgegangen wird und wie Missverständnisse bewältigt werden. Kleine Kinder sind ungeheuer aufnahmefähig und lernbegierig und von Natur aus sinneshungrig und neugierig. Gelingen ihnen die frühen Kontakte zu Mutter und Vater, dann stabilisiert sich hierdurch auch das Zutrauen in die eigenen Fähigkeiten, es wird eine Art Urvertrauen in Sozialbeziehungen und in die eigene Persönlichkeit, eine Grundlage für den Aufbau eines gesunden Selbstwertgefühls gelegt (Kreppner 1991; Maccoby 1992; Schmidt-Denter 1994).

Die Wechselseitigkeit der frühen Beziehungen

Wie die von der Lern- und Entwicklungspsychologie angeregte Forschung zeigt, entscheidet die Art und Weise, wie eine Mutter (oder ein Vater) in den ersten Tagen mit dem neugeborenen Kind umgeht, mit über die Verhaltensweisen des Kindes.

- Das mütterliche Verhalten kann sich nach emotionaler Zuwendung, Mimik, Körperkontakt, Grad der Zärtlichkeit, Lautäußerungen, Häufigkeit und Ausprägung von negativen Äußerungen, Abwechslungsreichtum zur Lenkung der Aufmerksamkeit und Aktivität des Kindes, Schnelligkeit und Flexibilität bei den Reaktionen, Ausmaß, Intensität und Häufigkeit von Anregungen, aber auch nach Sprechinhalt, Aufforderung, Rufen und nach Spielimpulsen deutlich unterscheiden (Laosa und Sigel 1982; Schneewind 1994).
- Auch die Säuglinge unterscheiden nach der Art und Weise ihrer Mimik, den Lautäußerungen, der Blickrichtung, der Reaktivität auf das mütterliche Verhalten und dem Aktivierungs- und Wachheitszustand. Von Anfang an besteht eine wechselseitige Interaktion zwischen Mutter und Kind, wobei das Kind durch sein Verhalten die Impulse der Mutter mit beeinflusst. Keinesfalls handelt es sich bei der Mutter-Kind-Interaktion um eine Einbahnstraße, wenn auch die Mutter die Führung in der Kommunikation übernimmt (Waldron und Routh 1991). Vielmehr haben wir es mit einer »retroaktiven«, rückwirkenden Sozialisation zu tun, weil das Kind auch die Verhaltensweisen der Mutter prägt (Klewes 1983).
- Der enge körperlich-emotionale Kontakt der Mutter (oder des Vaters) zu ihrem Kind muss in Nähe und Distanz gut ausbalanciert sein. Eine zu enge Mutter-Kind-Beziehung mit zu großer Nähe ist für die Entwicklung der kindlichen Persönlichkeit nicht günstig. Eine solche überprotektive, emotional erdrückende Beziehung kommt heute häufig vor, weil viele Kinder hoch erwünschte Einzelkinder sind und in die Beziehung zum Kind viele Bedürfnisse aus der Persönlichkeit von Müttern einfließen.

Die wechselseitigen Beziehungen zwischen Mutter, Vater und Kind bilden zumindest für die Kinder bis zum Grundschulalter so etwas wie die soziale Welt, den Mikrokosmos der Gesellschaft. Trotz der Außenkontakte der Familie und der Einflüsse der Massenmedien spielt sich ein erheblicher Teil des täglichen Lebens eines Kindes in den ersten Lebensjahren innerhalb der Systemgrenze der Familie ab. Entsprechend werden die Erlebnisse und Erfahrungen mit Mutter und Vater für charakteristisch und selbstverständlich gehalten und zur Orientierung der eigenen Werte, Einstellungen und Verhaltensmuster des Kindes herangezogen.

Auch wirkt die Familie wie ein sozialer Filter für die Verarbeitung von Umwelteinflüssen. Die soziale und materielle Umwelt dringt in die Familie ein, aber sie wird durch die »Systemgrenze« gebrochen. Die Art und Weise, wie die Umwelt wahrgenommen wird, steht in enger Korrespondenz mit Struktur und Inhalt der innerfamilialen Beziehungen und Erfahrungen. So gesehen lässt sich die von Systemtheoretikern entwickelte These vertreten, dass ein Kind im Kindergarten- und Grundschulalter die soziale Welt durch die Augen des »Systems Familie« aufnimmt und diese Sichtweise verwendet, um auch alle anderen sozialen Umwelteinflüsse aufzunehmen und zu strukturieren (Hofer, Klein-Allermann und Noack 1992).

Übergangsphasen im Familienleben

Sozialisation in und durch Familien erstreckt sich über einen langen Zeitraum und kann ein lebenslanger Anpassungs- und Veränderungsprozess sein. Dabei kommt es unvermeidbar auch zu krisenhaften Umstellungs- und Übergangsprozessen, die bei einer erfolgreichen Bewältigung in eine neue Phase von relativer Stabilität führen (Nave-Herz 1994).

In der Entwicklungsgeschichte des Familienlebens sind vor allem die folgenden Übergangsphasen von Bedeutung:

- Übergang zur Elternschaft. Wie bereits erwähnt, etabliert sich bei der Geburt des ersten Kindes eine Familie, die sich in der Regel aus einer Partnerbeziehung entwickelt, die schon einige Zeit besteht. Die beiden Partner müssen lernen, sich in einer neuen sozialen Funktion wahrzunehmen, weil ihre bisherige exklusive partnerschaftliche Beziehung zu einer das Kind einschließenden Elternbeziehung wird.
- Psychische Ablösung der Kinder von den Eltern in der Pubertät. Die Geschlechtsreife setzt heute schon oft mit zehn und elf Jah-

ren ein. Sie geht mit innerer Distanz und demonstrativer Abwendung der Kinder von den Eltern einher. Mütter und Väter müssen ihre Beziehung zu den Kindern auf eine neue Basis stellen. Ist eine vertrauensvolle Beziehung in der Kindheitsphase aufgebaut worden, gelingt die Umstellung auf die neue Phase meist sehr gut.

- Auszug der Kinder aus dem Elternhaus. Auch in dieser Phase kommt es zu erheblichen Neuanforderungen an das Gleichgewicht im System Familie. Die Eltern werden wieder auf ihre Partnerbeziehung zurückgeführt. Die Frau verliert ihren meist dominierenden Einfluss in der Erziehung. Die Jugendlichen sind jetzt auf dem Höhepunkt ihrer physischen Leistungsfähigkeit, Belastbarkeit und Kontaktfähigkeit, während die Eltern in eine Lebensphase münden, in der Leistungsfähigkeit und sexuelle Attraktivität sich allmählich mindern.
- Aufnahme alter Eltern in die Familie. Ein vierter häufig auftretender Übergangsprozess ergibt sich aus der Pflegebedürftigkeit alter Eltern. In diesem Fall wird die mittlere Generation gezwungen, ihre Aufmerksamkeit allmählich von der Begleitung der Kinder abzuziehen und auf die Versorgung der gebrechlichen alten Eltern zu richten. Das Gleichgewicht zwischen individuellen Bedürfnissen und Interessen aller Familienmitglieder muss auch in dieser Phase erneut hergestellt werden.

Es liegt im Wesentlichen an der Stabilität und der Qualität der Partnerbeziehung, ob diese Transitionsprozesse erfolgreich gemeistert werden können. Außerdem spielen die Persönlichkeitsmerkmale jedes einzelnen Familienmitgliedes eine große Rolle. Jede Familie hat zwar eine gemeinsame Atmosphäre mit geteilten Umgangsregeln, aber als soziales System besteht sie aus eigenständigen Persönlichkeiten, die jeweils unterschiedliche Erwartungen und Impulse mitbringen. Schließlich bestimmen äußere Faktoren als Kontext über die Bewältigung der Übergangsphase. Wichtig ist die finanzielle und soziale Lage der Eltern, die stark durch die Erwerbstätigkeit mit ihren Anforderungen, Belohnungen und Stimulierungen geprägt wird.

3.1.2 Familienstrukturen im Umbruch

Die Gründung einer Familie erfolgt mit der Entscheidung für ein Kind. Diese Entscheidung ist für eine Frau und für einen Mann, die in Partnerschaft zusammenleben, von weit reichender Konsequenz. Noch bis in die 1950er-Jahre hinein ließ sich in allen hoch entwickelten Industrieländern beobachten, wie selbstverständlich und fast automatisch mit dem Eingehen einer Ehebeziehung (die ihrerseits als soziales Standardmuster für das private Zusammenleben galt und von der großen Mehrzahl der Bevölkerung als Lebensform gewählt wurde) auch die Entscheidung für Kinder verbunden war.

Heute entscheidet sich ein großer Teil der Paare bewusst gegen die rechtliche Form der Ehebeziehung, um unabhängig und eigenständig zu bleiben. Unter anderem deshalb gibt es keinen selbstverständlichen »Automatismus« der Entscheidung für Kinder mehr. Vielmehr werden komplexe persönliche, biografische, partnerbezogene, organisatorische und finanzielle Überlegungen angestellt, ob eine Partnerbeziehung zwischen einem Mann und einer Frau mit einem Kind angereichert werden soll oder nicht (Kaufmann 1990; Vascovics 1997).

Die Entscheidung für oder gegen ein Kind

Die meisten über einen längeren Zeitraum zusammenlebenden Paare wünschen sich Kinder und damit das Leben in einer Familienbeziehung. Tatsächlich aber realisieren etwa nur die Hälfte der Paare diesen Wunsch und entscheiden sich für ein Kind. Nach der Ankunft des ersten Kindes verwirklicht wiederum die Hälfte aller Paare die ursprünglich angestrebte Entscheidung für ein weiteres Kind oder mehrere Kinder nicht mehr.

Sowohl Frauen als auch Männer wägen die biografischen, sozialen und ökonomischen Konsequenzen der Entscheidung für ein Kind genauestens ab. Am Ende überwiegen häufig die Bedenken, sodass die Entscheidung negativ ausfällt. Etwa ein Drittel aller Frauen der jungen Generation bleibt heute kinderlos (Birg 2000).

Die Entscheidung für oder gegen ein Kind ist eine höchst private und persönliche Entscheidung, eingebettet in eine Paarbeziehung. Da diese Entscheidung durch soziale, kulturelle und ökonomische Rahmenbedingungen geprägt wird, hat sie trotz ihres privaten Ausgangscharakters enorme bevölkerungsweite und gesellschaftliche Auswirkungen.

Deutschland ist ein besonders auffälliges Beispiel für ein hoch entwickeltes Industrieland, in dem die Geburtenzahl pro 1.000 Einwohner in den letzten fünfzig Jahren kontinuierlich zurückgegangen ist: Die durchschnittliche Zahl der Kinder, die eine Frau in ihrem Leben gebärt, ist von 2,3 im Jahr 1950 auf 1,4 Kinder im Jahr 2000 zurückgegangen. In Ostdeutschland sank diese Ziffer nach der Vereinigung der beiden deutschen Staaten in den 1990er-Jahren sogar noch unter diesen Wert, nähert sich aber inzwischen dem Niveau in Westdeutschland an. Damit gehört Deutschland zu denjenigen Staaten, die über die geringste Geburtenquote in der ganzen Welt verfügen und deren Bevölkerung deshalb ab dem Jahr 2010 deutlich schrumpfen wird (Birg 2000).

Auch für die Zusammensetzung der Haushalte hat diese Entwicklung Konsequenzen. Familien mit Kindern bilden nicht wie 1950 etwa die Hälfte aller Haushalte in Deutschland, sondern nur noch ein gutes Drittel, mit weiter schrumpfender Tendenz. Die Zahl der Haushalte in Deutschland, in denen andere private Lebensformen als Familien leben, wächst ständig weiter an (Abbildung 6).

Wie die Abbildung 6 zeigt, ist den letzten fünfzig Jahren der Anteil der (Ehe-)Paare mit Kindern stark geschrumpft und gleichzeitig die Zahl der Haushalte mit allein lebenden Menschen deutlich angewachsen. Die Folge ist, dass Familienhaushalte inzwischen in Deutschland eine Minderheit bilden. Deshalb sind Erfahrungen des Zusammenlebens mit Kindern auch nicht mehr vorherrschend und prägend für das öffentliche Leben (Kaufmann, Herlth und Strohmeier 1980).

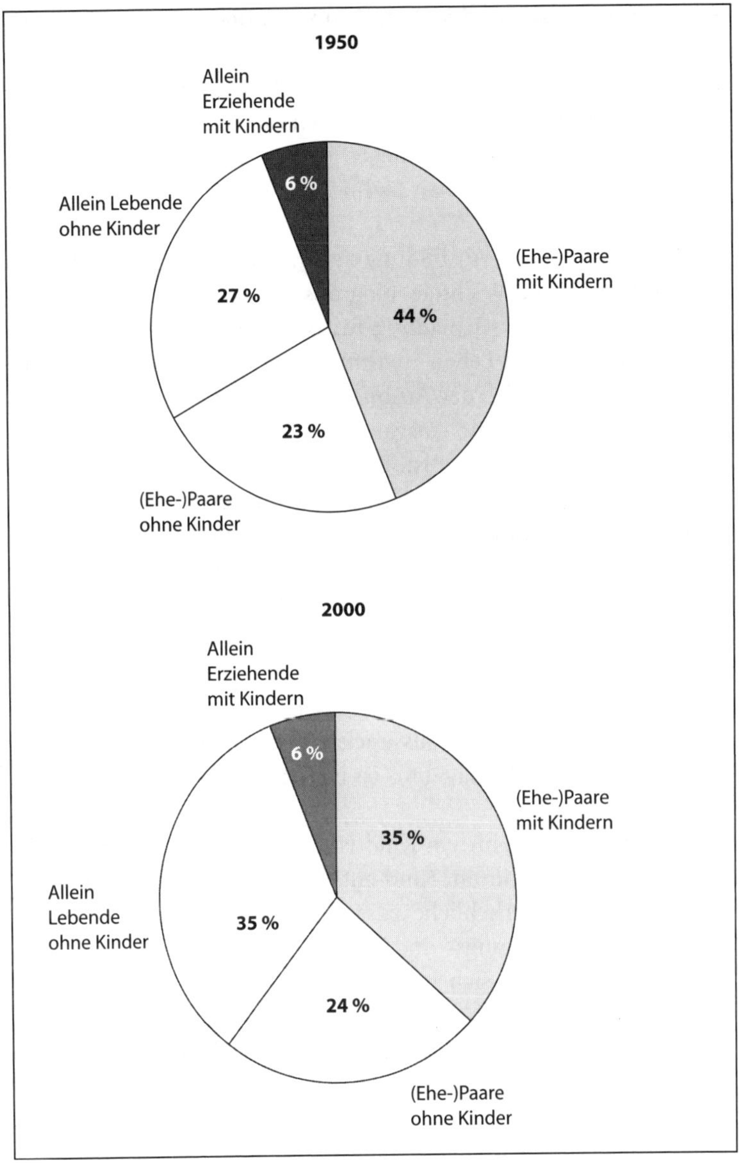

Abb. 6: Zusammensetzung der Haushalte nach Lebensform in Deutschland 1950 und 2000 (Schätzung nach Angaben des Statistischen Bundesamtes)

Gründe für den sinkenden Anteil von Familien

In den hoch entwickelten Gesellschaften tritt die Entscheidung für ein Kind immer häufiger in Konkurrenz zu anderen Lebenszielen der Menschen. Die Ursachen liegen in veränderten ökonomischen, kulturellen und biografischen Bedingungen:

- Die Bildungs- und Ausbildungszeiten von Männern und Frauen verlängern sich. Wichtige biografische Entscheidungen, unter ihnen auch die Entscheidung für oder gegen Kinder, verlagern sich hierdurch im Lebensrhythmus. Beide Partner warten heute meist bis zum Ende der Ausbildung und zur ersten Berufsphase ab, bis eine optimale Ausgangssituation für die Entscheidung für ein Kind gekommen ist. Durch das Aufschieben werden sehr häufig auch die Anforderungen an die Entscheidung komplexer, weil die Entscheidung an immer mehr persönliche und berufliche Bedingungen geknüpft wird. Frauen sind heute ganz überwiegend berufstätig, wenn sie vor der Entscheidung für oder gegen ein Kind stehen. Sie müssen sich fragen, welche Konsequenzen sich aus der positiven Entscheidung ergeben, und zwar sowohl im Blick auf ihre weitere berufliche Laufbahn und ihre finanzielle Absicherung als auch auf das weitere Bestehen der Paarbeziehung. Das Ergebnis ist in vielen Fällen der Verzicht auf ein Kind.
- Die Entscheidung für ein Kind ist ein finanzielles Risiko für die Eltern. Wer sich für ein Kind entscheidet, muss im Vergleich zu Nicht-Familien erhebliche zusätzliche Belastungen für die Betreuungs-, Ernährungs- und Versorgungskosten von Kindern in Kauf nehmen, die sich bis zum Abschluss der Ausbildung auf bis zu 200.000 Euro belaufen können. Auch deshalb zögern viele Paare, sich für ein Kind zu entscheiden. Weil ein ökonomisches Motiv für ein Kind (Geschäftsübernahme, Altersversorgung) heute fehlt, wird von Paaren geprüft, wie groß die emotionale Befriedigung, die lebensperspektivische Sinnerfüllung, der Grad von Selbstverwirklichung und das gesteigerte Erleben der eigenen Verantwortung durch ein Kind sind. Positive Entscheidungen für Kinder sind deshalb meist von psychischen und biogra-

fischen Motiven gesteuert. Mütter und Väter versprechen sich einen Gewinn für ihre eigene Persönlichkeitsentwicklung und ihre emotionale Befriedigung. So gesehen ist die Entscheidung für ein Kind ein rein intuitives und zugleich wirtschaftlich »irrationales« Votum in einer durch ökonomisches Denken beherrschten Gesellschaft.

- Die öffentliche Anerkennung für nicht-traditionelle Familienformen ist gering. Faktisch ist im Vergleich zu den 1950er-Jahren die Kernfamilie mit zwei Eltern und in der Regel zwei Kindern heute eine Familienform unter mehreren, sie wird aber – wie schon erwähnt – weiter als gesellschaftliches Ideal angesehen. Ein geschichtlicher Rückblick zeigt, dass schon immer verschiedene Familienformen nebeneinander existiert haben, darunter allein erziehende Eltern, nicht verheiratete Paare, Stieffamilien und Patchwork-Familien, die aus dem Zusammenschluss von zwei unvollständigen Kernfamilien entstehen. Die Vielfältigkeit von Familienformen hing früher allerdings in der Regel mit der kurzen Lebenszeit von Müttern und Vätern und den schlechten ökonomischen Bedingungen zusammen. Heute ist sie auf eine meist bewusste Entscheidung für einen bestimmten Lebensstil zurückzuführen. Immer mehr Männer und Frauen möchten in einer liebevollen und exklusiven Zweierbeziehung mit persönlichem Glücksanspruch leben. Dieser Wunsch lässt sich mit der traditionellen Arbeitsteilung von Vätern und Müttern nur schwer vereinbaren, was unter anderem ein Grund für die Suche nach Alternativen zum Modell der »alten« Kernfamilie ist.
- Die Unterstützung der Eltern durch öffentliche Erziehungseinrichtungen ist niedrig. In Deutschland existiert im Unterschied zu den meisten anderen Industrieländern kein ausreichendes Angebot an Kinderkrippen, Horten und Schulen mit Nachmittagsangeboten. Bei zunehmender Berufstätigkeit von Frauen wirkt sich diese fehlende öffentliche Infrastruktur negativ auf die Entscheidung für Kinder aus. Hinzu kommt die kinderunfreundliche Gestaltung der sozialen Umwelt, besonders die schlechten Wohn- und Spielbedingungen für kleine Kinder. Der soziale Lebensrhythmus ist im Wesentlichen auf die Erwachse-

nenbevölkerung zugeschnitten und berücksichtigt die Bedürfnisse und Wünsche von Kindern kaum. Zugleich schwindet in den kinderleeren Wohnvierteln das Wissen um die Kinderbetreuung und um den Umgang mit Kindern.

Förderprogramme für Familien

Der sinkende Anteil von Familien in der Bevölkerung stellt alle westlichen Industrieländer, besonders das durch eine äußerst geringe Geburtenquote gekennzeichnete Deutschland, vor erhebliche politische Probleme, weil die Bevölkerungszahl schnell schrumpfen wird. Die Funktionsfähigkeit der sozialen Sicherungssysteme für Rente und Krankheit, die auf eine weitaus höhere Kinderzahl als heute ausgerichtet sind, ist hierdurch gefährdet. Dringend wären deshalb durchgreifende familienpolitische Schritte wie etwa:

- Die Zusammenlegung und Erhöhung von finanziellen Zuwendungen für Eltern und die Erhöhung ihrer steuerlichen Vergünstigungen (die heute auch für Ehepaare ohne Kinder gewährt werden). Würde das »Kindergeld« pro Kind auf eine Summe von 300,- Euro angehoben, hätten Paare, die sich Gedanken über ein Kind machen, eine finanzielle Basissicherheit, um die zusätzlichen Kosten eines Kindes auszugleichen und ihre wirtschaftliche Lage abgesichert zu planen.
- Die bedarfsgerechte Einrichtung von Kinderkrippen, Kindergärten und Schulen, weitgehend mit Nachmittagsangeboten und flexiblen Öffnungszeiten. Für einen Platz in einer Kindertagesstätte oder einer Schule mit Nachmittagsangebot könnten von Bund, Ländern und Gemeinden gemeinsam finanzierte Gutscheine an Eltern ausgegeben werden, die dann die freie Wahl bei der Entscheidung für die Einrichtung haben.
- Der Ausbau von Familienbildung und Elternberatung, sodass Eltern ohne lange Wartezeiten Hilfe und Unterstützung bei Erziehungs- und Beziehungsproblemen mit ihren Kindern erhalten können. Beratungsmöglichkeiten sollten besonders auch in Kindertagesstätten und (Grund-)Schulen zugänglich sein.

Solche Förderprogramme würden mittelfristig die Vereinbarkeit von Beruf und Kindererziehung für Mütter und Väter erleichtern und sich langfristig wahrscheinlich auch auf die Geburtenzahl auswirken.

Möglicherweise lässt sich hierdurch auch die Zahl der Kinder pro Familie steigern. Heute entscheiden sich in Deutschland 50% der Familien für nur ein Kind (Kasten 1999). Die hohe Zahl von Einzelkindern hat Folgen für die Familienbeziehungen. Insbesondere im Verwandtschaftsnetzwerk wird es in den nächsten Generationen zu einem erheblichen Schrumpfen kommen. Die Sozialkontakte über Tanten, Onkel, Cousinen und Neffen der den Einzelkindern nachfolgenden Generationen werden ausfallen (Nave-Herz und Markefka 1989). Hierdurch könnte eine weitere gesellschaftliche Entfremdung gegenüber der Lebensform Familie eintreten.

Der veränderte Wert von Kindern

Wie aus diesen Erörterungen deutlich wird, hat sich der Wert von Kindern für ihre Eltern im Verlaufe der letzten fünf Generationen, also in einer Spanne von etwa 150 Jahren, grundlegend verändert. Eine sozioökonomische Theorie zur Erklärung dieser Veränderungen ist der »value of children approach«. Er betrachtet Kinder als eine Art familialen »Produktionsfaktor« für die Befriedigung der zentralen Grundbedürfnisse der Eltern (Nauck 2001). Als diese Grundbedürfnisse werden Wohlbefinden durch materielle Güter und soziale Anerkennung durch den Status in der Gesellschaft angenommen. Wird diese Theorie historisch vergleichend angewandt, dann zeigen sich folgende Trends:

- Kinder können heute kaum noch zur Optimierung des materiellen Wohlbefindens ihrer Eltern beitragen, weil sie keinen eigenen Beitrag zur Haushaltsproduktion leisten und die Wohlfahrt des elterlichen Haushaltes nicht steigern. Wie schon erwähnt, belasten sie vielmehr das wirtschaftlichen Budget des Haushaltes der Eltern. Kinder wirken bei der Absicherung gegen Risiken des Lebens der Eltern nicht mit. Nur noch in seltenen

Fällen arbeiten sie als Produktionskräfte in der Landwirtschaft und helfen in Familienbetrieben des Handwerks mit. Auch ihre Mithilfe bei der Haushaltsführung und der Versorgung von jüngeren Kindern ist die Ausnahme. Bei der Absicherung gegen Krankheit, Katastrophen, Arbeitslosigkeit und Verdienstausfall wegen Pensionierung haben sie ebenfalls keine maßgebliche Funktion. Mit anderen Worten: Ihr Einkommens- und Versicherungsnutzen ist heute nur im Ausnahmefall gegeben – genau dieser Nutzen war es aber, der vor der Industrialisierung der Hauptgrund für die Entscheidung für ein Kind war. Auch für die öffentliche soziale Anerkennung von Eltern spielen Kinder heute nur noch eine eingeschränkte Rolle. Im Unterschied zu früher ist der soziale Statusgewinn durch ein Kind für die Eltern gering. Ehepaare/Paare mit Kindern, seien es Söhne oder Töchter, haben heute keineswegs ein höheres Sozialprestige als die ohne Kinder.
- Dagegen sind der »emotionale Nutzen« und der biografische Wert von Kindern gegenüber früheren Generationen gestiegen. Kinder können Beziehungen zu anderen Familien herstellen und eine stärkere soziale Integration von Müttern und Vätern erwirken. Sie machen ihre Eltern auf die Bedeutung von Generationenbeziehungen aufmerksam und stellen wichtige Impulse für die Sinnstiftung des Lebens der Eltern dar: »Durch Kinder wird nämlich eine ursprüngliche, enge, intime, emotionale, lebenslange, durch hohe Selbstbindung getragene soziale Beziehung geschaffen, die damit in hohem Maße identitätsstiftend zur persönlichen Fundierung und Selbstvergewisserung beiträgt.« (Nauck 2001, S. 415)

Aus diesen Trends lässt sich schließen, dass die Entscheidung für ein Kind heute nur in Grenzen durch Förderprogramme für Familien beeinflussbar ist. In den Gesellschaften der Gegenwart werden Kinder vor allem wegen ihrer emotionalen Qualitäten »gewollt«, während ihr Einkommens- und Versicherungsnutzen und auch der mit ihnen früher verbundene soziale Statusgewinn fast bedeutungslos geworden sind. Da der emotionale Nutzen als Motiv bei der Entscheidung für ein Kind stark in den Vordergrund gerückt ist, wird nach dieser Theorie auch plausibel, warum sich so viele Eltern heute für nur ein Kind entscheiden. Der emotionale Wert von Kindern lässt sich nämlich nicht in der gleichen Weise kumulieren wie der Einkommens- und Versicherungsnutzen oder der Statusgewinn. Ein einzelnes Kind kann genauso viel oder sogar größere psychische Befriedigung schaffen wie mehrere Kinder. Gleichzeitig steigen aber die ökonomischen Kosten, sodass das Verhältnis bei niedriger Kinderzahl günstig und bei hoher Kinderzahl ungünstig ist (Nauck 2001, S. 419).

Plausibel ist weiterhin, dass wegen des hohen emotionalen Wertes der Kinder ihnen sehr früh eine hohe Autonomie für eigene Entscheidungen und Handlungen eingeräumt wird. Die »Belohnung« der Eltern durch das Kind fällt nämlich umso höher aus, je stärker die Persönlichkeit des Kindes entwickelt ist. Entsprechend sind auch Selbstständigkeit und Kreativität die am höchsten bewerteten Erziehungsziele, während Gehorsam und Pflichterfüllung keinen hohen Rang in den Präferenzen von Eltern mehr einnehmen.

Auswirkungen von Trennungen und Scheidungen

Seit den 1950er-Jahren kommt es immer häufiger zu einer Trennung der (Ehe-)Partner. In Deutschland werden heute rund 37 von 100 jemals geschlossenen Ehen geschieden, 1950 waren es etwa zehn. Es kann geschätzt werden, dass etwa zwanzig Prozent aller Kinder und Jugendlichen unter 18 Jahren von diesem einschneidenden Ereignis betroffen werden. Für die Sozialisationsforschung stellt sich die Frage, wie sich diese Strukturveränderung des Familienlebens auf die Entwicklungsbedingungen von Kindern und Jugendlichen auswirkt. Meist geht der Trennung und Scheidung von Eltern eine lange Phase von Konflikten und Beziehungskämpfen voraus. Für Kinder und Jugendliche ist diese Phase belastend, weil Ursache und Ausgangspunkt der Beziehungsstörung der Eltern für sie meist nicht direkt nachvollziehbar sind und sie häufig den Eindruck gewinnen, mitverantwortlich für die Störung zu sein.

Untersuchungen über Auswirkungen von Trennungen und Scheidungen auf die kindliche Persönlichkeitsentwicklung zeichnen ein vielschichtiges Bild:

- Kinder und Jugendliche, die von Scheidung und Trennung der Eltern betroffen sind, zeigen über einen längeren Zeitraum Symptome von Verhaltensstörungen und entwickeln Schuldgefühle. Scheidung und Trennung hinterlassen bei ihnen Gefühle des Leidens, des Versagens und des Verlustes von Geborgenheit. Die Trennung der Eltern stellt die zuverlässige Zuwendung durch Erwachsene in Frage und zerstört den Nimbus einer liebevollen und dauerhaften Partnerschaft von Menschen (Wallerstein und Blakeslee 1989; Schwarz 1999). Wenn es zu neuen Partnerbindungen des erziehenden Elternteils kommt, sind weitere emotionale Beziehungskonflikte zu bewältigen, die sich auf den neuen Lebenspartner des betreuenden Elternteils und auch auf mögliche Stiefgeschwister beziehen (Visher und Visher 1987). In »Stieffamilien« treffen zwei Familienverbände zusammen, die über mehrere Jahre hinweg in einer eigenen Kultur und Tradition gelebt haben.
- Diese Belastungen treffen jedoch nicht alle Kinder aus Trennungsfamilien in gleicher Weise. Die Gestaltung der familiären Beziehungen nach der Trennung oder Scheidung erweist sich als potenzieller Schutzfaktor. So ist es wichtig, dass eine gute Beziehung und ein stabiler unterstützender Kontakt zwischen Mutter und Kind bestehen bleiben. Trotz der Trennung bewahren viele Kinder die Vorstellung vom Fortbestehen der alten Kernfamilie und betrachten die Mutter weiterhin als kontinuierliche Bezugsperson und emotionale Stütze. Die gefühlsmäßigen Beziehungen gegenüber dem Vater, der in der Regel die Familie verlassen hat, können sich sogar intensivieren. Die Familie als soziales System hört nicht auf zu existieren, auch wenn sie sich stark umstrukturiert hat (Fthenakis 1995; Napp-Peters 1995; Schneewind 1999).

Zusammenfassend zeigen diese Studien, dass nicht so sehr die Scheidung an sich, sondern die damit einhergehenden Beziehungskonflikte und der Abbruch der gegenseitigen Kontakte für die Persönlichkeitsentwicklung der Kinder von Schaden sind. Beziehungs- und Verhaltensprobleme in der Familie können mit oder ohne Trennung der Eltern zu Ursachen für spätere Persönlichkeitsprobleme und auch Partnerschaftsprobleme der Kinder werden. Scheidungen können sogar zu einer höheren Kontaktdichte und emotionaler Verbundenheit der Kinder zu ihren Eltern führen als zuvor. Auch in Familienbeziehungen mit beiden Eltern kann ein hohes Konfliktniveau ernsthafte Verhaltensprobleme der Kinder und Jugendlichen mit sich bringen, wenn sie ständig den Streitigkeiten und Aggressionen der Eltern ausgesetzt sind und diese nicht beeinflussen können (Gerris und Grundmann 2002).

Nach der Trennung lebt etwa ein Drittel der Kinder mit einem Elternteil allein, in der überwiegenden Zahl der Fälle mit der Mutter.

- Diese »Ein-Eltern-Familien«, die in Deutschland etwa zwanzig Prozent der Familienkonstellationen stellen, sind in der Regel auf ein hohes Maß von Selbstorganisation der Kinder und ihre Mithilfe im Haushalt angewiesen (Napp-Peters 1985; Niepel 1994). Für sie als Kleinstfamilien ist eine Einbindung in umfassende soziale Netzwerke von Verwandtschaft und Nachbarschaft besonders wichtig.
- Ein-Eltern-Familien wurden – auch in der wissenschaftlichen Forschung – lange als »unvollständige« Familien bezeichnet, weil nur eine der beiden Elternrollen der Kernfamilie besetzt ist. Wie die oben dargestellten Untersuchungen deutlich zeigen, führt diese Bezeichnung in die Irre, wenn damit auf Defizite in der Qualität der Beziehungen zwischen dem einen Elternteil und dem Kind/den Kindern hingewiesen werden soll. Eine »vollständige« Kernfamilie ist für die Persönlichkeitsentwicklung des Kindes, zum Beispiel die Entwicklung von Selbstwertgefühl und Identität, keineswegs per se ein Schutzfaktor. Nicht die Familienstruktur ist ausschlaggebend für die dauerhaften Impulse für die Persönlichkeitsentwicklung von Kindern, sondern die Familiendynamik mit der tatsächlichen Beziehungsqualität der Familienmitglieder (Walper und Schwarz 1999).

Ein Teil der getrennten Eltern geht neue Beziehungen ein. So kommt es zu familialen Kombinationsmodellen mit komplexen Bündnissen aus Eltern, Kindern, Stiefeltern, Ex-Frauen und Ex-

Männern, Stiefkindern, Schwiegereltern, Ex-Schwiegereltern, Großeltern und angeheirateten oder ehemals angeheirateten Verwandten (»Patchwork-Familien«). In Deutschland sind unter den rund neun Millionen Familien eine Million, also knapp zehn Prozent, aus Stiefvätern und Stiefmüttern oder unverheirateten Lebenspartnern zusammengesetzt, die Kinder aus früheren Ehen mitbringen und vielleicht auch noch gemeinsamen Nachwuchs haben. Zum Vergleich: Fast zwei Millionen Familien zählen zu den Ein-Eltern-Familien (Engstler 1997, S. 54).

Familien ausländischer Herkunft

Familien werden in ihrer sozialen Zusammensetzung auch deshalb vielfältiger, weil sie sich nach ihrer kulturellen Herkunft und ihrer ethnischen Zusammensetzung und damit im Ausmaß ihrer sozialen Integration in die einheimische Gesellschaft unterscheiden. Mindestens ein Viertel aller Familien in Deutschland wird durch ausländische Arbeitsmigranten der ersten, zweiten und dritten Generation und Asylbewerber, Aussiedler und Saisonarbeiter gebildet. Fast ein Drittel aller in Deutschland geborenen Kinder hat in irgendeiner Form eine Anbindung an eine Migrationsfamilie. Diese Familien sind durch weit verzweigte familiale und verwandtschaftliche Netzwerke gekennzeichnet.

- Deutschland ist faktisch seit den 1960er-Jahren ein Einwanderungsland, auch wenn es Jahrzehnte gedauert hat, bis politische Strategien für die Integration der Familien ausländischer Herkunft entwickelt wurden. Da die Beschäftigungsmöglichkeiten im Erwerbssystem schlecht waren, ist das Arbeitslosigkeitsrisiko hoch. Dreißig Prozent der Familien leben an der Armutsgrenze. Die Lebenschancen der Kinder aus diesen Familien sind entsprechend stark beeinträchtigt (Nauck und Schönpflug 1997).
- Eine kritische Ausgangslage entsteht besonders in Familien, in denen einer oder beide Elternteile von Dauererwerbslosigkeit betroffen sind. In den letzten beiden Jahrzehnten sind in der Bundesrepublik Deutschland nach vorsichtigen Schätzungen

> zwanzig Prozent aller unter 18-jährigen Kinder und Jugendlichen zumindest einmal mit der Arbeitslosigkeit ihrer Eltern konfrontiert worden. In Migrationsfamilien liegt dieser Wert höher, Arbeitslosigkeit ist also kein singuläres Ereignis, sondern eine Erfahrung, die massenhaft auftritt. Die Auswirkungen von Arbeitslosigkeitserfahrungen in der Familie auf die Kinder sind schwerwiegend. Arbeitslosigkeit bedeutet einen tief gehenden Bruch im Lebensrhythmus der Familie, der von den Kindern sehr sensibel empfunden wird und die Möglichkeiten für ihre soziale Integration behindert (Kieselbach und Wacker 1991).

Wirtschaftliche Krisensituationen und Notlagen können das Familienklima und die Eltern-Kind-Beziehungen in Migrantenfamilien strapazieren und sie zu »Risikofamilien« machen, weil meist psychische und soziale Krisen nachfolgen, die sich in lang anhaltenden Spannungen und Konflikten zwischen den Eltern niederschlagen (Schnabel 2001, S. 81). Ausgangspunkte der sozialen und psychischen Krisen können ungünstige und beengte Wohnbedingungen sowie die soziale und kulturelle Isolation der Familie und ihre Stigmatisierung sein. In den Migrantenfamilien können solche Belastungen allerdings auch oft durch ein enges Zusammenhalten und eine intensive gegenseitige Unterstützung in den gefächerten sozialen Netzwerken abgefangen werden (Beck-Gernsheim 1998).

Die Bedeutung der Einbindung in Netzwerke

Je stärker ein Kind in ein soziales Beziehungsgefüge mit gut erreichbaren Bezugspersonen innerhalb und außerhalb der Kernfamilie eingebunden ist, desto besser kann es mit ungünstigen sozialen Lebensbedingungen (zum Beispiel Arbeitslosigkeit der Eltern), kritischen Lebensereignissen (zum Beispiel Scheidung der Eltern) und andauernden Lebensbelastungen (zum Beispiel Krankheit des Vaters) umgehen. Die strukturelle Beschaffenheit und die Qualität und Funktion der Beziehungen entscheiden über die tatsächliche Unterstützungskraft eines Netzwerkes (Nestmann 1989; Nestmann und Hurrelmann 1994).

Das Netzwerk der Kernfamilie ist in der Regel ein enges, kleines, dichtes und emotionales System, das sich im Regelfall durch seine Verlässlichkeit und Strapazierbarkeit auszeichnet, aber auch kontrollierend und regulierend wirken kann. Die außerfamilialen Netzwerke sind in der Regel offener und weiter und tragen etwas sachlichere Züge. Sie werden meist aktiviert, wenn das Kern-Netzwerk überlastet ist. Ausländische und Aussiedlerfamilien verfügen meist über ein verzweigtes und größeres Netzwerk als einheimische.

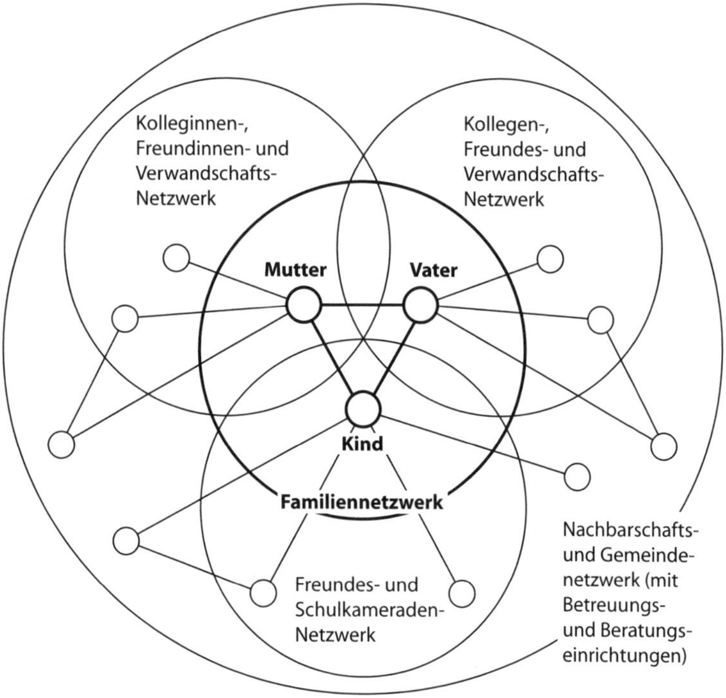

Abb. 7: Idealtypische Darstellung eines Familiennetzwerkes mit Verbindungen in außerfamiliäre Netzwerke

In Abbildung 7 findet sich eine idealtypische Darstellung eines familialen Netzwerkes von Mutter, Vater und Kind mit den möglichen Verbindungen in außerfamiliale Netzwerke von sozialen Bindungen und Kontakten. Die Darstellung soll zeigen, dass im Normalfall sowohl Mutter, Vater und Kind(er) in außerfamiliale Beziehungsnetze von Mitschülern, Kollegen, Freunden und Verwandten einbezogen sind, diese Kontakte in die Familie hineinwirken und damit die binnenfamilialen Kontakte beeinflussen können. Um das Netzwerk herum liegt ein Nachbarschafts- und Gemeindenetzwerk.

Ein vielfältiges familiäres Netzwerk kann Beziehungsstörungen in der Kernfamilie ausgleichen (Keupp und Röhrle 1987). Wenn Kinder und Jugendliche aus Krisenfamilien Freunde, Großeltern und Beziehungspersonen in Schule und Nachbarschaft als Quelle für soziale Unterstützung nutzen können, lassen sich die Effekte von ökonomischen und psychischen Belastungen, familialer Disharmonie, Trennung und sozialer Isolation mindern. Das soziale Netzwerk, das sie sich erschließen konnten, wirkt wie eine soziale Abschirmung den Belastungen gegenüber.

Reichen die Unterstützungsleistungen der familiären Netzwerke nicht aus, dann müssen professionell geleitete soziale Einrichtungen aus dem Gemeindenetzwerk an ihre Stelle treten. In Deutschland existiert zwar ein breites System von Familienbildung, Familienberatung, Familienhilfe und Förderung der Selbsthilfe von Eltern in Krisenlagen (Colberg-Schrader und von Derschau 1991). Die sozialen und psychischen Barrieren zum Aufsuchen von Beratungsstellen sind aber gerade bei bedürftigen Eltern und den betroffenen Kindern und Jugendlichen sehr hoch. Bei Trennung und Scheidung der Eltern, bei organisatorischen und finanziellen Schwierigkeiten und Spannungen, aber auch bei Erziehungsproblemen mit den Kindern und – in wachsendem Ausmaß – Überforderung durch Betreuung älterer Familienangehöriger fehlt es deshalb oft an geeigneter Hilfe.

In den einheimischen, deutschen Familien ist bereits eine deutliche Schrumpfung der Verwandtschaftsnetze mit Verringerung der Anzahl naher Verwandter eingetreten. Daraus ergibt sich die Gefahr der sozialen Isolierung für alle Familienmitglieder, darunter oft besonders für Einzelkinder und ältere Menschen. Es wird immer schwieriger, die Betreuung, Pflege und Unterstützung hilfsbedürftiger Menschen innerhalb der Kernfamilie zu sichern. Deshalb ergibt sich die dringende Notwendigkeit der Erweiterung der familialen Netzwerke durch Erziehungs- und Betreuungseinrichtungen, Halbtagsaufenthalte und ambulante und stationäre Pflegeeinrichtungen, die intensiv mit den noch bestehenden familialen Unterstützungssystemen gekoppelt werden sollten (Kohli und Szydlic 2000; Schaeffer und Moers 2000).

Ziel ist die »Netzwerkberatung« der Familie, indem vorhandene Stützsysteme im Umfeld der Familie (Verwandtschaft, Nachbarschaft, Freundeskreis) gestärkt werden und die dort ansprechbaren Bezugspersonen als »natürliche Berater« in den Hilfeprozess einbezogen werden (Cochran 1990). Aufgabe der Beratung ist es, in das vorhandene soziale Beziehungsgefüge der Familie neue Unterstützungs- und Hilfsqualitäten einzubringen und zugleich außerfamiliale Unterstützungs- und Hilfsangebote mit den familialen Gegebenheiten so flexibel wie möglich zu verbinden (Garbarino, Schellenbach und Sebes 1986).

3.2 Sozialisations- und Erziehungsstile

Die Persönlichkeitsentwicklung des Kindes innerhalb der Familie ist sowohl durch die bewussten und gezielten Erziehungsstile der Eltern als auch durch ihr gesamtes Verhalten geprägt, also ihre Einstellungen und Gesten, die sich aus dem familialen Zusammenleben und aus ihren beruflichen und freundschaftlich-nachbarschaftlichen Kontakten ergeben. Die bewusst praktizierten Erziehungsverhaltensweisen der Eltern spiegeln ihre Erfahrungen und Eindrücke aus ihrem gesamten gesellschaftlichen Umfeld.

3.2.1 Typisierung unterschiedlicher Erziehungsstile

Erziehung kann als ein Versuch der Beeinflussung (Intervention) verstanden werden, durch den eine Verbesserung und Vervollkommnung der Persönlichkeit des Erzogenen erreicht werden soll. Erziehungsziele entsprechen den wünschens- und erstrebenswerten Verhaltensweisen, Fähigkeiten, Einstellungen und Persönlichkeitseigenschaften, die für ein Kind als wertvoll angesehen werden. Die meisten Eltern halten Ehrlichkeit, Selbstständigkeit und Selbstvertrauen, Verantwortungsbewusstsein, Hilfsbereitschaft und Leistungsfähigkeit für besonders wichtig. Über die letzten fünfzig Jahre hinweg hat dabei das Ziel von Selbstständigkeit und Selbstvertrauen deutlich an Gewicht gewonnen, während die früher hoch bewerteten Vorstellungen von Ordnung und Unterordnung (Konformität) heute von den meisten Eltern weniger gewichtet werden. Hierin spiegelt sich ein allgemeiner Wertewandel in den westlichen Industriegesellschaften wider (Uhlendorff 2001).

Methodische Schwierigkeiten der Typisierung

Erziehungsziele der Eltern drücken ihre Vorstellungen über die Persönlichkeitsmerkmale, Fähigkeiten und Einstellungen des Kindes aus, zu deren Verwirklichung ihr Erziehungsverhalten beitragen soll. Die Ausprägungen des Erziehungsverhaltens der Eltern werden in der Forschung meist zu bestimmten Gruppen zusammengefasst, die als »Erziehungsstile« bezeichnet werden. Unter Erziehungsstilen werden die beobachtbaren und verhältnismäßig überdauernden tatsächlichen Praktiken der Eltern verstanden, mit ihren Kindern umzugehen. In das Verhalten geht ein »Erziehungswissen« ein, nämlich Informationen und Kenntnisse über die Entwicklung der kindlichen Persönlichkeit und die Möglichkeiten und Grenzen der Beeinflussung von Einstellungen und Verhalten des Kindes durch eigene Aktivitäten. Die Beobachtung und Typisierung von Erziehungspraktiken ist methodisch schwierig:

- Die meisten Untersuchungen konzentrieren sich auf Befragungen von Eltern über ihr Erziehungswissen und ihre Erziehungspraktiken. Die Forscher sind also auf die Berichte der Eltern angewiesen. Hierdurch kommt es unvermeidlich zu Verzerrungen, nicht nur deswegen, weil die Erinnerung an das tatsächliche Verhalten versagt, sondern Vorstellungen vom Ideal »richtiger Erziehung« eine realitätsgetreue Berichterstattung verhindern. Auch Beobachtungsstudien, bei denen ein Wissenschaftlerteam die tatsächlichen Formen des Umgangs zwischen Eltern und Kindern erfasst, haben Grenzen, denn es kann durch die Anwesenheit von Beobachter/innen zu Effekten kommen, die ansonsten in der familialen Erziehung nicht auftreten.

- In der Erziehungsforschung werden in empirischen Untersuchungen die Ergebnisse der Befragung oder Beobachtung des elterlichen Erziehungsverhaltens und unabhängig davon Persönlichkeitsmerkmale, Einstellungen und Verhaltensdispositionen der Kinder erfasst. Anschließend werden dann statistische Verbindungen zwischen diesen beiden Faktorengruppen hergestellt und es wird geprüft, ob sich systematische Zusammenhänge zwischen bestimmten Erziehungspraktiken und Persönlichkeitsmerkmalen von Kindern beobachten lassen. Hierbei handelt es sich um methodisch unsichere Formen der Analyse, deren Ergebnisse mit Vorsicht zu interpretieren sind (Hofer, Klein-Allermann und Noack 1992; Rowe 1997, S. 38).

Es spricht also vieles dafür, die empirischen Untersuchungen zu Erziehungsverhaltensweisen in ihrer Aussagekraft nicht zu überschätzen. Die Untersuchungen sollten nur als Anhaltspunkte in eine breite psychologische und pädagogische Diskussion einbezogen werden, in die die Alltagsbeobachtungen und -erfahrungen von Eltern und professionellen Erziehern und nicht zuletzt auch ein Schuss »gesunder Menschenverstand« einfließen müssen.

Autoritärer versus permissiver Erziehungsstil

In den 1960er- und 1970er-Jahren gab es über die Angemessenheit von elterlichen Erziehungsstilen intensive wissenschaftliche und öffentliche Diskussionen. Dabei wurden als Extrempositionen der stark an der Autorität von Eltern orientierte »autoritäre« oder »autokratische« und der stark an den Bedürfnissen des Kindes orientierte »permissive« oder »Laisser-faire«-Erziehungsstil unterschieden (Baumrind 1966).

- Die Anhänger des permissiven Stils plädierten dafür, elterliche Eingriffe in die Persönlichkeitsentwicklung von Kindern zu unterlassen, um der Gefahr zu entgehen, hierbei dirigistisch und autoritär zu sein und den Eigenwillen des Kindes zu unterdrücken. Dagegen sprachen sich die Anhänger des autoritären Erziehungsstils dafür aus, mit der natürlichen Autorität der Mutter- und Vaterrolle aktiv und gezielt in die Persönlichkeitsentwicklung von Kindern einzugreifen, um ihnen hierdurch klare Orientierungen und Wertvorstellungen zu vermitteln und sie auf die gesellschaftlichen Anforderungen vorzubereiten.

- Die Vertreter der permissiven Position vermeiden meist den Begriff »Erziehung« und halten ihn von seiner Wortbedeutung her für hierarchieorientiert. Die Vertreter der autoritären Position sprechen sich entschieden für eine Beibehaltung des Begriffes Erziehung aus und halten eine Machtausübung der Eltern gegenüber den Kindern für unvermeidlich und sinnvoll (Stapf, Herrmann, Stapf und Stäcker 1972).
- Die beiden Erziehungsstile drücken entgegengesetzte Strategien elterlicher Einflussnahme aus. Bei permissiv orientierten Eltern herrscht Unsicherheit über die Angemessenheit des Ausübens von Autorität. Sie fragen sich, ob sie in einer demokratischen und offenen Gesellschaft das Recht haben, steuernden und disziplinierenden Einfluss auf die Persönlichkeitsentwicklung ihres Kindes auszuüben. Sie befürchten, dass ihre natürlich überlegene Position in autoritäre Verhaltensweisen umschlagen könne, die von den Kindern konformes Verhalten, Unterwerfung, übermäßige Kontrolle der eigenen Gefühle und Intoleranz verlange. Autoritär orientierte Eltern bewegt die Sorge, bei einem Eingehen auf die Bedürfnisse des Kindes zu weit zu gehen und dem Kind damit die Möglichkeit zu entziehen, Enttäuschungen auszuhalten und an der eigenen Persönlichkeit zu arbeiten, um das eigene Verhalten an die real existierenden sozialen Umweltbedingungen anzupassen.

Auswirkungen von Erziehungsstilen

Untersuchungen zur Wirkung der beiden Erziehungsstile zeigen, dass keiner in der Lage ist, Kinder zu selbstständigen, leistungsfähigen und gesellschaftlich verantwortungsbereiten Persönlichkeiten werden zu lassen (Baumrind 1989; Steinberg, Mounts, Lamborn und Dornbusch 1991; Tausch und Tausch 1965).

- Der autoritäre Erziehungsstil setzt sich über die Bedürfnisse der Kinder hinweg. Damit erzeugen Eltern oft aggressive und gewalttätige Verhaltensweisen bei den Kindern. Auf körperliche Züchtigung, die zum typischen Verhalten der Eltern gehört, reagieren Kinder mit Widerstand und Trotz, Rebellion und Ungehorsam, Regelbruch und Wutanfällen, andere mit Meiden des Kontaktes zu den Eltern, Abbruch der Schule, Drogenkonsum, wieder andere mit überangepasstem und unterwürfigem Verhalten. Selbstständigkeit und soziale Verantwortung werden wenig gefördert, Leistungsstärke selten.
- Der permissive Stil hat den Nachteil, dass keine klaren Regeln für das Umgehen zwischen Eltern und Kindern existieren. Ein Zusammenleben ohne eine Setzung von Normen führt zu Irritierungen und Verwirrungen der Kinder. Regellosigkeit wird von ihnen oft als Lieblosigkeit und Mangel an Aufmerksamkeit und Zuwendung empfunden. In der Folge kann aggressives Verhalten der Kinder eintreten, mit dem Kinder Zuwendung und Aufmerksamkeit herausfordern wollen. Statt sozialer Verantwortung kann Selbstbezug, statt Leistung Opportunismus gefördert werden. Die Entwicklung der Selbstständigkeit ist nicht gesichert.

In sozialisationstheoretischer Perspektive sind beide Erziehungsstile deshalb nicht wünschenswert.

Analytisch lassen sie sich danach unterscheiden, wie stark in der Beziehung zum Kind dessen individuelle Bedürfnisse aufgenommen werden und wie stark die Autorität von Mutter und Vater in die Beziehung eingebracht wird. Entlang dieser beiden Dimensionen können Erziehungsstile nach dem Grad der »Ausübung elterlicher Autorität« und der »Berücksichtung kindlicher Bedürfnisse« unterschieden werden. Der autoritäre und der permissive Stil sind zwei Ausprägungen von insgesamt vier möglichen »extremen« Erziehungsstilen, die sich aus der Kombination von jeweils besonders starken oder schwachen Autoritäts- und Bedürfnisausprägungen ergeben. Beim »überbehütenden« Stil sind sowohl Autoritäts- als auch Bedürfnisorientierung extrem stark, beim »vernachlässigenden« sind beide Orientierungen extrem niedrig (siehe Abbildung 8).

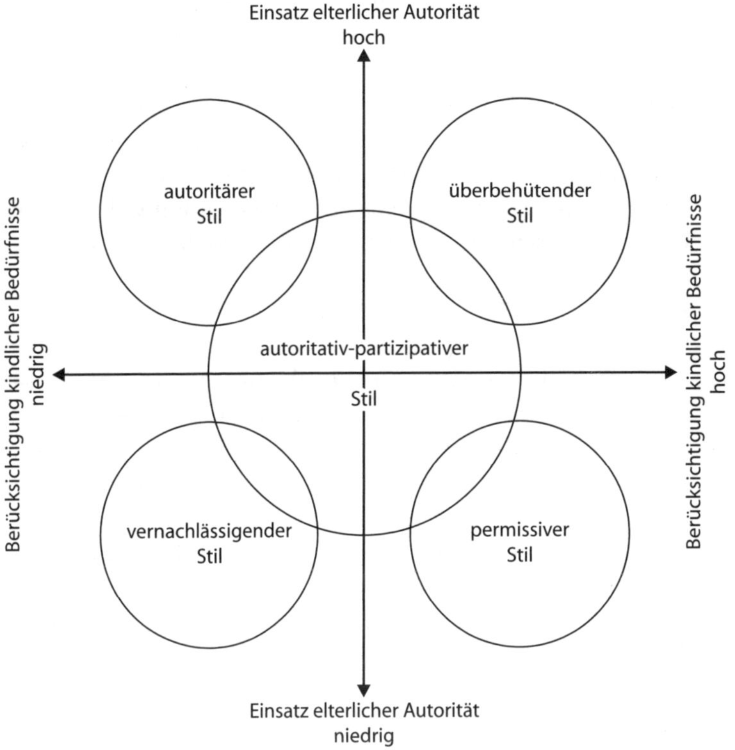

Abb. 8: Typisierung unterschiedlicher Erziehungsstile

Aus den Erkenntnissen über die Wirkungen des autoritären und des permissiven Stils kann gefolgert werden, dass weder der überbehütende noch der vernachlässigende Stil zu den von den Eltern gewünschten Zielen »Selbstständigkeit«, »soziale Verantwortlichkeit« und »Leistungsfähigkeit« bei Kindern führt.

- Der vernachlässigende Stil potenziert die schon beim permissiven Stil erwähnten Probleme, weil die geringe Ausübung von elterlicher Autorität mit wenig Aufmerksamkeit und Zuwendung und minimaler Berücksichtigung der kindlichen Bedürfnisse gekoppelt ist. Dieser Stil kann erhebliche negative Effekte auslösen, weil Kinder sich nicht nur allein gelassen, sondern sogar missachtet fühlen.
- Umgekehrt gilt für den überbehütenden Stil, dass durch die Kombination von hoher elterlicher Autorität und starker Berücksichtigung ihrer Bedürfnisse eine Entfaltung der persönlichen Eigenschaften und eine selbstständige Entwicklung von Verhaltensweisen erschwert ist. Auch diese beiden Stile sind deshalb in sozialisationstheoretischer Perspektive nicht wünschenswert (Becker 1995, S. 256).

Die extrem positionierten Erziehungsstile sind durch Praktiken gekennzeichnet, die weder zum gewünschten Erfolg führen noch einer pädagogisch wertenden Diskussion standhalten. Die Konsequenz ist eindeutig: Der extreme Einsatz von elterlicher Autorität und die extreme Berücksichtigung von kindlichen Bedürfnissen sollten durch einen moderaten und nachvollziehbaren Gebrauch von persönlicher, immer neu zu rechtfertigender Autorität von Eltern und eine sensible, aber nicht übertriebene Berücksichtigung der Bedürfnisse des Kindes ersetzt werden. Ein solcher ausgewogener Erziehungsstil ist »autoritativ«, weil er die Autorität der Eltern zurückhaltend und umsichtig einsetzt, und er ist »partizipativ«, weil er auf die Bedürfnisse des Kindes im Sinne einer Mitgestaltung der gemeinsamen Beziehung eingeht. Wie die Abbildung 8 zeigt, enthält der autoritativ-partizipative Erziehungsstil (im Folgenden kurz als »partizipativer« Stil bezeichnet) Elemente aller vier extremen Erziehungsstile.

Der partizipative Erziehungsstil betont die partnerschaftliche und kooperative Komponente des Erziehungsprozesses. Im Unterschied zum permissiven Erziehungsstil sollen nicht die Kinder die Erziehung bestimmen, im Unterschied zum autoritären Stil nicht die Erwachsenen die Beziehung dominieren, beide sollen sich vielmehr offen abstimmen und austauschen und auf ihre gegenseitigen

Bedürfnisse eingehen. Der partizipative Stil trägt der Erkenntnis Rechnung, dass Erziehung ohne eine gute Beziehung nicht möglich ist, und diese Beziehung eine Interaktion auf Gegenseitigkeit darstellt. Partizipative Erziehung ist die gemeinsame Absprache und das Aushandeln von Umgangsformen und Regeln mit Begründung und Erläuterung, angepasst an die jeweilige Entwicklungs- und Altersstufe aller Beteiligten mit dem Ziel, beim Kind Selbstständigkeit und Autonomie zu fördern und Leistungsfähigkeit und soziale Verantwortlichkeit zu stärken (Baumrind 1989; Steinberg, Lamborn, Darling, Mounts und Dornbusch 1994; Zinnecker und Silbereisen 1996).

3.2.2 Der Wert des partizipativen Erziehungsstils

Aus vielen Untersuchungen geht hervor, dass eine Mehrheit der Eltern den partizipativen Erziehungsstil befürwortet, ihn aber im Familienalltag nur unter großen Mühen umsetzen kann. Den Eltern fehlt es an Vorbildern und anschaulichen Orientierungen für die Realisierung dieser anspruchsvollen Beziehungsform. Die aus der wissenschaftlichen Diskussion stammenden Begriffe für Erziehungsstile sind kaum geeignet, das praktische Handeln von Müttern und Vätern anzuleiten, dazu sind sie zu abstrakt. Aus Unsicherheit und Unkenntnis heraus fallen deswegen nach meiner Einschätzung oft gegen ihren Willen immer noch etwa fünfzig Prozent der Eltern auf einen permissiven, zwanzig Prozent auf einen autoritären und jeweils fünf Prozent auf einen überbehütenden oder vernachlässigenden Stil zurück. Nur ein Fünftel der Eltern dürfte heute in der Lage sein, den partizipativen Erziehungsstil tatsächlich zu praktizieren.

Um die Verbreitung des partizipativen Erziehungsstils in der Praxis zu steigern, genügt es nicht, nur weitere wissenschaftliche Untersuchungsergebnisse zu publizieren. Vielmehr müssen in Elternseminaren und Elterntrainings die grundlegenden Fähigkeiten eingeübt werden, die mit einem partizipativen Erziehungsstil im Alltag verbunden sind. Voraussetzung dafür ist eine realistische Vorgabe von Erziehungszielen und die Vermittlung von Praktiken zu ihrer Erreichung. Die in der wissenschaftlichen Diskussion verwendete Bezeichnung für Erziehungsstile sind nicht anschaulich genug, um sie auf konkrete tägliche Erziehungshandlungen zu beziehen. Ich möchte deswegen eine einfachere Zieldefinition vorschlagen, die dichter an praktizierbare Handlungen und Gewohnheiten im Familienalltag anknüpft.

Das magische Zieldreieck der Erziehung

Hierzu dient das »magische Zieldreieck der Erziehung«. Es definiert drei pragmatische Pole für die Erziehung, die als Ziele für das Erziehungshandeln zu verstehen und mit konkreten Praktiken zu erreichen sind. Die drei Pole sind Anerkennung, Anregung und Anleitung:

- Am Pol der »Anerkennung« kommt es darauf an, dem Kind gegenüber Wärme, emotionale Zuwendung und Akzeptanz zu zeigen. Schwierigkeiten ergeben sich dann, wenn die emotionale Zuwendung zu hoch oder zu niedrig ist, also eine gefühlsmäßige Überwärmung oder Unterkühlung der Beziehung eintritt. Kühle und zurückweisende gefühlsmäßige Einstellungen von Eltern und Erziehern können zu Störungen des Selbstwertgefühls führen, weil Kinder sich abgelehnt fühlen. Eine zu enge emotionale Atmosphäre kann problematisch sein, weil Kinder sich von der Liebe und Zuwendung der Eltern erdrückt fühlen und sich nicht selbstständig entfalten können. Diese distanzlose Enge kann heute durch die kleinen Familiensysteme und die hohe Identifikation der Eltern mit ihren Kindern schnell entstehen.
- Am Pol »Anregung« kommt es darauf an, Kindern positive Rückmeldungen zu ihrem erreichten Entwicklungsstand im sozialen und Leistungsbereich zu geben, zugleich aber auch Impulse für eine Weiterentwicklung und Verbesserung des Entwicklungsstandes zu vermitteln. Schwierigkeiten entstehen hier, wenn die Erwartungen an die Weiterentwicklung zu hoch oder zu niedrig sind. Bei zu niedriger Stimulation erhält das Kind zu wenige Anstöße für eine höhere Motivation und fühlt sich nicht

genügend ernst genommen. Bei einer zu hohen Stimulation kann es zu Belastungen und Überforderungen kommen, die im Endeffekt auch das Selbstkonzept der Leistungsfähigkeit negativ beeinflussen. In den meisten Elternhäusern ist heute diese »Überdosierung« vorherrschend, weil Eltern angesichts der Anforderungen der Leistungsgesellschaft von ihren Kindern viel zu früh einen hohen Einsatz insbesondere in der schulischen Ausbildung erwarten.

- Am Pol »Anleitung« kommt es darauf an, ein entwicklungsangemessenes, der Persönlichkeit des Kindes gerecht werdendes Ausmaß von klaren Vereinbarungen und Umgangsformen festzulegen. Werden die erwarteten Umgangsformen von den Erwachsenen in einer unvermittelten Weise kategorisch gesetzt, ohne auf die Wünsche und Bedürfnisse des Kindes Rücksicht zu nehmen (autoritärer Stil), kommt es zu den bereits erwähnten Unterdrückungs- und Ausbruchreaktionen auf Seiten der Kinder. Werden unklare oder immer wieder veränderte Vereinbarungen getroffen oder halten sich Eltern ganz bei der Regelsetzung zurück (permissiver Stil), kann es zu den ebenfalls schon erwähnten Beeinträchtigungen des Selbstwertgefühls von Kindern kommen. Günstig für die Entwicklung von Kindern ist ein gut dosiertes Ausmaß von Regeln mit klar festgelegten Sanktionen, die bei Regelbruch sofort eingesetzt werden.

In Abbildung 9 ist das »magische Erziehungsdreieck« anschaulich dargestellt.

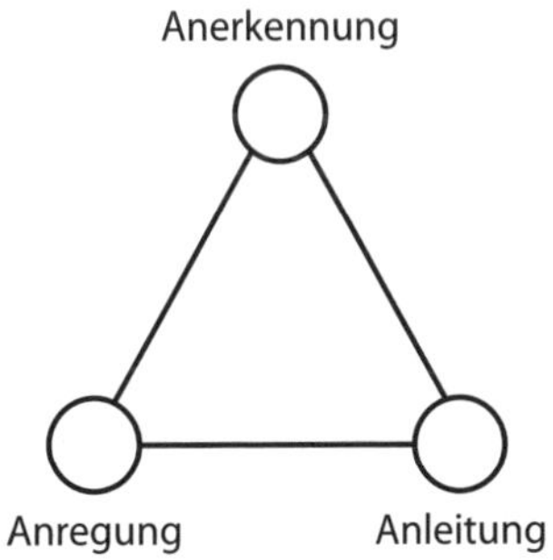

Abb. 9: Das magische Zieldreieck des partizipativen Erziehungsstils

Die Umsetzung des magischen Erziehungsdreiecks entspricht dem partizipativen Erziehungsstil. Er ist nur zu handhaben, wenn Eltern eine Autorität aufbauen können, die in ihrer eigenen Persönlichkeit verankert ist. Sie sollten sich vorbildlich verhalten, ein »soziales Modell« sein, zugleich aber auch offen für die Bedürfnisse und Interessen des Kindes sein, sie bei Entscheidungen beteiligen und Hilfestellung bei der Selbstentwicklung geben. Dazu gehört die Fähigkeit, mitzufühlen und mitzudenken, aber im richtigen Moment auch Distanz einzuhalten, sich mit dem Kind nicht überzuidentifizieren, sondern ihm Selbstständigkeit und Autonomie zu sichern.

Die drei Pole des Erziehungsdreiecks müssen jeweils für sich gut eingestellt sein. Es ist in der Regel nicht möglich, einen Mangel an Anerkennung durch ein Zuviel an Regelsetzung oder Anregung auszugleichen, vielmehr entsteht aus einer solchen Unausgewogenheit ein inkonsistenter und das Kind irritierender Erziehungs- und Beziehungsstil. Die Impulse an allen drei Polen müssen jeweils für sich in eine gute Dosierung gebracht werden, dann ergibt sich ein Gleichgewicht der Impulssetzungen im Erziehungsdreieck.

Umsetzung des partizipativen Erziehungsstils

Partizipative Erziehung ist nur auf der Basis einer guten Beziehung möglich. Wer diese gute Beziehung zum Kind nicht aufbaut, kann auch keinen erzieherischen Prozess einleiten, mit dem das Kind tagtäglich in seiner Entwicklung zu Selbstständigkeit, Leistungsfähigkeit und Verantwortung angeregt wird.

- Wichtig zum Aufbau der Beziehung ist auf Seiten der Eltern der (positiv gefärbte) Ausdruck von persönlichen Empfindungen, Gefühlen und Erfahrungen, das Vorleben von Verhaltensweisen (Vorbildverhalten) bei der Bewältigung der Alltagsaufgaben und die zuverlässige Einhaltung von gemeinsamen Vereinbarungen. Ein partizipativer Erziehungsstil ist durch Offenheit und Aufrichtigkeit, gegenseitiges Vertrauen und Achtung, aber auch eine deutliche Berücksichtigung von Bedürfnissen und Interessen beider beteiligter Parteien gekennzeichnet. Der Erwachsene ist in dieser Beziehung der ältere und lebenserfahrenere Partner, der natürlicherweise viel von seinen eigenen Vorstellungen und Wünschen in die erzieherische Beziehung einfließen lässt.

- Unerwünschtes Verhalten des Kindes wird durch die sofortige und nachdrückliche Mitteilung beantwortet, dass eine Vereinbarung oder eine Regel gebrochen wurde. Dass es sich dabei um einen negativen Impuls gegenüber Erwachsenen handelt, muss dem Kind durch deutliche Gesten und – je nach Altersentwicklung – klare und ehrliche Argumente mitgeteilt werden. Ein partizipativer Erziehungsstil ist so gesehen immer auch die konsequente Suche nach fairen Kompromissen, die von beiden Seiten eingehalten werden und deren Verletzung sofort angesprochen wird. Nur im Rahmen einer solchen zuverlässigen wechselseitigen Beziehung können Gewissen und innere Kontrolle des Kindes entwickelt werden, die zu Selbstdisziplin und Selbstständigkeit führen.
- Partizipative Erziehung ist ein freundliches Begleiten, zur Seite stehen, Mitfühlen, Mitdenken und Mithandeln in interessierter Distanz – mit dem ständigen Angebot zur Beteiligung. Es erfolgen klare und eindeutige Sanktionen, wenn Grenzen überschritten und Vereinbarungen nicht eingehalten werden. Der entscheidende Punkt ist, dass das Kind ständig in einen Dialog mit Gesten und Worten mit dem Erwachsenen einbezogen ist und so die Steuerung des eigenen Verhaltens erlernt. Das Abstimmen dieser Verhaltensweisen führt zu inneren Denkprozessen beim Kind, die das Verhalten regulieren und Verhaltensabweichungen korrigieren (Opp, Fingerle und Freytag 1999).
- Durch den Aufbau einer psychischen und sozialen Kompetenz der Selbststeuerung entwickelt das Kind eigene Maßstäbe für das Verhalten und baut eine Kompetenz für das Verhalten auf. Eltern sind deswegen nicht – wie beim autoritären oder überbehütenden Stil – auf ständige Außenkorrekturen des Verhaltens des Kindes angewiesen. Durch die dem Kind vermittelte Achtung und die Rücksichtnahme auf seine Bedürfnisse wird auch seine Selbstachtung gefördert, die Voraussetzung für den Aufbau des Selbstwertgefühls, also der positiven Wertschätzung der eigenen Person ist.

Aus allen diesen Gründen ist der partizipative Erziehungsstil der ethisch-moralisch vertretbarste und pädagogisch wirkungsvollste. Er gibt Kindern die Möglichkeit, sich am Aufbau eines sozialen Regelsystems zu beteiligen, die Gestaltung des Umgangs miteinander und auch die Reaktion auf Verletzung der Umgangsregeln von sich aus mit zu beeinflussen und bei Konflikten eigene Lösungen zu finden und damit die eigene Persönlichkeit zu stärken.

Empirische Untersuchungen zur Wirkung von Erziehungsstilen

Wie schon erwähnt, ist zuerst von Baumrind (1966) in empirischen Studien auf die guten Effekte des autoritativ-partizipativen Erziehungsstils hingewiesen worden. Baumrind und andere Autoren betonen die positiven Folgen einer bewussten und reflektierten Ausübung von elterlicher Autorität in Rücksichtnahme auf die Bedürfnisse des Kindes.

- In diesen Untersuchungen kristallisieren sich klare Vermittlung von Verhaltenserwartungen, sensible »Supervision« der Verhaltensweisen des Kindes, Förderung der Selbstständigkeit, emotionales Einfühlungsvermögen, Engagement für die Interessen des Kindes und offene Gesprächshaltung der Eltern gegenüber dem Kind als besonders wirksame Erziehungsfaktoren heraus, um eine starke, leistungsfähige und verantwortungsbewusste Persönlichkeit des Kindes zu unterstützen (Baumrind 1989).
- Die Kontakte zwischen Vater, Mutter und Kind erreichen immer dann ihre beste »Beziehungsqualität«, wenn sich alle Beteiligten verbindlich und zuverlässig aufeinander beziehen und gegenseitig auf ihre Bedürfnisse und Wünsche eingehen. Das setzt eine Haltung der Eltern voraus, die das Kind als einen teilhabenden Partner in die Beziehung der Eltern, also auch in ihre Paarbeziehung, aufnimmt.
- Besonders günstig ist nach den vorliegenden Untersuchungen eine wechselseitig gebundene, auf Gegenseitigkeit (Reziprozität) beruhende, Anerkennung und Ausdruck gebende »responsive« Beziehung (Grundmann 1992). Machen die Kinder die Erfah-

rung, ein Mitglied des Systems Familie zu sein und Einfluss auf die Gestaltung zu haben, dann lernen sie auch am besten zwischen eigenen und fremden Bedürfnissen und Handlungsperspektiven zu unterscheiden und diese aufeinander zu beziehen. Die Kinder erleben, dass sie in dem sozialen Mikrokosmos der Familie an der vorherrschenden Praxis des Umgangs teilhaben und diese mitgestalten können (Belsky, Lerner und Spanier 1984; Gerris und Grundmann 2002; Maccoby 1992).

- Auch die Entwicklung sozial kompetenten Verhaltens mit Selbstvertrauen und gesellschaftlicher Sensibilität ist mit dem partizipativen Erziehungsstil verbunden. Das auf Autorität der Eltern und Partizipation der Kinder beruhende Erziehungsmuster mit einer Kombination von Anerkennung, Anregung und Anleitung hat einen positiven Einfluss auf Selbstwertgefühl, Leistungsentwicklung und Bildungserfolg und bewahrt vor sozial abweichendem Verhalten und psychischen Störungen.
- Ein Grund für die Überlegenheit des autoritativ-partizipativen Erziehungsstils scheint darin zu liegen, dass er Kinder und Jugendliche je nach ihrer Entwicklung in die Lage versetzt, Verantwortung für die Gestaltung der eigenen Lebenssituation innerhalb und außerhalb der Familie zu übernehmen. Dieses Verantwortungsgefühl und die Entwicklung der dazugehörigen sozialen Umgangsformen scheinen die Fähigkeit zur Selbstkontrolle zu stärken und das Selbstvertrauen zu kräftigen. Die autoritären, vernachlässigenden, überbehütenden und permissiven Erziehungsstile hingegen unterstützen die Fähigkeiten zur Selbstregulation von Kindern und Jugendlichen meist nicht, weil es zu einem Übermaß oder zu einem Mangel an elterlicher »Supervision« kommt und dadurch die sozialen Kompetenzen des Kindes nicht optimal entwickelt werden (Gray und Steinberg 1999).

Aus diesen Untersuchungen, die stark von der ökologischen Entwicklungstheorie beeinflusst sind (Grundmann und Lüscher 2000), lässt sich schließen, wie wichtig ein Training von Eltern darin ist, die Bedürfnisse eines Kindes zu erkennen, angemessen auf sie zu reagieren und zugleich solche Anregungen und Anleitungen zu geben, die der jeweiligen Entwicklung des Kindes angemessen sind. Eltern mit einem hohen Bildungsgrad und Eltern, die selbst eine einfühlsame und partizipative Erziehung erlebt haben, stellen sich erheblich schneller auf den partizipativen Erziehungsstil ein als andere.

Kompetente Eltern sind eher in der Lage, die Perspektive des Kindes in ihr Erziehungshandeln einfließen zu lassen und den Kindern eine Artikulation eigener Bedürfnisse und Interessen zu ermöglichen, Meinungen und Einsichten mit den Kindern auszutauschen und ihre Persönlichkeitsentwicklung zu fördern (Gerris und Grundmann 2002). Damit ermöglichen sie ihren Kindern, ein Selbstwirksamkeitsgefühl aufzubauen – also die konkrete Erfahrung, durch eigenes Tun etwas bewirken zu können. Zugleich stärken sie das Sicherheitsgefühl des Kindes, weil die soziale Lebenswelt kontinuierliche und erwartbare Abfolgen enthält. Dieses Hintergrunderleben ist wichtig, um das Selbstvertrauen zu haben, den bevorstehenden Entwicklungsaufgaben gewachsen zu sein und die nötigen Ressourcen zu besitzen, um auch kritische Phasen zu überstehen (Lüscher, Schultheis und Wehrspaun 1988).

Ein professionell angeleitetes Training der Eltern ist auch deshalb so bedeutsam, weil sich in der familialen Sozialisation erworbene Handlungsmuster von einer Generation zur anderen »vererben«. Die Kinder orientieren sich fast ohne Abstriche an den Mustern und Modellen des Erziehungsverhaltens, die sie in ihrer Elternfamilie erlebt haben, wenn sie selbst in die Rolle von Vätern und Müttern hineinwachsen (Lüscher und Schultheis 1993). Aus diesen Grund kommt diesem Aspekt eines Förderprogramms für Familien eine besonders hohe Bedeutung zu.

3.3 Familiale Lebenslage und Sozialisation

Die soziale und ökonomische Lage einer Familie, also die Unterschiede in den wichtigsten Ressourcen nach Macht, Einfluss, Prestige, Einkommen, Besitz und Bildung, strahlen auf die Eltern-Kind-Beziehungen aus. Die Verteilung der materiellen und immateriellen Ressourcen ist in allen entwickelten Industriegesellschaften durch eine erhebliche Ungleichheit gekennzeichnet. Die Stabilität der Verteilung der Ungleichheit von einer Generation zur nächsten erweist sich als hoch, die soziale Position der Familie in der Sozialstruktur wird in großem Umfang an die Generation der Kinder weitergegeben (»Reproduktion der Ungleichheit« von einer Generation zur nächsten) (Hurrelmann 1976).

Soziale Ungleichheit wird von Stefan Hradil (1999, S. 24) als unterschiedliche Verfügbarkeit von Ressourcen verstanden, die in einer Gesellschaft als wertvoll gelten. Je mehr einzelne Menschen von diesen materiellen und immateriellen Gütern besitzen, desto günstiger sind ihre sozialen Lebensbedingungen. Alle Menschen, die über relativ viele wertvolle Güter verfügen, haben Vorteile, weil sie besser gestellt sind als andere und sich ein höheres Maß an Wohlbefinden und persönlicher Entfaltung sichern können.

- In der vorindustriellen Gesellschaft war die gesellschaftliche Position eines Menschen stark von der familialen Herkunft definiert und durch die Geburt aus einer adeligen, bürgerlichen oder bäuerlichen Familie bestimmt. Wer aus einem dieser drei Stände stammte, zählte sein ganzes Leben lang dazu. Die Lebensbedingungen waren durch die soziale Herkunft vorbestimmt (Hradil 1999, S. 33).
- In der industriellen Gesellschaft ab 1850 war es dann immer mehr der Besitz oder Nichtbesitz an Geldkapital und industriellen Produktionsstätten, der über die Lebensbedingungen von Menschen entschied.
- In der nachindustriellen Gesellschaft etwa ab 1950 wurden zunehmend Bildung und Berufsposition und nicht mehr Besitz zu einer gesellschaftlichen Schlüsselposition. Soziale Ungleichheiten bestimmen sich heute durch die Dimensionen (Aus-)Bildung, Qualifikation, Einkommen, Vermögen und Prestige. Gruppierungen von Menschen mit ähnlich hohem Status in einer oder mehrerer dieser Dimensionen werden als »soziale Schicht« oder »soziale Lage« bezeichnet (Hradil 1999, S. 36).

3.3.1 Ergebnisse der schichtspezifischen Sozialisationsforschung

Die Zusammenhänge zwischen dem sozialen Status der Eltern und der Persönlichkeitsentwicklung ihrer Kinder sind in der »schichtspezifischen Sozialisationsforschung« in den 1960er- und 1970er-Jahren intensiv diskutiert worden. Die zentrale These war, dass die durch die ungleiche berufliche Alltagserfahrung und Bildung beeinflusste Persönlichkeitsstruktur der Eltern in der familialen Interaktion durch bestimmte Erziehungspraktiken an die Kinder weitergegeben und auf diese Weise der soziale Status durch die Sozialisation »vererbt« wird.

Zentrale Thesen der schichtspezifischen Sozialisationsforschung

Friedhelm Neidhardt (1975) hat die verschiedenen Untersuchungen zu diesem Thema systematisierend zusammengefasst:

- Neidhardt stützt sich auf das soziale Rollenmodell der Kernfamilie und kommt zu dem Ergebnis, dass mit einem niedrigen sozialen Prestige des Vaters die »Sozialisationsleistung« der gesamten Familie sinke. Er führt das darauf zurück, dass bei der traditionellen Rollenverteilung zwischen Mann und Frau der Vater in der Familie die Welt des Berufes, der Politik und der Organisationen vertritt. Für die Kinder ist er deshalb das Symbol für die instrumentellen und leistungsorientierten Wertorientierungen und Verhaltensmuster. Fällt er in dieser Rolle wegen seines niedrigen Prestiges aus, fehlen dem Kind Möglichkeiten der Identifikation mit der außerfamilialen Welt.
- Den Kindern fehlt jetzt die Gelegenheit, sich an den gesellschaftlichen Werten zu orientieren, die im Berufsleben vorherrschen: Leistungsorientierung, Selbstständigkeit, Rationalität, Individualität, Durchsetzungsvermögen. Die Mutter kann dieses Defizit nicht ausgleichen, denn sie ist die expressive Führerin der Familie und betont die emotionalen und affektiven Beziehungen innerhalb des Familiensystems und sorgt für Ausgleich, indem sie interne Probleme und Konflikte regelt.

In der Tradition der »schichtspezifischen Sozialisation« wird die Familie als die zentrale Vermittlungsinstanz für die Reproduktion der »Sozialcharaktere« dargestellt. Der Begriff Sozialcharakter bezeichnet dabei das typische Muster der Persönlichkeitsstruktur, das durch die gesellschaftlichen, vor allem die beruflichen Rahmenbedingungen geprägt wird. Die Familie wird als ein sozialer Mikrokosmos der Gesellschaft gesehen, der die Grundwerte der Eltern ungebrochen an die nachwachsende Generation weitervermittelt.

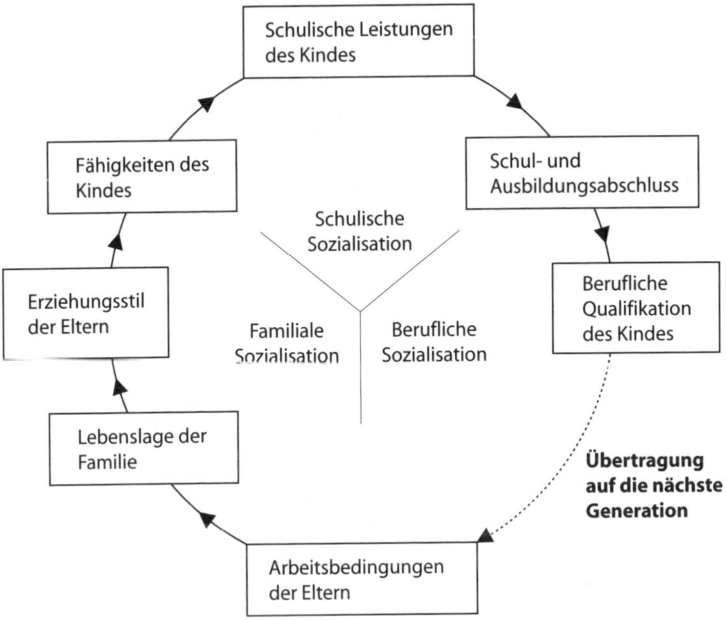

Abb. 10: Der zirkelförmige Verlauf des Sozialisationsprozesses

Hans Günter Rolff (1980) spricht von einem »zirkelförmigen« Verlauf des Sozialisationsprozesses: »Die Sozialisation durch den Beruf prägt in der Regel bei den Mitgliedern der sozialen Unterschicht andere Züge des Sozialcharakters als bei den Mitgliedern der Mittel- und Oberschicht; während der Sozialisation durch die Familie werden normalerweise die jeweils typischen Charakterzüge der Eltern an die Kinder weitervermittelt; die Sozialisation durch die Freundschaftsgruppen der Heranwachsenden vermag die schichtspezifischen Unterschiede nicht aufzuheben. Da die Sozialisation durch die Schule auf die Ausprägung des Sozialcharakters der Mittel- und Oberschicht besser eingestellt ist als auf die der Unterschicht, haben es die Kinder der Unterschicht besonders schwer, einen guten Schulerfolg zu erreichen. Sie erlangen häufig nur Qualifikationen für die gleichen niederen Berufspositionen, die ihre Eltern bereits ausübten. Wenn sie in diese Berufspositionen eintreten, dann ist der Zirkel geschlossen.« (Rolff 1980, S. 43) Diese These wird in Abbildung 10 veranschaulicht.

Methodische Probleme der schichtspezifischen Sozialisationsforschung

Die These vom zirkulären Verlauf des Sozialisationsprozesses ist zwar plausibel und theoretisch schlüssig, aber mit empirischen Untersuchungen nur teilweise belegt. Eine Prüfung des Zirkularitätszusammenhangs wäre nur im Rahmen von generationsübergreifend angelegten Längsschnittstudien möglich. Denn der Einfluss des Berufs auf den »Sozialcharakter« der Eltern lässt sich nur dann unabhängig untersuchen, wenn man den Sozialcharakter der Eltern zu Beginn der Berufstätigkeit zum ersten Mal erfasst und diese Erhebung später wiederholt. Auch der Einfluss der Erziehung in der Familie auf den Schul- und Berufserfolg des Kindes kann nur untersucht werden, indem zunächst der Einfluss der Familie auf den Schulerfolg erfasst wird, um zu einem späteren Zeitpunkt den Zusammenhang von Schul- und Berufserfolg zu analysieren. Untersuchungen dieses Zuschnitts liegen aber bisher nicht vor (Bertram 1981, S. 27; Grundmann 1994).

Angesichts dieser ungesicherten Forschungslage hat die schichtspezifische Sozialisationsforschung bis in die 1980er-Jahre hinein sicherlich eine »Überinterpretation« der bis dahin vorliegenden Untersuchungsergebnisse zum Zusammenhang von Berufspositionen und Erziehungsstil der Eltern einerseits und Persönlichkeitsmerkmalen der Kinder andererseits vorgenommen. Diese Überinterpretation hängt mit dem politischen Verwertungsinteresse zusammen, das der Sozialisationsforschung in den 1960er- und 1970er-Jahren entgegengebracht wurde.

- Wie die übrige sozialwissenschaftliche Forschung auch stand sie unter dem politischen Druck, für die als notwendig erachtete Ausweitung der Förderung von »Begabungsreserven« umsetzungsfähige Untersuchungsergebnisse bereitzuhalten. In der öffentlichen Diskussion herrschte die Auffassung vor, die individuelle Begabung eines Kindes werde durch die Erziehungsstile der Eltern in Arbeiter- und Bauernfamilien nicht ausreichend erschlossen, sodass diese Kinder Nachteile in ihrer schulischen und dann anschließend beruflichen Laufbahn hinnehmen müssten. Diese Annahme prägte die Erwartungen an die Sozialisationsforschung entscheidend. Sie »verführte« zugleich zu Vereinfachungen in der Darstellung und Rezeption der bis dahin vorliegenden Forschungsergebnisse.
- Die Grundrichtung der These vom zirkulären Verlauf der Sozialisation wurde durch die viel beachteten Untersuchungen zum Zusammenhang von Berufsbedingungen und Erziehungsverhalten des amerikanischen Soziologen Melvin L. Kohn bestätigt. Nach seinen Untersuchungen tragen Eltern diejenigen Wertvorstellungen in den familialen Erziehungsprozess hinein, die sie an ihren Arbeitsplätzen entwickelt haben. Eltern erziehen ihre Kinder für die Welt so, wie sie von ihnen selbst am Arbeitsplatz erfahren wird. Dadurch werden die Kinder auf die Wertvorstellungen und Lebensstile vorbereitet, denen ihre Eltern anhängen: konformistische Vorstellungen in Arbeiterfamilien mit der Betonung von äußeren Einflüssen und Konsequenzen, autonome Vorstellungen mit der Betonung der Selbststeuerung in den Familien in gut situierten Lebenslagen (Kohn 1981, S. 213; Kohn und Schooler 1983).

Diese und andere Untersuchungen sind insoweit überzeugend, als sie Zusammenhänge zwischen beruflichen Erfahrungen und Persönlichkeitsmerkmalen der berufstätigen Familienmitglieder nachweisen. Nicht überzeugend ist aber der direkte Rückschluss zwischen berufsbezogenen Wertvorstellungen der Eltern und ihren Erziehungsvorstellungen. Zwar ist die Annahme plausibel, dass Eltern über ihr Erziehungsverhalten diejenigen Einstellungen und Verhaltenserwartungen an die Kinder weitergeben, die ihnen in ihrem eigenen Erfahrungshorizont besonders wichtig sind. Doch wie die Mechanismen der Vermittlung aussehen, können die zitierten Untersuchungen nicht nachweisen. Die Zusammenhänge zwischen Berufsgruppenzugehörigkeit und unterschiedlichen Erziehungsvorstellungen sind zwar durchgehend und konsistent, aber in ihrer Intensität schwach ausgeprägt. Außerdem zeigt sich ein erhebliches Maß von Varianz innerhalb der einzelnen Berufsgruppen (Steinkamp 1991).

Der Zusammenhang von Rollenstruktur und Erziehungsstilen

Diese Defizite der schichtspezifischen Sozialisationsforschung lassen sich nur ausgleichen, wenn eine genaue Analyse der Interaktions- und Kommunikationsstrukturen der Familienmitglieder erfolgt. Diesen innerfamilialen Rollenstrukturen und -dynamiken kommt offenbar die entscheidende vermittelnde Funktion zwischen Arbeits- und Lebenserfahrungen der Eltern einerseits und Persönlichkeitsentwicklung der Kinder andererseits zu (Kreppner 1991, 1999).

Als erster Sozialisationstheoretiker hat Bernstein (1972) im Anschluss an die in Kapitel 2 vorgestellten Rollen- und Interaktionstheorien ein Modell entwickelt, das zwischen Lebens- und Arbeitsbedingungen der Eltern, familialen Rollenstrukturen und Persönlichkeitsmerkmalen der Kinder unterscheidet:

- Bernstein entwickelt Typologien verschiedener Rollenstrukturen. Er unterscheidet sie vor allem danach, ob die Verhaltensspielräume der Familienmitglieder durch deren sozialen Status (Mutter, Vater, Sohn, Tochter) fixiert sind (»geschlossene Struktur«), oder ob sie durch jeweils persönliche Merkmale flexibel ausgehandelt werden (»offene Struktur«). Eine geschlossene Struktur stellt sich nach seinen Studien eher bei Familien ein, in denen die Eltern restriktiven Arbeitserfahrungen ausgesetzt sind, eine offene Struktur wird durch selbstständige Arbeitserfahrungen ermöglicht. Der offenen Rollenstruktur entspricht ein auf die einzelnen Personen ausgerichtetes, flexibles (personenorientiertes) System der Kommunikation in der Familie, der geschlossenen Struktur ein rigides, an den statusmäßigen Positionen der Familienmitglieder orientiertes (Bernstein 1972, S. 213).

- Den Kommunikationssystemen entsprechen unterschiedliche Arten der sozialen Kontrolle, also der Beeinflussung der Verhaltensweisen der Kinder. So wird die soziale Kontrolle in den personorientierten Familien durch elaborierte, in den statusorientierten Familien durch restringierte sprachliche Gestaltung ausgeübt. Die sprachliche Entwicklung der Kinder wird durch diese unterschiedlichen verbalen Strategien der sozialen Kontrolle beeinflusst und wirkt zugleich als Brücke für die Aufschließung von kognitiven Fähigkeiten.
- Bernsteins Untersuchungsinteresse richtet sich auf die Analyse von »symbolischen Systemen«, die er als Regulatoren für die Aneignung der Struktur gesellschaftlicher Verhältnisse versteht. Unter symbolischen Systemen werden von ihm dabei in erster Linie die Sprachmuster der Familienmitglieder verstanden. Die unterschiedlichen sozialen Bedingungen und Regeln, die je nach Lebenslage einer Familie vorherrschen, führen zu einer unterschiedlichen Verwendung des Regelsystems der Sprache. Die Sprachmuster sind insofern eine Konsequenz der jeweiligen sozialen und materiellen Lebensbedingungen. Über die Sprachmuster werden wiederum die Struktur von Lebenserfahrungen, der Zugang zu gesellschaftlichem Wissen und die Tiefenstruktur der Kommunikation beeinflusst. Die elaborierten Sprachmuster gestatten einem Menschen Zugang zur Reflexion der gesellschaftlichen Ordnung und der sozialen Interaktionsstruktur, in der er lebt. Restringierte Muster schränken hingegen dieses Reflexionsvermögen erheblich ein (Grüneisen und Hoff 1978).

Mit dieser Ausweitung des Untersuchungsansatzes gelingt Bernstein eine entscheidende Differenzierung der schichtspezifischen Sozialisationstheorie. Unterschiedliche Arbeitserfahrungen sowie soziale und materielle Lebensbedingungen, die sich in unterschiedlichen sozialen Lebenslagen der Eltern verdichten, beeinflussen nach dieser Konzeption also nicht nur deren Persönlichkeitsmerkmale, sondern sie bestimmen Ausprägung und Struktur des familialen Interaktions- und Kommunikationssystems. Je größer der vom familialen Interaktionssystem erlaubte Bereich von Alternativen für die verbale Realisation unterschiedlicher Bedeutungen ist, desto individualisierter sind die verbalen Ausdrucksmöglichkeiten und desto flexibler ist die syntaktische und die Wortschatzwahl. Nach Bernstein (und durch ihn angeregt auch Habermas 1973b, Neuland 1975 und Oevermann 1975, 1976) sind es die personorientierten Interaktionsstrukturen, die eine solche Elaboration von Sprachmustern erleichtern und fördern und damit günstigere Voraussetzungen für den Aufbau der Kompetenzen des sozialen Handelns bereitstellen als die statusorientierten.

3.3.2 Weiterführung als sozialstrukturelle Sozialisationsforschung

Die empirischen und theoretischen Beiträge von Bernstein zeigen, dass das Erkenntnisprogramm der schichtspezifischen Sozialisationsforschung ein großes Potenzial hat. Wichtig scheint es zu sein, die Forschung methodisch zu präzisieren und theoretisch an die aktuellen Themen der Familien- und Erziehungstheorie heranzuführen. Die wesentlichen Ergebnisse der bisherigen Forschung lassen sich in dieser Perspektive wie folgt zusammenfassen:

- Die sozialen und materiellen Lebensbedingungen einer Familie wirken als Rahmenbedingungen für den Erziehungs- und Sozialisationsprozess des Kindes. Sowohl die makrostrukturellen Studien über Arbeitserfahrungen als auch Untersuchungen der sozialen Binnenwelt der Familie kommen zu dem Ergebnis, dass sich je nach Lebenslage familiale Erziehungsstile unterscheiden lassen. Sie stehen in einer systematischen, aber nicht immer einfach anzugebenden Beziehung zu den zentralen Dimensionen sozialer Ungleichheit einer Gesellschaft. Es kann kein Zweifel daran bestehen, dass die Schichtindikatoren »Stellung im Beruf« und »Bildung« besonders erklärungskräftig sind.

- Familiale Interaktions- und Kommunikationsstrukturen beeinflussen den Erziehungsstil der Eltern, haben aber keine Punkt-um-Punkt-Auswirkungen auf die Persönlichkeitsstrukturen eines Kindes. Als selbstständiger Mensch setzt sich das Kind produktiv mit der vorgefundenen Realität auseinander, die durch die Familie gebildet wird. Dabei spielen auch die angeborenen Persönlichkeitsmerkmale eines Kindes, wie zum Beispiel das Temperament und die Intelligenz, eine erhebliche Rolle. Je nach Persönlichkeitsmerkmalen werden bestimmte Anregungen und Angebote der sozialen Umwelt und soziale Kontaktmöglichkeiten angenommen oder abgelehnt. Es handelt sich um einen wechselseitigen Prozess, der nicht durch die Gegebenheiten entweder der Persönlichkeit des Kindes oder der strukturellen Beschaffenheit des Familiensystems erklärt werden kann.
- Jede Familie fungiert als dynamischer und relativ autonomer »Vermittler« der äußeren Realität für die Kinder. Wie verschiedene Untersuchungen zeigen, spielt die Differenziertheit der innerfamilialen Strukturen eine erhebliche Rolle für die Gestaltung des Sozialisationsprozesses. Ein relativ wenig differenziertes Interaktionsgefüge hat auch eine wenig komplexe »Übersetzung« von Bedingungen der äußeren Realität zur Folge. Differenziertheit und Komplexität der innerfamilialen Interaktion fördern einen kindorientierten, partizipativen Erziehungsstil.
- Die Kinder aus allen sozialen Bevölkerungsgruppen werden offensichtlich auf diejenigen sozialen, sprachlichen, kognitiven und emotionalen Kompetenzen hin vorbereitet, die zum Leben in der subkulturellen Familienwelt notwendig sind. Mit dem Vorgang des Aufwachsens erlernen die Kinder die angemessenen Kompetenzen zum Überleben in ihrer Subkultur. Die materiellen und sozialen Lebensbedingungen stimulieren diejenigen Kompetenzen und Handlungen, die auf die jeweilige, konkret gegebene Lebenslage hin orientieren.

Differenzierte Erfassung sozialer Lebensstile

Zur Weiterführung der schichtspezifischen als »sozialstrukturelle« Sozialisationsforschung gehört die differenzierte Erfassung von familialen Lebensstilen und Milieus. Im Anschluss an die in Kapitel 2 vorgestellten soziologischen Theorien lassen sich Lebensstile nach dem Grad der Traditionshaftung, des Wertwandels von alten hin zu neuen Werten und den materiellen Grundorientierungen unterscheiden. Die Angehörigen des kleinbürgerlichen Milieus und des traditionellen Arbeitermilieus weisen zum Beispiel meist Mentalitäten auf, die dem Bewahren, Festhalten am Bewährten, der Pflichterfüllung und dem Eingebundensein in Regeln und moralische Normen großes Gewicht beimessen. Am entgegengesetzten Pol stehen Milieus, in denen Menschen jeweils Neuem nachstreben und sich als Einzelne losgelöst von Bindungen und Zugehörigkeiten empfinden. Diese Milieus sind für das Sozialisationsklima von Bedeutung (Hradil 1999, S. 421).

In den von Hradil vorgestellten Studien werden die folgenden Milieus unterschieden:

- konservativ-technokratisches Milieu, bei dem sich die Lebensziele auf berufliche und materielle Erfolge durch Leistung, Zielstrebigkeit, Führungs- und Gestaltungsbereitschaft beziehen;
- kleinbürgerliches Milieu, bei dem das Festhalten an traditionellen Werten, Pflichterfüllung, Verlässlichkeit, Ordnung und Disziplin im Vordergrund steht;
- traditionelles Arbeitermilieu mit einer Orientierung an gutem Auskommen, sicherem Arbeitsplatz und gesichertem Alter;
- traditionsloses Arbeitermilieu, deren Angehörige vor allem den Anschluss an den Konsumstandard der breiten Mittelschicht halten und anerkannt sein wollen;
- aufstiegsorientiertes Milieu mit Mitgliedern, die sich hocharbeiten und ihre Erfolge vorzeigen und ihr Ansehen genießen wollen;
- modernes bürgerliches Milieu, das durch harmonisches angenehmes Leben in Familie mit Kindern charakterisiert ist und nach umfassender Sicherheit strebt;

- liberal-intellektuelles Milieu mit Werthaltungen, die auf Selbstverwirklichung, Persönlichkeitswachstum und Individualität ausgerichtet sind und soziale Gerechtigkeit und die Versöhnung von Mensch und Natur betonen;
- modernes Arbeitnehmermilieu: Hier setzen sich Menschen das Ziel, das Leben so angenehm zu machen, wie es die eigenen Mittel erlauben, dabei aber autonom, kreativ und selbstständig zu bleiben;
- hedonistisches Milieu: Diese Menschen wollen das Leben genießen, intensiv leben, Spaß, Kommunikation und Erlebnis haben, richten sich also auf Freiheit und Spontanität aus;
- postmodernes Milieu, in dem ungehinderte Entfaltung der eigenen Persönlichkeit und Ausleben der eigenen Gefühle ebenso hoch bewertet werden wie Begabungen und Sehnsüchte.

Diese Milieus sprengen teilweise die traditionellen Grenzen von sozialen Schichten. Sie stehen in einem engen Verhältnis zu den Lebensstilen als Organisationsstrukturen des individuellen Alltagslebens. Mit steigendem Wohlstand, mehr Lebensstandard, Ausbau der sozialen Sicherungen und Expansion von Bildungsangeboten ist es zu Wertewandel und kultureller Vielfalt gekommen, sodass sich die Lebensstile pluralisiert haben. In entsprechenden Untersuchungen werden die Lebensstile meist auf Grund des jeweiligen Freizeitverhaltens und Musikgeschmacks, der Lektüregewohnheit, Fernsehinteressen, des Kleidungsstils, der Lebensziele und der Wahrnehmung des persönlichen Alltags unterschieden.

Die verschiedenen Lebensstile sind ganz offensichtlich auch durch das Bemühen gekennzeichnet, sich eine eigene soziale Identität zu geben, die eine Abgrenzung gegenüber anderen Bevölkerungsgruppen ermöglicht. Entsprechend sind Bezüge zu den Sozialisations- und Erziehungsstilen gegeben. Zwar haben in allen sozialen Milieus Werthaltungen und Einstellungen, die sich an der individuellen Selbstbestimmung orientieren, an Bedeutung gewonnen, während Anpassung an gegebene Verhältnisse, Disziplin und Ordnung als weniger wichtig angesehen worden. Doch die Erziehungsstile weisen einen deutlichen Zusammenhang mit den Lebensstilen auf. Gehorsamkeit, gute Umgangsformen, Ordnung und

Sauberkeit sind zum Beispiel im konservativ-technokratischen und kleinbürgerlichen Milieu weiterhin höher im Kurs als im modernen bürgerlichen und liberal-intellektuellen. Je höher die soziale Stellung, desto größer die Wahrscheinlichkeit, dass Selbstbestimmung hoch bewertet wird. Je niedriger die soziale Stellung, desto eingeschränkter sind die Möglichkeiten der Selbstorganisation der kindlichen Persönlichkeit (Hradil 1999).

Die Bedeutung der wirtschaftlichen Lebenslage

Eine Weiterführung der schichtspezifischen Sozialisationsforschung ist auch deshalb dringend, weil in immer mehr Familien erhebliche Probleme mit der wirtschaftlichen und finanziellen Lebenslage auftreten. Eine extrem ungünstige sozioökonomische Situation ist in Familien in relativen Armutslagen gegeben. Die Zahl dieser Familien hat seit den 1970er-Jahren kontinuierlich zugenommen. In »relativer Armut« leben diejenigen Familienhaushalte, die über so geringe materielle, kulturelle und soziale Mittel verfügen, dass sie von der Lebensweise ausgeschlossen sind, die in ihrem sozialen Umfeld als Grenze des Akzeptablen gilt (Klocke und Hurrelmann 2001, S. 12).

Bei den finanziellen Ressourcen hat sich das Kriterium durchgesetzt, dass diejenigen Familienhaushalte als relativ einkommensarm definiert werden, die weniger als fünfzig Prozent des Durchschnittseinkommens der Gesamtbevölkerung zur Verfügung haben. Diese Gruppe ist nicht identisch mit der Gruppe der Sozialhilfeempfänger, überschneidet sich aber sehr stark mit ihr. Am stärksten betroffen sind Familien mit Langzeitarbeitslosigkeit eines oder beider Elternteile, Familien mit drei und mehr Kindern, Familien von allein erziehenden Elternteilen und eingewanderte »ausländische« Familien. Etwa jeweils ein Drittel dieser Familien ist auf den Bezug von Sozialhilfe angewiesen. Wie die Studien zeigen, sind Kinder und Jugendliche unter 18 Jahren heute diejenige Bevölkerungsgruppe, die unter den Sozialhilfeempfängern am stärksten vertreten ist, in manchen Regionen mit bis zu vierzig Prozent (Klocke und Hurrelmann 2001, S. 13).

Das Aufwachsen in einer Familie, die in relativer Armut lebt, bedeutet für Kinder und Jugendliche eine deutliche Einschränkung ihrer Entfaltungsmöglichkeiten, was sich in der Art der Freizeitaktivitäten, der Kleidung und der Ausstattung mit Konsum- und Spielgeräten niederschlägt.

- Von der Gleichaltrigengruppe werden durch meist unbewusste Anmerkungen und Hinweise Standards für das »richtige« Verhalten und die »angemessene« Ausstattung gesetzt. Kinder und Jugendliche aus Familien in relativer Armut können dieses Verhalten als subtile Form der Zurücksetzung empfinden. In einer reichen Gesellschaft, die auf hohem Niveau besonders auf die »kleinen Unterschiede« im Auftreten, in Kleidung und Verhalten achtet, können gerade für die Kinder, die sehr sensible Beobachter sind, mit minimalen Abweichungen vom »Standard« hohe Belastungen für das Selbstwertgefühl verbunden sein.
- Eine wichtige Rolle kommt den Eltern als Vermittlern der sozialen Umwelt zu. Behalten sie auch in einer Phase der relativen Armut die Souveränität, den Kindern eine selbstbewusste Lebensführung zu demonstrieren, dann können die Kinder die Zurücksetzungen in Kindergarten, Schule und Freizeitgruppe vergleichsweise gut ertragen. Genau an dieser Stelle liegt aber ein erhebliches Problem, denn durch den finanziellen Engpass wird meist die Beziehung zwischen Eltern und Kindern ungünstig beeinflusst. Die finanzielle Knappheit führt in der überwiegenden Zahl der Fälle zu einer Belastung auch des Selbstwertgefühls der Eltern, die ihre gewohnten Verhaltensweisen und Konsummuster nicht fortführen können. Diese Belastung springt schnell auf die Beziehung zwischen den Eltern über und strahlt von hier auf das Erziehungsverhalten aus. Die Eltern sind verunsichert und verkrampft und sie neigen zu widersprüchlichem und teilweise auch aggressivem Verhalten (Walper 1988).

Armut in Familien, so lassen sich diese Studien zusammenfassen, drückt die Lebensfreude der Kinder und nimmt ihnen ihr Selbstvertrauen. Armut schränkt die Erfahrungsumwelt ein, und zwar sowohl bei der Entwicklung der Leistungsfähigkeit und Intelligenz als auch bei den Chancen zum Aufbau eines differenzierten Weltbildes. Die tägliche Auseinandersetzung mit wirtschaftlichen Problemen ist entwürdigend und Kräfte raubend. Eine gesunde Entwicklung ist nur denjenigen Kindern und Jugendlichen möglich, die über eine starke Persönlichkeit und ein gutes Unterstützungsnetzwerk innerhalb und außerhalb der Familie verfügen und in ihrer Gleichaltrigengruppe ein gutes Abschirmpotenzial gegenüber Konsumzwängen aufgebaut haben.

In einigen Studien konnten wir auch nachweisen, dass die ungünstige wirtschaftliche Lebenslage auf die Gesundheit der Kinder ausstrahlt. Kinder in relativer Armut bewerten ihren Gesundheitszustand erheblich schlechter als alle anderen. Beschwerden wie Kopfschmerzen, Rückenprobleme und Infektionen werden besonders häufig berichtet, auffällig sind auch die Ausdrücke von erfahrener Hilflosigkeit und Einsamkeit. Die Kinder aus Familien in Armutslagen sind auch durch ein schlechtes hygienisches Verhalten und durch frühen Zigarettenkonsum auffällig (Klocke und Hurrelmann 2001, S. 18).

Angesichts der Scherenentwicklung des sozialen Lebensstandards in allen hoch entwickelten Industriegesellschaften, die zu einer Polarisierung in arme und reiche Familienhaushalte führt, kommt diesen Ergebnissen eine besondere Bedeutung zu. Rund zwanzig Prozent der Kinder und Jugendlichen leben heute in einer Situation relativer Armut nach Einkommen, Bildung, Wohnung, Ernährung und sozialer Integration. Bei vielen dieser Kinder kann, wie die referierten Studien zeigten, diese Situation mit einer psychischen, sozialen und gesundheitlichen Belastung verbunden sein, die einen Ausschluss aus vielen sozialen und kulturellen Lebensbereichen nach sich zieht und damit die Startchancen für Schule und Beruf stark beeinträchtigt. So entsteht sozialpolitisch die paradoxe Situation, dass in immer reicher werdenden Gesellschaften die relative Armut von Kindern eine immer größere Beeinträchtigung für ihre produktive Realitätsbewältigung und Persönlichkeitsentwicklung darstellt (Mielck 2000).

Die Notwendigkeit von lebenslagenbezogener Forschung

Der steigende Anteil von Familien in relativ ungünstiger wirtschaftlicher und sozialer Lebenslage unterstreicht die Notwendigkeit, die Tradition der schichtspezifischen Sozialisationsforschung fortzuführen und auf den aktuellen theoretischen und methodischen Stand zu bringen.

- Als zentrales Ziel der Sozialisationsforschung wurde in Kapitel 1 herausgearbeitet, die sozialen und physikalischen Umweltbedingungen zu analysieren, die eine optimale Entfaltung der Persönlichkeit im Verlaufe des gesamten Lebenslaufes ermöglichen. Hierzu gehört auch die Analyse der restriktiven Bedingungen, die in zentralen Sozialisationsinstanzen auftreten. Detaillierte Kenntnisse über einengende familiale Sozialisationsprozesse und deren durch die Umweltbedingungen gegebenen Besonderheiten sind sind zum Beispiel Voraussetzung für wissenschaftlich abgesicherte Vorschläge zur Verbesserung der Lebensbedingungen von Familien und der Erziehungsverhaltensweisen der Eltern.
- Für die weitere wissenschaftliche Arbeit in diesem Bereich ist es wichtig, die Engführungen und Defizite zu überwinden, die sich aus der Fixierung auf ein einfaches Schichtmodell und auf die Annahme einer direkten Auswirkung von Umwelterfahrungen der Eltern auf ihr Erziehungsverhalten und die Persönlichkeitsentwicklung von Kindern ergeben haben. Folgt die Sozialisationsforschung dem Modell der produktiven Verarbeitung von innerer und äußerer Realität, dann legt sie in Zukunft ein viel höheres Gewicht auf die subjektive Wahrnehmung, Bewertung und Beeinflussung der familialen Interaktions- und Kommunikationsstrukturen durch alle Familienmitglieder, also nicht nur Vater und Mutter, sondern auch jedes einzelnen Kindes. Sie orientiert sich am Paradigma der wechselseitigen Beeinflussung von innerer und äußerer Realität (Grundmann 1994, S. 164).

Ziel der Weiterentwicklung der Sozialisationsforschung sollte es also sein, die sozialen Faktoren zu identifizieren, die die individuelle

Entwicklung in der Familie (und in allen anderen Sozialisationsinstanzen und der gesamten Umwelt) begrenzen oder eröffnen, und detailliert und differenziert deren Wirkung auf die Persönlichkeitsentwicklung zu rekonstruieren. Die einfache mechanische Annahme des Zusammenhangs von Umweltgegebenheiten und Persönlichkeitsstrukturen, wie sie in der frühen schichtspezifischen Sozialisationsforschung vorherrschte, ist zu überwinden. Die konstruierende und gestaltende Leistung eines Kindes und Jugendlichen im familialen Interaktionsgeschehen sollte hingegen viel stärker beachtet werden, wobei auch die Impulse und Anregungen zu berücksichtigen sind, die Kinder und Jugendliche aus Kindergarten, Schule, Gleichaltrigengruppe, Massenmedien und Wohnviertel mit in die familiale Interaktion einbringen.

Eine solche Weiterentwicklung der sozialstrukturellen Sozialisationsforschung kann sich an dem reichen Fundus der psychologischen und soziologischen Basistheorien orientieren, die in Kapitel 2 vorgestellt wurden. So bietet es sich an, um nur einige Beispiele zu nennen, die Ansätze der kognitiven und ökologischen Entwicklungspsychologie heranzuziehen, um das Wechselspiel von bereits erreichten kognitiven und sozialen Kompetenzen eines Kindes und den für eine Weiterentwicklung förderlichen sozialen und physischen Umweltbedingungen differenziert zu analysieren. Aus den Stress- und Bewältigungstheorien der persönlichstheoretischen Tradition können Anhaltspunkte gewonnen werden, wie ein Kind oder ein Jugendlicher auch in einer ungünstigen wirtschaftlichen Situation der Familie mit schlechtem emotionalem Beziehungsklima durch geschickte Bewältigungsstrategien eine Stabilisierung der Persönlichkeitsentwicklung erreichen kann. Die Erkenntnisse der gesellschaftstheoretischen Lebensstilforschung können für die familiale Sozialisationsforschung herangezogen werden, um detaillierter als bislang die Bedeutung von Freizeitaktivitäten und Medienkonsum für die Persönlichkeitsentwicklung bei Kindern und Jugendlichen herauszuarbeiten und deren ausgleichenden oder verstärkenden Effekt im Verhältnis zu elterlichen Erziehungseinflüssen zu untersuchen.

4. Sozialisation im Erziehungs- und Bildungssystem

In diesem Kapitel geht es um die Sozialisationseinflüsse organisierter Erziehungs- und Bildungssysteme. In ihnen arbeiten professionell ausgebildete Fachleute, in erster Linie Erzieherinnen und Erzieher, Lehrerinnen und Lehrer und Sozialarbeiterinnen und Sozialarbeiter. Im Unterschied zu den »Laienerziehern« Vater und Mutter sind die Berufspädagoginnen und Berufspädagogen fachlich für die Rolle des Erziehens ausgebildet. Sie sind in ihrer Arbeit allerdings stark auf die Vorgaben angewiesen, die aus der Sozialisation in Familien kommen. Deshalb kann die Sozialisation in Erziehungs- und Bildungssystemen auch als »sekundäre Sozialisation« bezeichnet werden.

4.1 Organisationsstruktur und Persönlichkeitsentwicklung

Die komplex organisierten Bildungs- und Erziehungseinrichtungen Kindergarten, Schule und Hochschule üben ihren Einfluss auf die Persönlichkeitsentwicklung ihrer Mitglieder auf zwei zusammenhängenden Ebenen aus:

- Der direkten Beziehung, also der tagtäglichen Interaktion mit dem Ziel, Wissen, Einstellungen und Verhaltensdispositionen ihrer »Klientel« auf der Basis eines bestimmten Bildungsprogramms in eine wünschenswerte Richtung zu steuern. Es handelt sich um Arbeit an der Persönlichkeit von Kindern, Jugendlichen und Studierenden mit dem Ziel, Selbstständigkeit und Leistungsfähigkeit zu fördern.
- Die direkte Einwirkung über die Organisationsstruktur. Wie die Berufserzieherinnen und -erzieher in den Einrichtungen diese Aufgabe ausfüllen können, hängt von der organisatorischen Ver-

fasstheit der Erziehungs- und Bildungseinrichtungen ab. Die Organisationsstruktur hat durch ihre Begrenzung und Ermöglichung von Interaktionsabläufen eine mittelbare Sozialisationsfunktion.

Erzieherische Einflüsse innerhalb eines Kindergartens oder einer Schule sind also sowohl durch die jeweiligen persönlichen Eigenschaften und Verhaltensweisen der Pädagogen als auch durch die organisatorischen Vorgaben beeinflusst, einschließlich der finanziellen Ausstattung. Auch berufliche Ausbildung und öffentliches Ansehen der Berufserzieherinnen und -erzieher spielen eine Rolle. Ebenso wie in Familien kann in dieser Organisationsstruktur oft ein stärkerer Einfluss auf die Persönlichkeitsentwicklung der Kinder und Jugendlichen liegen als in den im Bildungsprogramm festgelegten beabsichtigten Erziehungsimpulsen.

4.1.1 Der Kindergarten als Sozialisationsinstanz

Das Erziehungs- und Bildungssystem in den hoch entwickelten Industriegesellschaften hat sich seit der Industrialisierung Mitte des 19. Jahrhunderts immer weiter spezialisiert. Aus den ursprünglich kleinen und überschaubaren, mit einer breiten Palette von Erziehungs- und Bildungsaufgaben beauftragten Einrichtungen sind mit der »Ausdifferenzierung« von Teilleistungen hoch professionelle Institutionen geworden, die vom Kleinkindalter an bis in das Erwachsenenalter hinein spezielle Angebote für Erziehung, Bildung, Weiterbildung und Fortbildung machen.

Das Erziehungs- und Bildungssystem lässt sich in folgende Teilsysteme untergliedern:

- Erziehungseinrichtungen für Kinder und Jugendliche: Kinderkrippen, Kindergärten, Kindertagesstätten, Kinderhorte, Horte, Heime, Kinder- und Jugendfreizeiteinrichtungen;
- Schulen: Grundschulen für die ersten vier bis sechs Jahre, weiterführende Schulen bis zum qualifizierten Hochschulzugang;

- Berufsbildungseinrichtungen in schulischer und/oder betrieblicher Organisationsform;
- Hochschulen: Fachhochschulen, Universitäten;
- Fort- und Weiterbildungseinrichtungen: Volkshochschulen, berufliche Bildungsstätten, Berufsakademien.

Im historischen Rückblick zeigt sich, dass diese Einrichtungen Schritt um Schritt einen höheren Anteil der Kinder und Jugendlichen eines Jahrganges in sich aufgenommen haben. Immer mehr Komponenten der Erziehung und Bildung von Kindern und Jugendlichen wurden seit dem 19. Jahrhundert aus dem Verantwortungsbereich der Familien herausgenommen und den Erziehungs- und Bildungseinrichtungen übergeben. Für Kinder und Jugendliche wird es damit charakteristisch, große Zeitabschnitte ihres Lebens in organisierten Erziehungs- und Bildungseinrichtungen zu verbringen (Hurrelmann 1975).

Das wachsende Gewicht der organisierten Erziehung

Im Zuge der sozialen Ausdifferenzierung gesellschaftlicher Teilsysteme befinden sich die industriellen Gesellschaften auf dem Weg von einer naturwüchsigen, durch Laien (Eltern, Geschwister, Verwandte) neben anderen Alltagsaktivitäten durchgeführten Erziehung zur gesellschaftlich geplanten und organisierten Erziehung.

- Der Anteil von Erziehungs- und damit auch von Sozialisationsimpulsen wird ständig größer, der von gesellschaftlich beauftragten und kontrollierten Pädagoginnen und Pädagogen in eigens zu diesem Zweck eingerichteten formalen Organisationen durchgeführt wird. Die tieferen Ursachen dieser Entwicklung liegen in der ökonomischen und kulturellen Entwicklung, die sich in immer längeren Ausbildungszeiten, einer ansteigenden Beteiligung von Frauen im Wirtschafts- und Berufsbereich und einer damit verbundenen Wandlung der Familienstruktur niederschlägt. In dem Maße, wie die traditionelle Rolle der Frau als Haushälterin und Erzieherin seltener wird, wachsen die Zuständigkeiten von Kindergärten und Schulen (Fend 1988; Rutter 1980).

- Schritt um Schritt haben sich viele Erziehungs- und Bildungsaktivitäten aus den Familien und den Nachbarschafts- und Verwandtschaftsbeziehungen herausbewegt und sind in spezialisierte Systeme übertragen worden. Familien sind damit nicht zwangsläufig weniger an der Persönlichkeitsentwicklung von Kindern und Jugendlichen beteiligt. Wegen der schnellen Entwicklung im beruflichen Sektor sind sie aber nicht in der Lage, das Wissen, die Einstellungen und die Fähigkeiten zu vermitteln, die im Arbeitsleben verlangt werden. Deshalb verschieben sie ihre Aufgaben stärker auf die Koordination der verschiedenen Sozialisationseinflüsse, die auf Kinder gerichtet sind.

Im internationalen Vergleich ist die hier beschriebene Entwicklung hin zur organisierten außerfamiliären Erziehung in Deutschland in einigen Bereichen eher langsam, in anderen eher schnell verlaufen.

- Anders als in den benachbarten europäischen Staaten ist der Anteil von unter dreijährigen Kindern, die in Kinderkrippen betreut und erzogen werden, ungewöhnlich niedrig. Er liegt bei etwa zehn Prozent, während in anderen europäischen Ländern meist über ein Drittel der Kinder in Krippen ist. Auch ist es in Deutschland immer noch typisch, dass Kinder und Jugendliche schon zur frühen Mittagszeit aus Kindergärten und Schulen entlassen werden und nach Hause gehen. Diese Halbtagsbetreuung ist international unüblich. In Deutschland wirken traditionelle Vorstellungen der Verantwortlichkeit der Familie, insbesondere der Zuständigkeit der Mutter für die Betreuung und Erziehung der Kleinkinder nach. In der »Deutschen Demokratischen Republik« war dieser strukturelle Modernisierungsrückstand schon aufgeholt worden, wurde aber mit der Vereinigung der beiden deutschen Staaten 1990 zum größten Teil wieder rückgängig gemacht. Erst in den letzten Jahren wird in Politik und Öffentlichkeit die Notwendigkeit einer Ausdehnung der außerfamilialen Erziehung von Kleinkindern und der Nachmittagsangebote an Schulen ernsthaft diskutiert.

- Bei älteren Jugendlichen und junge Erwachsenen hingegen ist in Deutschland der Anteil der öffentlichen Bildungseinrichtungen im internationalen Vergleich eher hoch. Das liegt einmal an der weit verbreiteten beruflichen Ausbildung im dualen System, also der Kombination von betrieblicher Ausbildung und schulischer Begleitung in Berufsschulen, zum Zweiten an der im internationalen Vergleich ungewöhnlich langen Hochschulausbildung, die bis zu sieben oder acht Jahren dauern kann und an eine ohnehin schon lang gestreckte schulische Ausbildung mit dem Abschluss der gymnasialen Oberstufe anschließt.

Außerfamiliale Betreuung in Erziehungseinrichtungen

Bei Kindern im Vorschulalter zögern viele Familien, auf institutionelle Angebote der familienergänzenden Erziehung einzugehen. Die Eltern befürchten, ihr Kind könne durch die außerfamiliäre Betreuung nicht die notwendige soziale, psychische und vor allem emotionale Zuwendung erhalten, die es für seine Entwicklung braucht. Allerdings kann aus der internationalen Forschung abgelesen werden, dass diese Befürchtung nicht zutrifft, wenn das außerfamiliale Angebot qualitativ gut und räumlich leicht erreichbar ist. Länder mit einem stark ausgebauten System der institutionellen Kleinkinderziehung haben keinesfalls einen höheren Anteil an gesundheitsbeeinträchtigten und psychisch oder sozial belasteten Kindern als Deutschland (Deutsches Jugendinstitut 1994).

In fast allen Ländern Europas sind Kinderkrippen, Kindergärten, Horte, vorschulische Einrichtungen, Tagesmütter und privatwirtschaftlich organisierte Erziehungs- und Bildungseinrichtungen mit Vormittags- und Nachmittagsangeboten für Kinder die Regel. Dadurch wird es sowohl Müttern als auch Vätern möglich, einem Beruf oder einer anderen außerhäuslichen Tätigkeit nachzugehen. Schon wenige Wochen nach der Geburt können Kinder in eine Kinderkrippe gegeben werden. In Deutschland fehlt es an einem ausreichenden Angebot und damit auch an der öffentlichen Unterstützung für die Verbindung von beruflicher Tätigkeit und Kindererziehung bei Müttern und Vätern mit Kleinkindern.

- Der Ausbau von Plätzen in Kinderkrippen und Kindertagesstätten mit Nachmittagsangebot ist in Deutschland im internationalen Vergleich rückständig. Zwar ist seit 1990 der Halbtags-Kindergarten, der in der Regel von neun bis zwölf Uhr geöffnet ist, für praktisch alle Kinder von vier bis sechs Jahren zugänglich. Es gibt aber nur für zwanzig Prozent der Kinder so genannte »Ganztagsplätze« in Kindergärten, also Betreuungsplätze am Vormittag und am Nachmittag, während die meisten vergleichbaren Länder in Europa für fast die Hälfte der Kinder ein solches Angebot bereithalten. In Deutschland dürfte der Bedarf ebenfalls in dieser Höhe liegen.
- Der »Erziehungsurlaub« (»Elternzeit«) mit »Erziehungsgeld«, der Vätern und Müttern ermöglicht, für einige Jahre nach der Geburt des Kindes auf die Berufstätigkeit zu verzichten und dafür eine pauschale finanzielle Entschädigung zu erhalten, bietet keinen Ausgleich. Er erweist sich als problematisch für die berufliche Karriere und als ungünstig für die spätere Absicherung einer Rente. Es ist deswegen nicht verwunderlich, dass nur zwei Prozent der berufstätigen Männer von der Möglichkeit der Elternzeit Gebrauch machen. Die Frauen, die den Erziehungsurlaub wählen, setzen anschließend nur zu etwa sechzig Prozent ihre Berufstätigkeit am alten Arbeitsplatz fort (Bundesministerium für Familie, Senioren, Frauen und Jugend 1999). Der Erziehungsurlaub ist also objektiv gesehen karrierehindernd.
- Eine durchgreifende Veränderung dieser Situation wird erst durch ein deutliches politisches Umsteuern erreichbar sein und voraussichtlich eintreten, wenn durch den Rückgang der Erwerbsbevölkerung die Zahl von Arbeitskräften deutlich abnimmt und Betriebe deswegen erheblich stärker auf Frauen als Erwerbstätige zurückgreifen müssen. Schon heute versuchen vorausschauende Unternehmen, den gut ausgebildeten Frauen aus ihrer Belegschaft, die ein Kind bekommen haben, die schnelle Rückkehr in den Beruf zu erleichtern. Dazu gehören eine flexible Teilzeitarbeit und eine Abstimmung der Arbeitszeit mit den persönlichen und familialen Bedürfnissen der Frauen. Auch die Einrichtung von Kindertagesstätten und Kindergärten sowie von Schulen mit Nachmittagsangeboten direkt in den Betrieben

oder in der Nähe der Betriebe gehört mit zu den – noch seltenen – Förderprogrammen.

Wegen der wachsenden Zahl von Müttern mit Kleinkindern, die berufstätig sind, und der hohen Zahl von allein erziehenden Eltern ist in vielen Familien ein zeitlicher »Erziehungsnotstand« eingetreten. Da ein zahlenmäßig ausreichendes professionelles Angebot von familienergänzender Erziehung fehlt, haben sich in Deutschland viele informelle Formen der Betreuung durch Eigeninitiative der betroffenen Eltern etabliert. Durch den Einsatz von Nachbarn und Verwandten, in vielen Fällen der Großeltern, aber auch durch privat bezahlte Arbeit von Laienkräften, die durch Anzeigen gesucht werden, ist ein bunter Flickenteppich der Betreuung von Kleinkindern entstanden. Es kann geschätzt werden, dass in mindestens der Hälfte aller Familien solche improvisierten Lösungen gewählt werden (Hurrelmann 1990, S. 113) Damit hat sich ein riesiger »Schwarzmarkt« von pädagogischen Dienstleistern gebildet, der sich einer öffentlichen Qualitätskontrolle entzieht.

Kombination aus familialer und außerfamilialer Erziehung

Obwohl politisch nicht gezielt gesteuert, hat sich auf diese Weise in Deutschland eine Kombination aus familialer und außerfamilialer Betreuung und Erziehung von Kindern im Vorschulalter etabliert. Nur noch ein kleiner Teil von Kindern wird bis zum Alter von sechs Jahren ausschließlich durch die Mutter oder durch Mutter und Vater betreut. Im Unterschied zu anderen Ländern ist das Spektrum der Betreuungsformen im Vorschulalter in Deutschland eher breiter und bunter als in anderen Ländern, zugleich aber ist nur ein Teil der Angebote öffentlich in professioneller pädagogischer Hand. Diese kaum durchschaubare Betreuungslandschaft macht eine Einschätzung der Impulse und Leistungen im Bereich der Vorschulerziehung in Deutschland schwierig.

- Für die meisten Kinder ergibt sich eine Betreuungsstruktur unter Beteiligung mehrerer Personen in unterschiedlichsten sozialen Rollen. Diese soziale und zeitliche Mischung verschiedener Betreuungsverhältnisse bedeutet für die Kinder, dass sie sich im Laufe eines normalen Tages oft an mehreren unterschiedlichen Orten aufhalten. Für die Persönlichkeitsentwicklung ergeben sich hieraus Vor- und Nachteile.

- Eine Kombination verschiedener Anregungen mit unterschiedlichen Betreuungsformen und Zeitabläufen kann für ein Kind im Laufe eines Tages durchaus stimulierend sein, sie muss aber der jeweiligen Altersentwicklung und den persönlichen Voraussetzungen des Kindes entsprechen und von einer Person – möglichst einem Elternteil – koordiniert werden. Viele Eltern sind aus persönlichen, beruflichen oder auch finanziellen Gründen hierzu nicht in der Lage und können nur selten ein Angebot für ihre Kinder zusammenstellen, das wirklich voll auf deren Bedürfnisse eingeht. Deshalb kann es zu einer unstrukturierten Abfolge von Sozialisationsimpulsen kommen, die das Kind nicht optimal anregen und es unter- oder überfordern (Zeiher und Zeiher 1994).
- Die meisten Eltern haben keinen Zugang zu Beratungsstellen, die sie bei der Zusammenstellung, Auswahl und Bewertung der verschiedenen außerfamilialen Betreuungsformen unterstützen könnten. Sie sind darauf angewiesen, dass sie Auswahlen von Angeboten nach ihren eigenen Vorstellungen vornehmen. Es existieren nur wenige Beratungs- und Hilfseinrichtungen, bei denen die elterlichen »Laienerzieher« auch persönliche und praktische Probleme der Kindererziehung ansprechen können. Viele Beziehungs- und Erziehungsschwierigkeiten in Familien dürften mit diesem Defizit zusammenhängen (Markefka und Nauck 1993).

Gäbe es systematische Vergleiche der Einflüsse des organisierten Erziehungssystems im Vorschulalter auf die Persönlichkeitsentwicklung von Kindern über verschiedene Länder hinweg, würde Deutschland wohl nicht besonders gut abschneiden. Kindererziehung im Vorschulalter ist durch einen notorisch zu engen Zeithaushalt der meisten Mütter und Väter charakterisiert, die sich deshalb nicht ausreichend um ein abgestimmtes Förderprogramm für ihre Kinder kümmern können. Die improvisierten Betreuungen durch nicht pädagogisch geschulte Personen sind häufig nach Inhalt und Stil nicht gut mit denen der Eltern abgestimmt.

Deshalb muss bezweifelt werden, dass das Ausmaß von sozialen Anregungen und Lernimpulsen im durchschnittlichen Betreuungsablauf eines Tages insgesamt angemessen und ausgewogen ist. Negative Folgen für die Entwicklung von sozialen und kognitiven Kompetenzen sind unter diesen Umständen unvermeidlich. Das schlechte Abschneiden deutscher Schülerinnen und Schüler bei internationalen Leistungsvergleichen weist in diese Richtung (Baumert und Lehmann 1997; Deutsches PISA-Konsortium 2002).

Auch die Kombination der elterlichen Einflüsse mit denen der professionell geleiteten Kindergärten gelingt nicht immer in dem gewünschten Ausmaß, weil auch hier die Zeit für eine Abstimmung fehlt. In der mangelnden inhaltlichen und zeitlichen Koordination der Impulse der einzelnen Sozialisationspersonen und -instanzen untereinander und in dem Fehlen eines auf den jeweiligen Entwicklungsstand eines Kindes ausgerichteten pädagogisch abgeleiteten Konzeptes dürfte das entscheidende Defizit der Kleinkindererziehung in Deutschland liegen. Dagegen kommen auch das große Engagement und die pädagogische Hingabe der meisten Eltern als Laienerzieher und der professionellen Erzieherinnen und Erzieher nicht an.

Weiterentwicklung der Bildungsarbeit im Kindergarten

Soll dieses Defizit abgebaut werden, muss auch in Deutschland der Weg zur Stärkung des Kindergartens als vollwertige Sozialisationsinstanz weitergegangen werden. Ob in öffentlicher oder privater Trägerschaft, Kindergärten sind wegen der veränderten Familienstrukturen heute notwendige Partnerinstitutionen in der Erziehung und Bildung von Vorschulkindern. »Ausgehend von der These der Pluralisierung von Lebensführungen ist das Wechselverhältnis Familie–Kindergarten neu zu analysieren. Gegenwärtige Konflikte und Diskussionen in der Kindergartenpraxis machen deutlich, dass von Seiten der Familien der Sozialisationsbeitrag des Kindergartens zunehmend auch in der Funktion, die Vereinbarkeit von Erwerbstätigkeit und Familienleben zu stützen und den Familien erweiterte Möglichkeiten der Lebensgestaltung zu erleichtern, gesehen wird.« (Colberg-Schrader und von Derschau 1991, S. 349)

Dieser Funktion wird der Kindergarten nur gerecht, wenn er flexibel auf die unterschiedlichen Bedarfe der vielfältigen Familienkonstellationen eingeht und sich konsequent als eine Dienstleistungseinrichtung für Betreuung und Erziehung definiert. Die heute vorherrschende Form des Kindergartens mit einem pauschalen und zeitlich inflexiblen Angebot im Zeitraum zwischen neun und zwölf Uhr ist hierzu völlig unzureichend.

- Pädagogisch gut konzipierte Kindergärten mit professionell ausgebildeten Fachkräften erweisen sich nicht nur als wertvolle und notwendige Ergänzung der familialen Erziehung, sondern als Sozialisationsinstanzen, die Kinder bei der Erschließung der gesamten sozialen und physischen Umwelt unterstützen und damit auch Kompetenzen für die schulische Bildung fördern (Nickel 1985).
- Kindergärten können eine wichtige Rolle bei sozialen Integration von Nachbarschaften spielen, indem sie zum Beispiel Kontakte zwischen den Kindern aus Migranten- und einheimischen Familien und ihren Eltern stiften. Über Kindergärten können die heute brüchig gewordenen nachbarschaftlichen Netze für Sozialkontakte neu geknüpft werden. Für die sehr kleinen Familien (Ein-Eltern- und Ein-Kind-Familien) können im Kindergarten durch soziale Gruppenarbeit Lernfelder für Solidarität und soziale Verantwortung etabliert werden, die inhaltlich wichtige Ergänzungen zur Familienerziehung darstellen. Kinder können sich als Teil einer altersübergreifenden Gemeinschaft erleben und aktive Rollen in der Gestaltung ihres Wohnumfeldes übernehmen (DuBois-Reymond, Büchner, Ecarius, Fuchs und Krüger 1994).
- Diese Entwicklung kann dadurch unterstützt werden, dass familienbezogene Beratung, psychologische Hilfe und medizinische Betreuung in den Kindergarten integriert werden. Hierdurch können Kindergärten für die Familien mit Vorschulkindern zu

Nachbarschaftszentren werden, über die viele Kontakte und Informationen laufen. Ein gemeindeorientierter Kindergarten ermöglicht es Kindern, sich die Kompetenz anzueignen, erste Schritte in den öffentlichen Raum zu machen und mit der Erweiterung ihres sozialen Aktionsradius Kontakte zu erschließen, die über die in der Familie hinausgehen (Colberg-Schrader und von Derschau 1991, S. 335; Görlitz, Harloff, Mey und Valsiner 1998).

In den nächsten Jahren werden Beiträge der Sozialisationsforschung zur Weiterentwicklung der Bildungs- und Erziehungsarbeit in Kindergärten immer wichtiger werden, da auch in Deutschland die Rolle von Kinderkrippen und Kindergärten im Sozialisationsprozess ansteigt. Die Forschung hat sich dabei auf die Frage zu konzentrieren, wie die Verbindung zwischen Kindergärten und Familien weiter intensiviert werden kann.

4.1.2 Die Schule als Sozialisationsinstanz

Der Kindergarten hat im Bildungssystem die Aufgabe, den Übergang in die Bildungsinstitution Schule vorzubereiten. In der wissenschaftlichen Diskussion schlägt sich dieser Übergang in entsprechenden fachlichen Begriffen nieder: Vorschulkinder gehen aus der »Erziehungsinstitution« Kindergarten in die »Bildungsinstitution« Schule über. Hiermit soll der Wechsel von der auf die sozialen Kompetenzen ausgerichteten Förderung der Persönlichkeit im Kindergarten zu der auf Wissen, Einstellungen und fachliche Fertigkeiten orientierten Bildung in der Schule ausgedrückt werden.

Gesellschaftliche Funktionen der Schule

Der sprachliche Akzent spiegelt auch die höhere gesellschaftliche Bedeutung der Sozialisationsinstanz Schule gegenüber dem Kindergarten wider. Der Besuch des Kindergartens ist zwar in fast allen Industrieländern heute zur Regel geworden, ist aber nicht Pflicht. Der

Besuch der Schule hingegen ist in fast allen Ländern, so auch in Deutschland, rechtlich verpflichtend und kann gegenüber Eltern und Kind mit Polizeigewalt durchgesetzt werden. Entsprechend sind Schulen in der Wahrnehmung von Eltern und Kindern die ersten gesellschaftlichen Institutionen, die den Übergang des jungen Gesellschaftsmitgliedes in die verantwortliche Erwachsenenphase symbolisieren (Fend 1988).

- In der strukturfunktionalen soziologischen Theorie von Talcott Parsons, die in Kapitel 2.2 vorgestellt wurde, wird dem Übergang eines Kindes aus der persönlich gefärbten Familienbeziehung in die formal gestaltete Schulbeziehung eine entsprechend große Bedeutung beigemessen: »Der Eintritt des Kindes in das System der formalen Erziehung ist sein erster wichtiger Schritt über die primären Bindungen der Herkunftsfamilie hinaus … Die Schule ist die erste Sozialisationsinstanz in der Erfahrung des Kindes, die eine Statusdifferenzierung auf nicht-biologischer Basis institutionalisiert. Darüber hinaus handelt es sich dabei nicht um einen askriptiven, sondern um einen erworbenen Status, der durch unterschiedliche Erfüllung der vom Lehrer gestellten Aufgaben verdient wird. Der Lehrer wiederum handelt als Beauftragter der Gemeinde.« (Parsons 1968b, S. 166)
- Deutlicher und konsequenter als im Kindergarten werden nach der Theorie von Talcott Parsons in der Schule die universalistischen Orientierungen vermittelt, die im öffentlichen Bereich von Arbeit, Behörden, Konsum- und Freizeitinstitutionen benötigt werden. Hierzu sind bestimmte Rollenerwartungen zu verinnerlichen, die die Schule durch ihre spezifischen Strukturen und Rollen vorbereitet. Die Leistungs- und Wettbewerbsanforderungen der Gesellschaften werden vom ersten Tag der Schule an durch die Beurteilung mit Zensuren und Zeugnissen und permanentem Loben und Tadeln deutlich. Auf diese Weise lernen die Kindern, wie man in einer Gruppe einen sozialen Status erwirbt und verteidigt (Tillmann 2000, S. 128). Sie lernen zugleich nachzuvollziehen, dass allein die individuelle Leistung nach vorab definierten Kriterien der Ausgangspunkt für den Erwerb eines Status ist.

Grundschule und weiterführende Schule bereiten stufenförmig auf die Leistungsgesellschaft vor. Der Leistungsstatus ist die Basis für die gesellschaftliche Selektionsfunktion der Schule, nämlich die Vergabe von Zeugnissen und Zertifikaten, die für den Eintritt in spätere Berufspositionen Voraussetzung sind. Die Bewertung muss am Maßstab der individuellen Leistung vorgenommen werden, wobei die Schülerinnen und Schüler zugleich lernen, verallgemeinerbare Maßstäbe anzuwenden, einen gerechten Wettbewerb durchzuhalten und die Ergebnisse als legitim hinzunehmen. Damit wird nach Parsons der Wert »Chancengleichheit« verinnerlicht, zugleich werden Ungleichheiten in Schule und Gesellschaft legitimiert, auch und besonders bei denjenigen, die zu den Verlierern im Wettbewerb gehören (Parsons 1968b, S. 182). Durch diese Vorgehensweise kombiniert die Schule ihre Sozialisationsfunktion mit einer Selektionsfunktion, sie bildet also durch ihre Rollenstruktur bestimmte Persönlichkeitsmerkmale der Schülerinnen und Schüler heraus und klassifiziert diese Merkmale zugleich nach Kriterien der Wettbewerbsgesellschaft als mehr oder weniger wertvoll für künftige berufliche Karrieren (Fend 1976).

Schulen als people processing organizations

Alle organisierten Bildungseinrichtungen sind bemüht, durch geplante und gesteuerte Impulse von professionalisiertem Personal die Persönlichkeitsentwicklung ihrer »Klienten« gezielt zu beeinflussen. Sie sind »people processing organizations«, die Arbeit an der Person ihrer Klienten verrichten. Diese Arbeit erfolgt über direkte soziale Kontakte zwischen den Pädagoginnen und Pädagogen und den Klienten (Schülerinnen und Schülern, Auszubildenden und Studierenden). Diese Kontakte werden durch die organisatorischen Strukturen der Bildungseinrichtungen kanalisiert (Fend 1980, S. 108; Niederberger 1984; Tillmann 2000, S. 111). Die Strukturen sind durch Asymmetrie gekennzeichnet:

- Die pädagogischen Fachkräfte sind durch die gesellschaftlich vorgegebene und formal abgesicherte Berufsrolle in einer über-

legenen Position. Sie verfügen in der Regel über diejenigen Kompetenzen und Qualifikationen und dasjenige Wissen, das an die zu Erziehenden weitergegeben werden soll. Dennoch ist die eigentliche »pädagogische Arbeit«, die Beeinflussung der Persönlichkeitsentwicklung von Kindern und Jugendlichen, nur in Wechselseitigkeit möglich.
- Die »Klienten« sind von den Handlungen der pädagogischen Fachkräfte abhängig. Ihre Persönlichkeitsentwicklung soll verändert und gefördert werden. Für den Erfolg dieser Bemühung ist es von Bedeutung, wie genau und wie einfühlsam die Wahrnehmung der pädagogischen Fachkräfte von der persönlichen Situation ihrer »Klienten« ist und auch umgekehrt, ob sich die Schülerinnen und Schüler als Klienten überhaupt auf die Vorgaben der pädagogischen Fachkräfte einlassen.

Die pädagogischen Fachkräfte und ihre Klienten sind also Inhaber sich ergänzender sozialer Rollen, die gemeinsam eine inhaltliche pädagogische und eine kommunikative Beziehungsarbeit mit dem Ziel der Förderung einer selbstständigen und leistungsfähigen Schülerpersönlichkeit verrichten (»sozialisatorische Ko-Produktion«). Dabei überwiegen die Einflussmöglichkeiten der pädagogischen Fachkräfte, die das Ziel haben, Kinder und Jugendliche auf Wissen, Einstellungen und Fähigkeiten vorzubereiten, die nach gesellschaftlicher Übereinkunft als wertvoll gelten. Wie sie ihre professionelle Rolle ausüben, hängt nicht nur von ihrer Persönlichkeitsstruktur und beruflichen Ausbildung ab, sondern auch von der gesamten organisatorischen Beschaffenheit des Schulsystems und der Einzelschule, in der sie tätig sind (Ulich 1991). Struktur und Aufbau des Systems setzen den Rahmen für die gezielten und beabsichtigten Erziehungsvorgänge und darüber hinaus für alle Impulse, die für die Sozialisation von Bedeutung sind. Entsprechend sind die in den Lehrplänen dokumentierten Erziehungsziele für den Unterricht nur eine gesellschaftlich kodifizierte Orientierung, deren Umsetzung von verschiedenen personalen und strukturellen Faktoren abhängt (Weinert 1996).

Die pädagogische Kooperation von Lehrern und Schülern

Die Vermittlung von Wissen und Fertigkeiten ist nicht nur von den stofflichen Inhalten abhängig, sondern auch von der Art und Weise der Vermittlung und Präsentation dieser Inhalte durch die Lehrkräfte.

- Im Unterricht lernt eine Schülerin oder ein Schüler nicht nur fachliche Wissensbestände und Methoden, sondern zugleich auch, wie man sich mit den Anweisungen und Eigenarten von Lehrer oder Lehrerin arrangieren kann, wie die zu erbringenden Leistungen innerhalb von bestimmten Zeitabschnitten erledigt sein müssen und wie durch Allianzen mit anderen Schülerinnen und Schülern die Kriterien für die Leistungsbeurteilung durch den Lehrer beeinflusst werden können. Anschaulich wird in der Fachliteratur auch von dem »sichtbaren« und »unsichtbaren« (»unheimlichen«) Lehrplan (»hidden curriculum«) einer Schule gesprochen, um die gezielten und geplanten und die ungezielten und geplant nebenbei laufenden Erziehungs- und Sozialisationsprozesse zu bezeichnen (Zinnecker 1975).
- Die fachliche und pädagogische Ausbildung der Lehrerinnen und Lehrer spielt eine große Rolle für ihre Kompetenz bei der Gestaltung der Lehrer-Schüler-Interaktion und der Vermittlung von Lern- und Unterrichtsinhalten. Eine einseitige Akzentuierung der inhaltlichen Dimension der pädagogischen Arbeit kann dazu führen, dass Lehrer emotionale, soziale und gruppendynamische Prozesse der Interaktion mit den Schülerinnen und Schülern nicht angemessen berücksichtigen. Diese sind aber wichtige Bestandteile der schulischen Sozialisation und können sich so stark verselbstständigen (etwa durch anhaltende Konflikte und Spannungen der Schüler untereinander), dass der fachliche Unterricht gestört wird. Werden kognitiv-intellektuelle und soziale Lernstrategien nicht miteinander verbunden, kann in der Regel keine erfolgreiche Leistungsförderung der Schüler erzielt werden, weil diese in die gesamte Persönlichkeitsentwicklung eingebettet sein muss.

Schülerinnen und Schüler bauen auch ihre eigene soziale Kontaktwelt in der Schule auf mit festen Ritualen und Bedeutungen, die sie vor den Lehrern abzuschirmen versuchen. Diese sozialen Schülerkontakte üben eine starke Sozialisationswirkung aus und können in Ergänzung der von Lehrern vertretenen Schulkultur eine Bereicherung der schulischen Sozialisation mit vielen Beiträgen zur Förderung von Selbstständigkeit und Kreativität sein, wie Studien mit einem interaktions- und handlungstheoretischen Hintergrund zeigen (Krappmann und Oswald 1995),

Schulen als Instanzen der Realitätsverarbeitung

Bildungsorganisationen haben spezifische Interaktions- und Kommunikationsstrukturen, die als Transportmedien und als Filter für Impulse und Anforderungen bei der Auseinandersetzung mit der inneren und der äußeren Realität wirken.

- Kinder und Jugendliche erwerben durch die personell und strukturell verankerten schulischen Interaktionsprozesse (einschließlich der nicht geplanten selbst gesteuerten Entwicklungsimpulse innerhalb der Schülerschaft) Muster der Verarbeitung und Bewältigung ihrer Alltagsanforderungen. Schulen stellen eine Art sozialer Mikrokosmos, eine soziale Welt für sich dar und wirken in dieser Weise als elementare Vermittler der äußeren Realität. Sie erziehen nicht nur in ihrer Eigenschaft als gesellschaftlich organisierte Bildungsinstanz, sondern auch als sozialer, alltäglicher Erfahrungsraum (von Hentig 1973). Immerhin verbringt eine Schülerin oder ein Schüler durchschnittlich 15.000 Stunden des Lebens in Schulen (Rutter 1980).
- Der Organisationszweck der Bildungseinrichtung Schule liegt darin, Kinder und Jugendliche in eine produktive Auseinandersetzung mit der Realität zu verwickeln und im Prozess dieser Umweltaneignung ihre Leistungs- und Sozialkompetenz zu fördern. Die Schule soll Orientierungen und Verarbeitungsvorschläge für die Auseinandersetzung mit der inneren und der äußeren Realität anbieten. Sie soll Informationen und Wissen zu

einem Weltverständnis ordnen helfen und die Grundqualifikation für die Bewältigung der äußeren Lebensbedingungen legen. Diese vermittelnden und aufschließenden Funktionen kann die Schule jeweils nur im Rahmen der gegebenen rechtlichen und organisatorischen Rahmenbedingungen erfüllen (Fend 1980).

Aus diesen Überlegungen ergibt sich, dass Schulen (wie alle anderen Bildungsinstitutionen) zwangsläufig durch die politischen Machtstrukturen und Wertorientierungen einer Gesellschaft geprägt sind (Karabal und Halsey 1977). Diesen Zusammenhang haben vor allem die marxistischen und kritischen Gesellschaftstheorien herausgearbeitet. Sie schreiben der Schule eine Qualifizierungs- und Legitimationsfunktion zu, die im Wesentlichen darin besteht, die Schülerinnen und Schüler frühzeitig auf die Bedingungen der kapitalistischen Produktion und der hierarchischen politischen Machtstruktur vorzubereiten (Altvater und Huisken 1971; Apple 1979; Boudon 1994).

- Im Prinzip, so lautet die in der Fachdiskussion umstrittene These vor allem der marxistischen Gesellschaftstheoretiker, werden in der Schule die sozialen Umgangsformen der kapitalistischen Wirtschaft eingeübt, um hiermit gegenüber dem politischen und ökonomischen System die notwendige »Massenloyalität« der Bevölkerung frühzeitig zu sichern. Schülerinnen und Schüler werden zu Mitgliedern der kapitalistischen Gesellschaft erzogen, indem sie eine jahrelange Einübung in die hierarchisch angelegte Kommunikation der Schule erfahren, die die Zwänge des kapitalistischen Systems abbildet. Um Erfolg zu haben, bleibt ihnen demnach gar nichts anderes übrig, als sich in die Macht der gesellschaftlichen Rollenträger »Lehrer« des Schulsystems zu fügen (Tillmann 2000, S. 174).
- Durch Leistungs- und Konkurrenzorientierung, die in der Schule vorherrschen, wird nach dieser Theorie der Wert einer Persönlichkeit ausschließlich nach dem Kriterium der persönlichen Leistung beurteilt. Darüber hinaus wird in der Schule eine Ideologie vermittelt, die innere Widerstände gegen politische Machtverhältnisse und ökonomische Ausbeutungsverhältnisse ab-

schwächt. Nach Rolff geschieht das durch die zwangsweise passive Aneignung von Wissensstoff, der in einer künstlichen Form didaktisch vermittelt wird. Auf diese Weise werde vor allem der historische Entstehungsprozess von Wissen und sozialen Strukturen verleugnet und das Bewusstsein von Veränderbarkeit und Beherrschbarkeit gesellschaftlicher Strukturen verschüttet (Rolff 1980, S. 132).

Es stellt sich die Frage, ob diese Analyse heute noch angemessen ist. Die marxistischen Theorien sind stark auf hierarchische Strukturen fixiert und werden dem komplexen Charakter der innerschulischen Interaktion nicht gerecht. Von einer direkten, »ideologischen« Einflussnahme von Wirtschaft und Politik kann im heutigen Schulsystem nicht mehr die Rede sein. Es ist vielmehr eine differenzierte Analyse der Rahmenbedingungen der schulischen Sozialisation notwendig.

Diskrepanz zwischen Schul- und Alltagsanforderungen

Berechtigt ist die Frage, ob Schulen in ihrer heutigen organisatorischen Verfasstheit überhaupt in der Lage sind, Schülerinnen und Schüler auf das Leben in der Gesellschaft vorzubereiten.

- Viele Studien zeigen, dass das schulische Lernen zwar auf die grundlegenden Fähigkeiten und Fertigkeiten des gesellschaftlichen Lebens vorbereitet, es vermittelt gewisse Schlüsselqualifikationen, aber es kann die Schülerinnen und Schüler nicht in die spezifischen Alltagsanforderungen im Privat- und Freizeitleben und die beruflichen Qualifikationen einführen. Diese Begrenzungen des schulischen Sozialisations- und Bildungsprogramms liegen weitgehend in der Aufsplittung des Lehrplans in verschiedene, unabhängig voneinander betriebene Fächer und in der – im deutschen Schulsystem besonders auffälligen – starken Dominierung von Lern- und Arbeitsprozessen durch direkte Lehrersteuerung.

- Das in der Schule erworbene Wissen kann weder nach seinen inhaltlichen noch nach seinen formalen Ausprägungen bei der Bewältigung von praktischen Aufgaben im Alltag außerhalb der Schule voll genutzt werden. »Lernen in der Schule erfolgt als curricular vorgegebenes, methodisch und zeitlich strukturiertes sowie vor allem fremdbestimmtes Arbeiten. Was inhaltlich in der Schule gelernt wird, das hat mit dem Alltag der Schülerinnen und Schüler allenfalls am Rande zu tun, das Alltagswissen lässt sich kaum im Unterricht einbringen.« (Ulich 2001, S. 117)

Veränderungen sind nur durch eine Umstrukturierung der schulischen Organisation von Lernprozessen möglich. Sie werden in den letzten Jahren in immer mehr Schulen eingeleitet, lassen sich aber wegen der geringen Gestaltungsspielräume der einzelnen Schulen im hierarchisch-bürokratisch verfassten deutschen Schulsystem nur schwer umsetzen. Die Veränderungen konzentrieren sich darauf, die schulischen Lerninhalte in den einzelnen Fächern stärker aufeinander zu beziehen, den starren Zeitplan für das schulische Arbeiten zu flexibilisieren, die sozialen Arbeitsformen des schulischen Lernens auf Themen und Inhalte auszurichten, die Selbstständigkeit der Schülerinnen und Schüler zu fördern und soziale Kompetenzen anzuregen. Durch diese inhaltlichen und strukturellen Veränderungen können die schulischen Lern- und Arbeitsprozesse flexibler auf den jeweiligen Entwicklungsstand der Schülerinnen und Schüler eingehen und zugleich angemessener auf gesellschaftliche Handlungsanforderungen vorbereiten.

Im Kern handelt es sich bei diesen Veränderungen um eine pädagogische »Modernisierung« der traditionellen belehrenden Arbeitsformen der schulischen Bildung. Holtappels (1994, S. 86) betont vor allem die Notwendigkeit einer differenzierten Lernorganisation, um eine individualisierte Förderung der Leistungen und sozialen Kompetenzen der Schülerinnen und Schüler und flexible Arbeitsformen zu ermöglichen. Damit kann dem im deutschen Schulsystem besonders auffälligen Defizit an individueller Hilfe und Training von sozialen Kompetenzen Rechnung getragen werden. Die sehr unterschiedlichen Lernvoraussetzungen der Schülerinnen und Schüler, die sich aus ihrer verschiedenen familialen, religiösen und ethnischen Herkunft ergeben, machen eine solche gezielte Unterstützung von Lernschritten dringend notwendig.

Die hier skizzierten strukturellen Veränderungen der schulischen Sozialisation sind Symptom für eine sich abzeichnende Verzahnung von schulischen und außerschulischen Sozialisationsinstanzen. Gemessen an der traditionellen Arbeitsweise von Schulen kommt es durch die Anreicherung um Elemente der sozialen Kompetenzförderung und Stärkung der Selbstorganisation zu einer Art »Entschulung« (Entscholarisierung) der Schule als Institution, weil zu ihren traditionellen intellektuellen nun soziale Lernprozesse hinzutreten (Fölling-Albers 1995, 2000).

Die Verzahnungen von schulischer und außerschulischer Sozialisation

Diese Anreicherung der schulischen Bildung mit sozialem und selbstbezogenem Kompetenztraining ist in Deutschland bislang vor allem in Grundschulen zu beobachten.

- In Richtlinien und Lehrplänen wird zunehmend auf detailliert festgelegte Inhalte verzichtet, stattdessen werden flexible, entwicklungsangemessene und Eigenständigkeit fördernde Arbeitsformen bevorzugt. Dazu gehören projektorientierte, interdisziplinäre und umweltoffene Unterrichtsstile.
- In ersten Schritten kommt es zu einer »Öffnung« der Schule für Anregungen aus der sozialen Umwelt. Die Lerngegenstände werden nicht nur allein auf ihre fachwissenschaftliche Herkunft, sondern auch auf die Alltagswelt der Kinder bezogen, außerschulische Lernorte werden vermehrt berücksichtigt. Kompetenzen wie Arbeitseinteilung, Teamarbeit, soziale Kontaktpflege, Selbstdarstellung, Selbstmanagement und Identitätssicherung werden gefördert. Die Schule wird zu einem pädagogischen Aufenthaltsraum, in dem nicht nur intellektuelle Lernprozesse, sondern auch soziale Kompetenzen vermittelt werden – eine Entwicklung, die an die in den Kindergärten anschließt.

Es wurde schon erwähnt, dass diese Tendenzen sich in Deutschland vergleichsweise verspätet durchsetzen, unter anderem deswegen, weil im Unterschied zu anderen Ländern die zeitlich eng begrenzte Halbtagsschule vorherrscht (Holtappels 1994). Interessant ist zu sehen, dass sich zugleich auch in Deutschland parallel zu dieser »Entscholarisierung« der Schule eine zunehmende »Scholarisierung« der Freizeit abzeichnet: »So besuchen immer mehr Kinder und Jugendliche in ihrer Freizeit Kurse und Einrichtungen, die ihrer Form nach, aber vielfach auch vom Inhalt her mit schulischen Lernangeboten vergleichbar sind: Die Veranstaltungen finden in speziellen Räumen statt; die Zeiten sind genau festgelegt; die Betreuer haben eine mehr oder weniger umfangreiche pädagogische Ausbildung erhalten, und die Lerninhalte sind oftmals identisch mit dem schulischen Curriculum.« (Fölling-Albers 2000, S. 124)

Besonders deutlich lässt sich diese Tendenz an dem Aufkommen von privat organisierten kommerziellen Nachmittagsschulen in Deutschland beobachten.

- Zwanzig Prozent der Sekundarschüler und über zehn Prozent der Viertklässler erhalten nach der Schule privaten Zusatzunterricht, häufig als »Nachhilfeunterricht« bezeichnet. Dieser Unterricht wird meist von den Eltern direkt finanziert. Dadurch erhalten Kinder in ihrer Freizeit noch Unterricht in Fachgebieten, die früher der Schule vorbehalten waren, zum Beispiel in Fremdsprachen und künstlerischen Fächern. Insgesamt schwinden die Grenzen zwischen der traditionell Wissen und Fachkönnen vermittelnden Schule und der traditionell soziale Kompetenzen fördernden Freizeit.
- Damit wird auch in Deutschland eine Entwicklung eingeleitet, die diese beiden gesellschaftlichen Bereiche stärker aufeinander zuführt. Für die Schule bedeutet das, sie wird von den Kindern und Jugendlichen nicht nur als Bildungseinrichtung, als Ort des Lernens relevanter Inhalte, sondern auch als sozialer Treffpunkt geschätzt. Vor allem sportliche, künstlerische und kulturelle Angebote werden in Zukunft stärker als heute in den Nachmittagsteil des schulischen Angebotes eingehen, wie es in den meisten Ländern der Welt der Fall ist.

Anforderungen an die Lehrerrolle

Mit diesen Strukturänderungen der Sozialisationsinstanz Schule ist eine Neudefinition der Lehrerrolle verbunden, nämlich die Erweiterung der fachlichen um soziale Anregungen und der Wandel von der Belehrung zur Anleitung. Lehrerinnen und Lehrer haben die Aufgabe, durch eine jeweils alters- und entwicklungsgerechte Gestaltung der sozialen und intellektuellen Impulse und der räumlichen und materiellen Umwelt die Prozesse der Persönlichkeitsentwicklung und Identitätsbildung bei Kindern und Jugendlichen zu fördern. Diese Aufgabe kann heute aber nicht mehr in einem traditionellen hierarchischen Modell der Belehrung von »Unwissenden« erfüllt werden, sondern in einer Beziehung, bei der Jüngere und Ältere abwechselnd Subjekt und Objekt von Erziehung sind und sich die Fremderziehung mit der Selbsterziehung verschränkt (Zinnecker 2000, S. 285).

Die Rolle von Lehrerinnen und Lehrern wandelt sich von der früher vorherrschenden Form der direkten Anweisung und Steuerung hin zur Rolle als Moderator und Supervisor von selbst organisierten Lernprozessen der Schülerinnen und Schüler mit gezielten Eingriffen bei falschen Weichenstellungen und Arbeitsansätzen. Das Konzept des »magischen Erziehungsdreiecks« mit dem Ziel der partizipativen Erziehung, das in Kapitel 3 für die Sozialisation in Familien entwickelt wurde, lässt sich entsprechend übertragen. Auch das Handeln von Lehrerinnen und Lehrern sollte durch die ausgewogene Kombination von Anerkennung, Anregung und Anleitung gekennzeichnet sein und eine ständige gegenseitige Abstimmung von Vorgehensweisen und inhaltlichen und strukturellen Arbeitsschritten mit den Schülerinnen und Schülern umfassen. Autoritäre, permissive, vernachlässigende oder verwöhnende Erziehungsstile sind auch in den organisierten Bildungseinrichtungen nicht erfolgreich.

Die besten fachlichen Leistungen und die höchsten sozialen Qualifikationen werden nach den Erkenntnissen der empirischen Schulforschung in Schulen erreicht, in denen die Lehrkräfte nach den folgenden Kriterien arbeiten (Rutter 1980):

- Es herrscht ein hoher Grad an kollegialer Zusammenarbeit in fachlichen Fragen vor. Lehrerinnen und Lehrer stellen sich nicht mit großem psychischem Kraftaufwand als »Einzelkämpfer« den unterrichtlichen Anforderungen, sondern sie stimmen sich hierbei miteinander ab. Sie bemühen sich um einen Minimalkonsens in wichtigen didaktischen und methodischen Fragen und bei der curricularen Gestaltung des Unterrichts.
- Es finden wiederholte Erörterungen, Abklärungen und Festlegungen zu allgemeinen Umgangsformen und Disziplinproblemen statt. Das Kollegium ist um feste Regeln für die Beziehungen innerhalb der Schülerschaft und zwischen Schülern und Lehrern bemüht. Damit wird den Schülerinnen und Schülern ein in sich stimmiges Regelsystem nach klaren sozialen Mustern angeboten und nach Abstimmung auch verpflichtend gemacht.
- Die Schule hat ein anspruchsvolles Leistungsprogramm mit transparenten Kriterien der Leistungsbeurteilung. Die Leistungsanforderungen und die sozialen Erwartungen werden von den Lehrkräften deutlich ausformuliert. Der Unterrichtsstoff wird in wechselnden Lern- und Arbeitsformen dargeboten, die viel Spielraum für selbst gesteuertes Lernen und Gruppenarbeit lassen. Beim Üben und Wiederholen werden abwechslungsreiche Lern- und Leistungssituationen angeboten, der individuelle Leistungsfortschritt wird gezielt und dauerhaft gefördert.
- Sowohl die Schülerinnen und Schüler als auch ihre Eltern werden an wichtigen unterrichtlichen und schulischen Fragen beteiligt und immer wieder in anstehende Entscheidungsprozesse einbezogen. Sie können sich deshalb mit der Entwicklung der Schule identifizieren und sich für sie einsetzen. Für das schulische Arbeitsklima ergeben sich hieraus positive Effekte.

Vermittlung von Sach- und Sozialkompetenz

Schulen, die diesen Kriterien erfolgreich nachkommen, können in der Regel sowohl die fachliche Leistungsfähigkeit (Sachkompetenz) als auch soziale Fähigkeit zur Selbstorganisation (Sozialkompetenz, Selbstkompetenz) der Schülerinnen und Schüler besonders gut fördern. Der Sozialform des Unterrichts kommt dabei eine Schlüsselbedeutung zu. Die Art und Weise der Kooperation im Unterricht und das Ausmaß von Anleitung, Anregung und Anerkennung der Aktivitäten der Schülerinnen und Schüler wirken auf mehreren Dimensionen auf die Persönlichkeitsentwicklung. Im Bereich der Sachkompetenz wird die intellektuelle Fähigkeit für die einzelnen Fachgebiete vermittelt, bei der Sozialkompetenz die Fähigkeit, sich sozial verantwortlich zu verhalten und in Gruppen zu betätigen, bei der Selbstkompetenz die Fähigkeit, in Einklang mit den eigenen Stärken und Schwächen zu handeln (Krüger, Grundmann und Köttgers 2000).

»Gute« Schulen sind nach diesen Untersuchungen auch dadurch gekennzeichnet, dass sie sich gezielt um Schülerinnen und Schüler mit Leistungsschwierigkeiten und sozialen Entwicklungsproblemen kümmern. Hilfreich ist hierbei ein innerhalb der Schule aufgebautes Beratungs- und Förderangebot mit speziell ausgebildeten Fachkräften aus dem Kollegium und in enger Kooperation mit sozialpädagogischen, psychologischen und medizinischen Fachkräften, die in die schulische Arbeit integriert werden (Holtappels 1994, S. 86; Ulich 2001, S. 121).

Nur in wenigen Schulen in Deutschland sind die Lehrerkollegien in der Lage, die Kriterien für eine »gute« Schule zu erfüllen und das Potenzial der schulischen Bildung für die Sozialisation der Schülerinnen und Schüler auszuschöpfen. Die psychischen Belastungen und gesundheitlichen Störungen bei Lehrerinnen und Lehrern sind im Vergleich zu anderen Berufsgruppen ungewöhnlich hoch, was sich auch in einer immer früher einsetzenden Berentung aus Krankheitsgründen niederschlägt. Unter den Belastungsfaktoren sind aus arbeitsmedizinischer Sicht vor allem erhöhte Infektanfälligkeit durch Dauerkontakt mit erkrankten Schülerinnen und Schülern, Lärmbelastung und Herz-Kreislauf-Belastungen durch die hohe soziale Anspannung und die ständige Aufmerksamkeit zu nennen.

Wie in anderen professionellen Berufen, die »Arbeit an der Person« zu bewältigen haben und nicht mit Dingen und Sachen beschäftigt sind, ist es für die Lehrerrolle charakteristisch, ständig auf Handlungen, Gefühle und Bedürfnisse der Klientel einzugehen und dabei die eigenen Empfindungen rollenbezogen zurückzunehmen. Hierdurch kann ein berufsbezogener »Interaktionsstress« entstehen, weil intensive Kontakte zu anderen Menschen eingegangen werden, ohne dass zu ihnen enge gefühlsmäßige Beziehungen bestehen. Hier liegen die Gründe für die vielfältigen psychosomatischen Störungen bei Lehrerinnen und Lehrern, die ähnlich auch bei Personal in Pflegestationen, Therapieeinrichtungen und psychologischen Beratungsstellen zu beobachten sind (Badura und Pfaff 1989). Die psychisch und nervlich angespannte Situation kann sich in einem Erschöpfungssyndrom (Burn-out) verdichten, das durch nachlassende Sensibilität und Ausdauer, soziale Isolation und emotionale Verunsicherung gekennzeichnet ist (Burisch 1989).

Gesundheitliche Belastungen von Lehrerinnen und Lehrern

Die gesundheitlichen und psychischen Belastungen im Lehrerberuf sind vor allem auf folgende Faktoren der schulischen Sozial- und Arbeitsorganisation zurückzuführen (Koch-Riotte 1999):

- Die Arbeit in der Schule verlangt eine kontinuierliche, auf jeden Schüler und jede Schülerin einzeln ausgerichtete Konzentration mit hohem Einfühlungsvermögen. In der täglichen Unterrichtsorganisation entstehen aber derartig viele soziale Kontakte an einem Unterrichtsvormittag, dass die Lehrkräfte psychisch überfordert werden. Sie können damit dem Anspruch einer »people processing organization«, die Persönlichkeit von Schülerinnen und Schüler flexibel zu beeinflussen und zu verändern, nicht gerecht werden.
- Psychisch belastend ist der ständige Umgang mit Unerwartetem innerhalb und außerhalb des Unterrichts und dem sich daraus ergebenden Bedarf an sofortigen Entscheidungen, meist mit Sanktionen und Regelsetzungen, etwa bei Disziplinproblemen, Gewaltausübung, Unterrichtsstörungen und Unfällen. Solche überraschenden Situationen müssen sofort und aus eigener Kraft gelöst werden, die Unterstützung aus dem Kollegium ist in der Regel aktuell nicht verfügbar.

- Jede Lehrerin und jeder Lehrer leidet ständig unter der Angst, die Kontrolle über die Situation im Klassenzimmer zu verlieren. Die Lehrkraft steht als Einzelperson einer teilweise schwer zu berechnenden sozialen Großgruppe gegenüber und muss Störungen und Angriffen auf die Autorität mit persönlichen Mitteln begegnen. Kommt noch eine kollegiale Konkurrenzsituation und eine Spannung zu Eltern hinzu, liegt hier ein Einfallstor für Ohnmachtserfahrungen, die sich in psychischen und physiologischen Belastungen und Krankheiten niederschlagen können.
- Die Anwesenheit in der Schule ist im deutschen Halbtagssystem auf wenige Stunden am Tag konzentriert, die voll durchgeplant sind. Dadurch fehlt es an entspannter Zeit für soziale Kontakte und die Klärung von organisatorischen Fragen. Das reduziert die Möglichkeit, kollegiale Absprachen zu treffen und sich bei der Klärung von fachlichen und sozialpädagogischen Problemen zu unterstützen.
- Lehrkräfte erhalten in unserem Schulsystem nur selten klare Rückmeldungen über ihren Arbeitserfolg. Anerkennung und Wertschätzung von Eltern wird meist erst nach dem Schulabgang der Kinder ausgesprochen. Es fehlt an professioneller fachlicher Supervision durch geschulte Kräfte, die bei anderen Berufen in people processing organizations (Sozialarbeitern, Therapeuten, Betriebsberatern) üblich und oft sogar vorgeschrieben ist und abgesicherte Hinweise auf günstige und ungünstige Berufspraktiken und Erziehungsstile ermöglicht.

Diese Auflistung macht deutlich, dass die psychischen und gesundheitlichen Belastungen von Lehrerinnen und Lehrern im Wesentlichen organisationsbedingte Ursachen haben. Der Lehrerberuf ist eine Profession mit starker Kommunikations- und Moderationskomponente. In Ausbildung und Praxis wird dieser Komponente aber wenig Rechnung getragen, vielmehr steht die fachwissenschaftliche Orientierung absolut im Vordergrund. Dadurch kommt es zu einer ständigen Spannung zwischen der fachsystematischen und der gruppendynamischen Kompetenz bei der Unterrichtsarbeit, deren Bewältigung hohe persönliche Fähigkeiten verlangt.

Erschwert und teilweise verursacht wird diese Situation durch eine veralterte Organisationsstruktur des Personalbetriebes »Schule«. In Deutschland sind Schulen immer noch in eine hierarchisch gegliederte bürokratische Struktur integriert, die ihre Wurzeln im Militarismus des 19. Jahrhunderts hat. Diese Strukturen sind dem Beruf des »Lern- und Kommunikationsarbeiters« Lehrer nicht mehr angemessen (Rolff 1992). Deswegen ist eine Organisationsreform nötig, die die Einzelschule zu einem selbstständigen pädagogischen Dienstleistungsbetrieb macht. Jede Schule sollte nach dem Vorbild anderer europäischer Länder weit reichende Autonomie in der Entscheidung über Personal, Programm und Finanzen erhalten. Durch eine solche Organisationsreform können Schulen ihrer Rolle als Erziehungs- und Sozialisationsinstanzen flexibler und effizienter als heute gerecht werden (Bildungskommission NRW 1995).

4.2 Individuelle und gesellschaftliche Effekte der schulischen Bildung

Schulen erzielen wichtige Bildungs- und Qualifikationseffekte bei der jungen Generation. Gesellschaftliche Investitionen im Bildungssektor zahlen sich für jede Gesellschaft aus. In den meisten europäischen und nordamerikanischen Industriegesellschaften werden heute etwa zehn Prozent des Bruttosozialproduktes, der insgesamt erwirtschafteten Leistungen für Produkte und Dienste des Landes, in Kindergärten, Schulen und Hochschulen investiert, mit wachsender Tendenz.

Veränderte Aufgaben des Bildungssystems

Den Einrichtungen des Erziehungs- und Bildungssystems wird die Aufgabe übertragen, die wichtigsten Kenntnisse und Fertigkeiten für das kompetente Handeln in der Gesellschaft zu vermitteln.

Das soziale und berufliche Leben verlangt komplexe Einstellungen und Fähigkeiten, um den Anforderungen verschiedener sozialer

Systeme gerecht zu werden und sie miteinander zu koordinieren. Im Berufssektor sind viele gesellschaftliche Positionen ohne ein Training im Bildungssystem nicht auszufüllen, sodass den Abschlusszeugnissen von Schulen und Hochschulen zusätzlich zur Qualifikationsfunktion auch die Bedeutung einer formalen Voraussetzung für den Zugang zu Berufspositionen zukommt.

Die Leistungen des Bildungssystems liegen darin, die Persönlichkeitsentwicklung der jungen Generation systematisch zu schulen. Hieraus ergibt sich nicht nur ein individueller Gewinn für jedes Gesellschaftsmitglied, sondern auch ein kollektiver Gewinn für die gesamte Gesellschaft. Dieser Gewinn lässt sich, wie im vorigen Abschnitt herausgearbeitet wurde, durch eine gute Organisation des Bildungssystems optimieren.

Bildung kann als Grundlage für den materiellen Wohlstand und die wirtschaftliche und politische Funktionsfähigkeit von demokratischen Gesellschaften angesehen werden. Ohne ein leistungsfähiges Erziehungs- und Bildungssystem sind komplexe Informations- und Wissensgesellschaften nicht handlungsfähig. Das liegt an der Fähigkeit des Bildungssystems, Wissen und Kompetenzen zu vermitteln, aber auch daran, die für das Fortbestehen von Wirtschaft und Gesellschaft bedeutsamen Informationen und Wissensbestände auszuwählen. Angesichts der riesigen Fülle von Informationen kommt dem Bildungssystem immer mehr die Aufgabe der Strukturierung und Gewichtung von Informationen nach ihrem Wissensgehalt und ihrer Bedeutung für die Entwicklung der Persönlichkeit zu (Bourdieu 1981; Collins 1979; Dreeben 1980).

Spezifische Funktionen des Bildungssystems

Weitere Funktionen des Bildungssystems, die in den nächsten Jahrzehnten wahrscheinlich an Bedeutung gewinnen werden, liegen in folgenden Bereichen:

- Zunehmend kommt dem Bildungssystem die Rolle zu, einen Konsens von Grundwerten und gemeinsamen sozialen Umgangsformen in der Gesellschaft sicherzustellen, der in pluralistischen Gesellschaften mit einer Vielzahl von unterschiedlichen sozialen und kulturellen Milieus, Religionen und Lebenslagen von Familien nicht mehr naturwüchsig erfüllt werden kann (Hradil 1999, S. 145). Neben der Informations- und Wissensvermittlung und -strukturierung übernimmt das Bildungssystem damit eine Aufgabe, die früher dem Religionssystem zukam, denn es greift in die Strukturen der Sinngebung und Wertsetzung ein.

- Das Bildungssystem fördert die Entwicklung der Fähigkeit zur Selbstorganisation. In allen westlichen Industriegesellschaften ist der Prozess der Pluralisierung und Individualisierung, der von soziologischen Gesellschaftstheorien beschrieben wird (siehe Kapitel 2.2) eng mit einer Vermehrung der Bildung verbunden. Die Bildungsexpansion begleitet die Prozesse gesellschaftlicher Veränderung vom Wertewandel mit den zunehmenden Bestrebungen nach persönlicher Selbstverwirklichung und neuen Formen der politischen Mitwirkung über die Emanzipation der sozialen Rollen von Männern und Frauen bis zu den individualisierten Konzepten für die Lebensführung, die heute charakteristisch sind. Ein hoher Bildungsgrad ist eine Voraussetzung, um mit den vielfältigen sozialen Anforderungen moderner Gesellschaften kompetent umzugehen und sie für die Entfaltung der eigenen Persönlichkeit zu nutzen (Fend 1980, S. 339).
- Je länger die schulische Bildung andauert und je erfolgreicher die Abschlusszertifikate sind, desto größer ist in der Regel die Kompetenz eines Menschen, das eigene Leben selbst organisiert zu gestalten, sich im sozialen Netzwerk erfolgreich und aussichtsreich zu positionieren und eine gute berufliche und ökonomische Position einzunehmen. Auch Lebensqualität und gesundheitliches Wohlbefinden sind hiervon abhängig. Je höher der Bildungsgrad, desto niedriger ist im Verlauf des Lebens auch die Belastung mit psychischen und körperlichen Krankheiten (Becker 1998; Coleman 1988).
- Ein hoher Bildungsgrad stabilisiert individuell das Selbstvertrauen und ist eine Basis für die sozialen Fähigkeiten, in Familie, sozialem Netzwerk und im öffentlichen Leben integrativ und produktiv tätig zu sein. Er erhöht die Chancen, die eigene Per-

sönlichkeit weiterzuentwickeln, an kulturellen Ereignissen teilzuhaben und damit die soziale Realität zu gestalten. In einer Gesellschaft mit funktionaler Differenzierung sind hohe Anforderungen an eine bewusste, autonome und selbstdisziplinierte Lebensführung mit gleichzeitiger Kompetenz zur sozialen Integration wichtig, die durch eine gute Bildung gefördert werden können (Fend 1976, S. 363).

- Schließlich sind auch die materiellen und prestigebezogenen Vorteile eines hohen Bildungsgrades nicht zu übersehen. Nach wie vor erreichen Menschen mit einem höheren schulischen Qualifikationsniveau im Berufssektor die höheren Lebenseinkommen (Hradil 1999, S. 170). Insofern kommt dem Bildungssystem auch die Funktion zu, den späteren sozialen Status eines Gesellschaftsmitglieds maßgeblich vorzubestimmen.

Bildung als Entwicklung von Humankapital

Zusammenfassend lassen sie die Effekte der Bildungs- und Sozialisationsprozesse in Kindergarten und Schule als in einen Menschen investiertes immaterielles »Kapital« verstehen.

- Dieser Begriff stammt ursprünglich aus der bildungsökonomischen Theorie. Bourdieu hat ihn auf Bildungskapital und kulturelles Kapital übertragen. Er misst den Besitz dieses Gutes an der Fähigkeit eines Menschen, durch bestimmte Kenntnisse, Kompetenzen und Handlungsdispositionen Einfluss auf die Gestaltung der sozialen Umwelt zu nehmen (Bourdieu 1981). Eng mit den kulturellen Kapital hängt das »soziale Kapital« zusammen, nämlich die Fähigkeit eines Menschen, sich in verschiedenen gesellschaftlichen Bereichen angemessen zu verhalten und sich dabei die gesellschaftliche Unterstützung zu sichern, zu den sozialen Gruppen mit hoher persönlicher Anerkennung und Wertschätzung zu gehören.
- Schon die Quantität der Bildung bewirkt eine Verbesserung verschiedener Fähigkeiten der Lebensorganisation bis hin zum Gesundheitsverhalten (Hygiene, Ernährung, Schlafrhythmus, Kon-

zentrationsfähigkeit, Drogenkonsum, körperliche Aktivität). Überträgt man diese Erkenntnis auf die gesellschaftliche Ebene, wird die Bedeutung eines guten schulischen Bildungssystems für die soziale Integration und das Wohlbefinden der gesamten Bevölkerung deutlich. Die individuellen Fähigkeiten der Menschen, ihr Leben im privaten und beruflichen Bereich erfolgreich zu gestalten, wirken sich auf Arbeitsproduktivität, kulturelle Beteiligung, politisches Verhalten und Lebenszufriedenheit der gesamten Bevölkerung aus (Becker 2000).

Hier liegt der Grund für die Bemühungen aller Länder, durch Investitionen in die schulische Bildung positive Effekte für die Persönlichkeitsentwicklung und damit für die gesellschaftliche Entwicklung insgesamt zu erzielen. Wie internationale Vergleichsstudien von McMahon (1999) zeigen, schneiden Länder mit einem hohen Bildungsgrad der Bevölkerung nach wirtschaftlichem Wachstum, Pro-Kopf-Einkommen, politischer Stabilität, Sicherung der Bürgerrechte, demokratischen Entscheidungsstrukturen, Ausmaß von Umweltschutz und Ausprägung von Gewalt und Kriminalität deutlich besser ab als Länder mit einer nur wenig gebildeten Bevölkerung.

Nach den Ergebnissen der internationalen Vergleichsstudie der Organisation für wirtschaftliche und kulturelle Entwicklung (OECD) liegt Deutschland in diesem Bemühen auf einem der hinteren Plätze (Baumert und Lehmann 1997; Deutsches PISA-Konsortium 2002). Die Studien messen die Effekte der schulischen Bildung für die Persönlichkeitsentwicklung der Schülerinnen und Schüler, die sich in Wissen und Einstellungen und teilweise auch in Verhaltensdispositionen niederschlagen. Bei den PISA- und TIMSS-Studien geht es in erster Linie um die Vermittlung von Wissen und fachlichem Können in den einzelnen Unterrichtsfächern. So lässt sich durch Schulleistungstests feststellen, wie der Kenntnisstand der Schülerinnen und Schüler in verschiedenen Jahrgängen in den einzelnen Fächern in den beteiligten Ländern ausfällt. Hieraus können Anhaltspunkte gewonnen werden, welche Wirkung die Organisationsstruktur des schulischen Lernens und des gesamten Schulsystems und welchen Einfluss die pädagogische Arbeit der Lehrer für die Persönlichkeitsentwicklung der Schülerinnen und

Schüler hat. Das schlechte Abschneiden der deutschen Schulen weist auf ihre bereits erwähnte unzureichende Lern- und Arbeitsorganisation und den zu geringen Grad an gezielter, individueller Förderung der Lern- und Sozialkompetenzen der Schülerinnen und Schüler vor und nach Eintritt in die Grundschulen und die weiterführenden Schulen hin.

Gewachsene schulische Bildungserwartungen

Durch die Verlängerung der schulischen und beruflichen Ausbildungsprozesse sind die Erwartungen an die junge Generation gestiegen, hochwertige Bildungsabschlüsse zu erreichen. Für die Gestaltung der Jugendphase ist es heute geradezu unabdingbar, eine gute schulische Leistungsfähigkeit zu erbringen, sich schulischen Ausbildungsprozessen mit formal hohen Ansprüchen zu stellen und Schulversagen unter allen Umständen zu vermeiden. Die schulische Leistungsfähigkeit ist damit zur strukturell wichtigsten Basis für das berufliche Fortkommen geworden (Pekrun und Fend 1991; Persell 1977).

- Heutige Industriegesellschaften sind »Leistungsgesellschaften«, weil die individuell erbrachte, nach objektiven Standards gemessene, ökonomisch verwertbare Leistung und nicht – wie in der vorindustriellen Gesellschaft – die soziale Herkunft über die Platzierung im Berufsleben entscheidet. Die wesentlichen Instanzen für die Steuerung der Platzierung sind nicht mehr die Familien, sondern diejenigen Instanzen, die eigens zum Training der individuellen Leistungsfähigkeit der Gesellschaftsmitglieder eingerichtet wurden, nämlich die Bildungs- und Ausbildungseinrichtungen. Dem Schulsystem wird in unseren Gesellschaften die Funktion zugeschrieben, den gesellschaftlichen Nachwuchs leistungsgemäß zu qualifizieren und nach Stufen und Niveaus der Qualifikation auszulesen.
- Das gilt besonders stark in solchen Gesellschaften, die von einem formalen Laufbahnprinzip, also von klaren Berechtigungen für den Eintritt in bestimmte Berufslaufbahnen ausgehen, wie

> es in Deutschland der Fall ist. Nach vorherrschender gesellschaftlicher Konvention ist am Ende der Jugendphase durch den Abschluss der schulischen und beruflichen Ausbildung und durch den Berufseintritt eine für den weiteren Lebenslauf vorbestimmende Position in der sozialen Privilegienstruktur erreicht. Der Leistungserfolg in der Schule und der erreichte Schulabschluss werden als entscheidende Ausgangsposition für die Übernahme von beruflichen Positionen gewertet. Erfolg und Versagen in der Schullaufbahn werden deshalb heute als entscheidende Vorbedingungen für die Sicherung des späteren sozialen Status und damit auch für die Aufrechterhaltung der Position der Herkunftsfamilie angesehen (Heinz 1991).

Vor allem in der Wahrnehmung der Eltern ist die lebensgeschichtliche Bedeutsamkeit der Schulzeit für die Kinder angestiegen. Eine gute Schulausbildung mit einem hochwertigen Abschluss wird von Eltern als eine notwendige Voraussetzung für den Zugang zu Berufslaufbahnen gesehen. Gleichzeitig nehmen Eltern realistisch wahr, dass hiermit noch keine hinreichende Voraussetzung für einen sicheren und hohen Status gegeben ist. Auch diejenigen Absolventinnen und Absolventen, die ein gutes Abschlusszeugnis erwerben, haben keine Garantie, eine Laufbahn einschlagen zu können, die den Vorstellungen der Eltern oder auch den eigenen Aspirationen entspricht. Zugleich spüren die Eltern, dass ihre Kinder in ihrer Schullaufbahn mehr erreichen müssen als sie selbst, wenn die Kinder unter den erschwerten Wettbewerbsbedingungen eine Berufslaufbahn einschlagen wollen, die der Berufslaufbahn der Eltern mindestens ebenbürtig ist (Engel und Hurrelmann 1989, 1992; Krais 1996).

Verbesserung der schulischen Bildungschancen

In Deutschland ist der Besuch von Schulen bis zum Alter von 18 oder 20 Jahren heute praktisch die Regel. Auch zwischen dem 20. und 25. Lebensjahr besucht die überwiegende Mehrzahl berufliche Ausbildungsgänge oder Studiengänge, die im Wesentlichen aus theoretischer Vermittlung von Wissen und Fertigkeiten bestehen. Fachhochschulen und Universitäten begleiten viele Jugendliche oft bis an das Ende des zweiten Lebensjahrzehnts. Der Schulbesuch mit anschließendem Besuch vollzeitlicher Ausbildungseinrichtungen ist damit zum beherrschenden Strukturmerkmal der Kindheits- und der Jugendphase geworden, er hat die Jugendphase zugleich erheblich verlängert (Hurrelmann und Engel 1990).

Diese Entwicklung ist mit einer Hinwendung der Schülerinnen und Schüler zu Gymnasien und Realschulen, in einigen Bundesländern auch Gesamtschulen, und einer Abwendung von den Hauptschulen einhergegangen. In Abbildung 11 kann der drastische Rückgang des Anteils der Hauptschülerinnen und Hauptschüler seit 1960 abgelesen werden.

Formal sind hierdurch die Chancen, einen hochwertigen schulischen und beruflichen Abschluss zu erlangen, enorm gestiegen. Heute erwerben fast 35 Prozent einer Altersgruppe das Abitur, weitere vierzig Prozent einen qualifizierten Abschluss nach zehn Jahren Schule. Nur zwanzig Prozent müssen sich mit einem Hauptschulabschluss begnügen, etwa fünf Prozent verlassen die Schule ohne einen Abschluss. 1960 erwarben nur etwa zehn Prozent das Abitur und zwanzig Prozent einen mittleren Abschluss.

Die Erwerbstätigkeit ist heute kein charakteristisches Merkmal der Jugendphase mehr. Noch 1960 war es für drei Viertel aller Jugendlichen selbstverständlich, spätestens mit 15 oder 16 Jahren als »Lehrling« im Erwerbsleben zu stehen. An die Stelle erwerbsmäßiger Arbeit ist heute die schulische oder hochschulische Lernarbeit getreten.

Diese Freistellung von Berufs- und Erwerbsarbeit bringt große Spielräume für die persönliche Entfaltung und die zeitliche Gestaltung des Alltags, die Auswahl der Kontakt- und Kommunikationsformen und damit die selbstständige Entwicklung vieler Persönlichkeitsbereiche. Aber Schülerinnen und Schüler und Studentinnen und Studenten werden in unserem Kulturkreis als »noch nicht erwachsen« wahrgenommen. Solange sie vollzeitlich Schule, Berufsbildungsstätten, Fachhochschulen oder Universitäten besuchen, gelten sie in unserer Gesellschaft als nicht wirklich selbstständig, wie alt sie auch sein mögen. Schule und Hochschule bieten viele intellektuelle und soziale Anregungen, aber sie ermöglichen nicht, soziale und berufliche Verantwortung zu übernehmen und die Erfahrung zu machen, den eigenen Lebensunterhalt materiell zu verdienen. Sie halten damit ihre Klientel psychologisch und soziologisch in der Lebensphase Jugend fest.

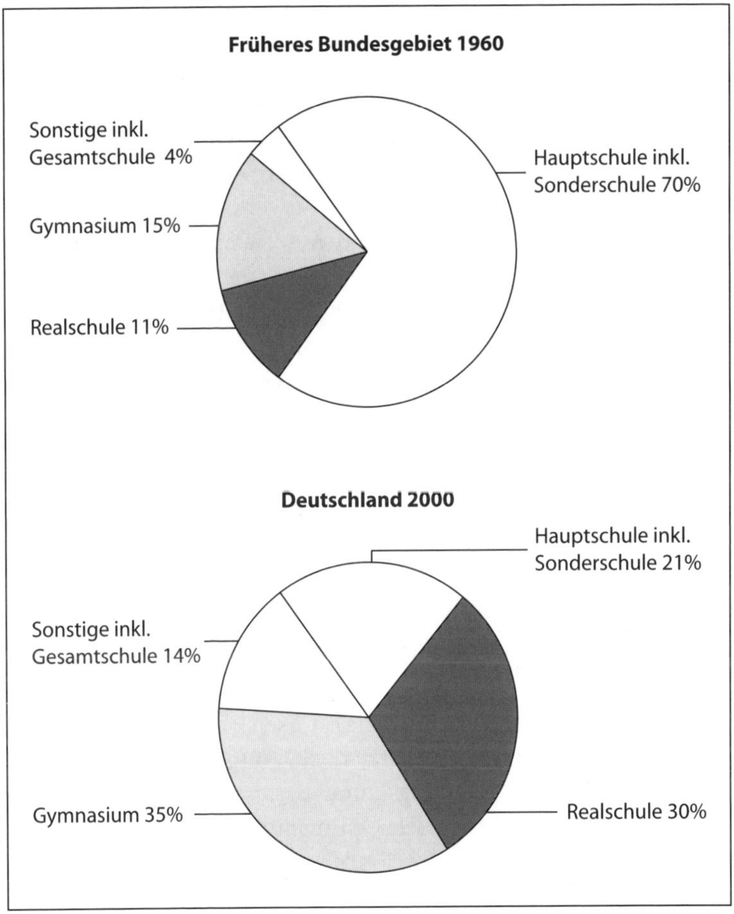

Abb. 11: Schulbesuch der 13-Jährigen nach Schularten 1960 und 2000 (Schätzungen nach Angaben des Statistisches Bundesamts)

Die biografische Bedeutung von Schulerfolg und Schulversagen

Eine in die Länge gestreckte Bildungs- und Ausbildungszeit, der keine angemessenen beruflichen Entfaltungschancen und Erwerbslaufbahnen folgen, muss von Jugendlichen als biografische »Warteschleife« empfunden werden. In den 1980er- und 1990er-Jahren war das Passungsverhältnis zwischen Bildungs- und Berufschancen so ungünstig, dass mehrere Alterskohorten von Jugendlichen ohne klare Möglichkeiten der biografischen Lebensgestaltung waren. Im Grunde wurde diesen Jahrgängen zu verstehen gegeben, eine beruflich »überflüssige Generation« zu sein. Die Schulzeit wurde damit von einem großen Anteil Jugendlicher als »verlorene Lebenszeit« definiert, da sie keine instrumentell verwertbaren Nutzeffekte für die Beeinflussung der nachfolgenden sozialen Karriere mit sich brachte (Hurrelmann 1989, S. 130).

Untersuchungen zur subjektiven Verarbeitung dieser Lebenssituation, die sich an handlungs- und rollentheoretischen Modellen orientieren, zeigen, wie Jugendliche subjektiv mit dieser schwierigen Ausgangssituation umgehen. Sie erfahren ihre Lage als verunsichernd, weil den formal verbesserten Bildungschancen nur unberechenbare persönliche Berufschancen gegenüberstehen. Die häufigste Reaktion der Jugendlichen hierauf ist eine Optimierungsstrategie:

- In einer äußerst angespannten Arbeitsmarktsituation kann sich eine Schülerin oder ein Schüler nicht gezielt an einer bestimmten beruflichen Tätigkeit orientieren. Soll ein bestimmtes Anspruchsniveau der beruflichen Tätigkeit sichergestellt werden, muss die jeweils höchste erreichbare Ausgangsposition für die nachschulische Ausbildungs- und Berufstätigkeit erstrebt werden, um sich möglichst viele Optionen offen zu halten.
- Wichtigstes beeinflussbares Datum für diese Ausgangsposition ist das Prestige und die Qualität des Schulabschlusszeugnisses. Um das jeweils hochwertigste erreichbare Schulabschlusszeugnis zu erwerben, muss ein Jugendlicher den am vielfältigsten verwendbaren schulischen Bildungsgang einschlagen, also möglichst einen zum Abitur führenden Weg.

Die hier beschriebene Optimierungsstrategie kann von denjenigen Schülerinnen und Schülern am besten durchgehalten werden, die schon mit guten Voraussetzungen von Seiten des Elternhauses starten können. Ihnen geht es darum, auch unter verschärften Wettbewerbsbedingungen den Sozialstatus des Elternhauses halten zu können. Ihre Eltern unterstützen materiell und psychisch das Durchhalten der Optimierungsstrategie. Schülerinnen und Schüler aus sozial benachteiligten Elternhäusern hingegen fügen sich in erstaunlich passiver Weise der aussichtslosen Lage. Obwohl sie selbst Opfer des schulischen Ausleseprozesses sind, wird der Ablauf der zurückliegenden Schullaufbahn von ihnen in letzter Konsequenz der eigenen Verantwortung zugesprochen und das schlechte Abschneiden bei den Schulnoten als individuelles Leistungsversagen gedeutet (Hurrelmann und Wolf 1986).

Ganz offensichtlich gelingt es dem Schulsystem, den Widerspruch zwischen dem Postulat der Chancengleichheit mit der Aufforderung zur individuellen Leistung einerseits und der Realität zahlenmäßig beschränkter beruflicher Einsatzplätze andererseits im Bewusstsein der Schülerinnen und Schüler so zu lösen, dass die schlechte schulische Positionszuweisung als selbst verursacht und verantwortet wahrgenommen wird.

Wie unsere Untersuchungen zeigen, zahlen die Jugendlichen hierfür aber einen psychischen und oft auch psychosomatischen »Preis«. Für leistungsschwache Schülerinnen und Schüler ergibt sich ein Dilemma der biografischen Verarbeitung: Weder können sie sich – wegen des durch soziale Vorgaben festgeschriebenen instrumentellen Stellenwerts der Schulbildung – von Schule und Schulzeit wirksam distanzieren, noch können sie in eigener Erfahrung nachempfinden, dass ein erfolgreiches Durchlaufen der Schulzeit ihnen für weitere soziale Karriereschritte Vorteile bietet. Entsprechend unmöglich wird für sie eine konstruktive Verarbeitung der schulischen Versagensereignisse und der damit verbundenen sozialen Erfahrungen und Erlebnisse des langjährigen Schulbesuchs.

Von vielen Jugendlichen wird dieses Dilemma als Einschränkung ihrer Selbstentfaltung und Erniedrigung ihres Selbstwertgefühls empfunden, als spürbare Beeinträchtigung des Wohlbefindens wahrgenommen und mit Auffälligkeits- und Belastungssymptomen wie Drogenkonsum, delinquentem Verhalten, negativen Gefühlserlebnissen, psychosozialen Störungen und psychosomatischen Gesundheitsbeeinträchtigungen beantwortet. Verhaltensauffälligkeiten und Gesundheitsbeeinträchtigungen sind verstärkt bei denjenigen Jugendlichen anzutreffen, die sich in schwierigen schulischen Leistungssituationen bei hohem Erwartungsdruck der Eltern befinden (Engel und Hurrelmann 1992; Mansel und Hurrelmann 1991).

4.3 Bildung und soziale Ungleichheit

Bildung ist für moderne Gesellschaften eine Funktionsnotwendigkeit und – wie im vorigen Abschnitt schon erwähnt – zugleich für jedes individuelle Gesellschaftsmitglied Voraussetzung für den Zugang zu Berufspositionen und die Erlangung von Einkommen, Einfluss und Ansehen. In einer demokratischen Gesellschaft ist dieser Prozess nur dann legitimierbar, wenn es zu einer Chancengleichheit bei der Verfolgung der erwünschten hohen Bildungsabschlüsse kommt.

Diese Chancengleichheit setzt voraus, dass der Erwerb von Bildungsgraden und die dadurch vorgezeichnete Verteilung von Lebenschancen ausschließlich nach der individuellen Leistung bemessen wird. »Chancengleichheit im Bildungswesen besteht dann, wenn allen unabhängig von leistungsfremden Merkmalen wie zum Beispiel von Bildung, Prestige und Geld der Eltern, von Geschlecht, Wohnort, Beziehungen, Religion, Hautfarbe, politische Einstellung, persönlicher Bekanntschaft oder Familienzugehörigkeit die gleiche Chance zur Leistungsentfaltung und Leistungsbestätigung eingeräumt wird …« (Hradil 1999, S. 149)

Strukturen der Chancenungleichheit

Gemessen an diesen Kriterien ist Chancengleichheit in keinem hoch entwickelten Land gegeben. Für Deutschland lassen sich für die letzten fünfzig Jahre im Anschluss an Hradil (1999) die folgenden Tendenzen in der Entwicklung von Strukturen der Chancenungleichheit im Bildungsbereich nach sozialer Herkunft, Geschlecht und ethnischer Zugehörigkeit feststellen.

- Ungleichheiten nach sozialer Herkunft blieben im Zeitraum von 1950 bis 2000 fast unverändert. Insgesamt haben zwar die Kinder aller Berufs-, Einkommens- und Bildungsschichten von der »Bildungsexpansion«, der Ausweitung des Angebotes an Schul- und Hochschulqualifikationen, profitiert. Davon ausgenommen ist nur ein Teil der ungelernten Arbeiter und der Ausländer in Deutschland. Alle anderen sozialen Gruppierungen (Schichten) haben ihre Bildungsbeteiligung erhöht. Aber die Abstände zwischen den Schichten sind weitgehend erhalten geblieben, sodass die Bildungsungleichheit nach der sozialen Herkunft nach wie vor sehr ausgeprägt ist (Hradil 1999, S. 162). Der gleiche Effekt wird zwar auch in den meisten anderen westlichen Ländern beobachtet, aber im internationalen Vergleich schneidet Deutschland in diesem Bereich sozialer Ungleichheit eher schlecht ab.
- Ungleichheiten nach dem Geschlecht haben sich seit 1950er-Jahren schrittweise abgebaut. Noch in den 1960er-Jahren waren Frauen in weiterführenden Schulen, die zum Abitur führten, deutlich seltener vertreten als Männer. Heute haben die Mädchen die Jungen im allgemein bildenden Schulwesen in der Leistungsbilanz überholt. Von den Absolventen der Realschulen sind schon seit den 1960er-Jahren über die Hälfte Mädchen, an den Gymnasien wurde dieser Wert 1995 erreicht. Mädchen sind insgesamt schulisch deutlich erfolgreicher als Jungen, sie erwerben im Durchschnitt die besseren Noten und erreichen die besseren Abschlüsse (Horstkemper und Kraul 1999). Im berufsbildenden Ausbildungssystem zeigt sich eine ähnliche Tendenz, indem heute ein höherer Anteil der Frauen als der Männer eine berufliche Lehre erfolgreich absolviert. In den Hochschulen haben die Frauen seit Mitte der 1990er-Jahre in der Bildungsbeteiligung mit den Männern gleichgezogen, erreichen aber (noch) nicht dasselbe zahlenmäßige Niveau von Abschlüssen wie die Männer. Ihre Benachteiligung wird bei den höheren Bildungsabschlüssen im Bereich von Promotionen und Habilitationen besonders deutlich. Benachteiligungen von Mädchen und Frau-

en sind auch bei der Auswahl der Berufsfelder und Studiengänge zu erkennen, weil überwiegend solche Felder gewählt werden, die die geringeren Karriere-, Verdienst- und Zukunftschancen aufweisen.

- Ungleichheiten nach ethnischer Zugehörigkeit sind nach wie vor hoch. Bei ausländischen Kindern und Jugendlichen häufen sich die ungünstigen Voraussetzungen für eine erfolgreiche Schullaufbahn. Entsprechend ist ihr Anteil an Sonderschulen für Lernbehinderte und an den Hauptschulen besonders hoch, an Realschulen und Gymnasien niedrig. Insgesamt hat sich das Niveau der Schulabschlüsse ausländischer Jugendlicher seit den 1970er-Jahren zwar erhöht, gleichzeitig aber hat sich das Bildungsniveau der deutschen Schüler deutlich angehoben. Daher sind die Abstände der Bildungschancen zwischen deutschen und ausländischen Schülerinnen und Schülern im allgemein bildenden Schulsystem insgesamt unverändert geblieben. Im internationalen Vergleich schneidet Deutschland deshalb nicht gut ab (Deutsches PISA-Konsortium 2002).

Insgesamt sind im Zeitraum eines halben Jahrhunderts also nur wenige Strukturverbesserungen eingetreten, und die sind zum großen Teil auf den Spiraleffekt der Bildungsexpansion zurückzuführen: Die Bildungsstandards wurden höher geschraubt, um die Vorteile zu wahren, die durch Bildungsinvestitionen schon immer gegeben waren. Deswegen verlängern sich die Ausbildungszeiten, und es kommt zu einer »Inflation« der Bildungsabschlüsse, die den tatsächlichen Erfordernissen des Beschäftigungssystems nicht unbedingt entsprechen. Um einen günstigen Platz im Erwerbsleben zu erreichen, müssen Bewerberinnen und Bewerber heute teilweise eine formale Überqualifikation vorweisen, weil die Abschlüsse von Arbeitgebern als Prognose für die Entwicklungschancen eines potenziellen Arbeitnehmers gewertet werden.

Kritisch muss bilanziert werden, dass das deutsche Schulsystem es in den letzten fünfzig Jahren nicht vermocht hat, ausgleichende (»kompensatorische«) Förderprogramme für sozial und ethnisch benachteiligte Bevölkerungsgruppen einzuführen, die darauf hinwirken, insgesamt das soziale und kulturelle »Humankapital« zu steigern. Das ist individuell – für die betroffenen Jugendlichen – aber auch kollektiv – für die gesamte Gesellschaft – eine unbefriedigende Entwicklung, weil damit Möglichkeiten sowohl der individuellen als auch der gesellschaftlichen Entfaltung von Ressourcen und der Verbesserung von Entwicklungspotenzialen verschenkt werden.

Familiale Lebenslage und Schullaufbahn

Die Analyse der Bedingungen und Strukturen der familialen Sozialisation in Kapitel 3 hat deutlich gezeigt, dass je nach sozialer Lebenslage unterschiedliche Fähigkeiten und Fertigkeiten zur Bewältigung von Lebensaufgaben und Handlungsanforderungen an die Kinder vermittelt werden. Für die schulischen Leistungs- und Verhaltensanforderungen erweist sich diese familiale Kompetenzausstattung als ausschlaggebend.

- Die in der Schule geforderten kognitiven, motivationalen, sprachlichen und sozialen Fertigkeiten und Fähigkeiten werden in Familien mit niedriger sozialer und ökonomischer Position vergleichsweise weniger gefördert. Hier liegt der Schlüssel für die Erklärung der schlechten sozialen Platzierung der Kinder dieser Familien (Hurrelmann 1975, S. 128; Fend 1980, S. 38). Besonders betroffen sind vor allem Familien in relativer Armut, darunter viele Migrantenfamilien, und solche mit niedrigem Bildungsgrad der Eltern.
- Die familiale Sozialisation führt bei diesen Kindern zu Verhaltens- und Lernstrategien, die in Ausprägung und Profil in vielen Dimensionen nicht mit den schulischen Anforderungen übereinstimmen (Collins 1979, S. 35; Ditton 1992; Persell 1977, S. 135). Vom ersten Schultag an schneiden Kinder aus den gut situierten Familien leistungsmäßig besser ab als die Übrigen, und diese Privilegierung setzt sich, zunehmend verstärkt, über die gesamte Schulzeit hinweg fort. Die Kinder aus den benachteiligten Familien erleben eine Spannung zwischen der Familienstruktur und der Schulkultur, die ihnen eine nur gebrochene

Identifikation mit den schulischen Anforderungen ermöglicht. Sie erfahren meist eine ungesicherte und distanzierte Unterstützung durch ihre Eltern, was ihre schulische Leistungsfähigkeit negativ beeinflusst (Stecher 1999).

- Je nach ihrem kulturellen und sozialen Hintergrund und Bildungsgrad stellen die Eltern Einschätzungen von Kosten und Nutzen der Ausbildung und des Bildungserfolges ihrer Kinder an und bauen hierauf ihre Entscheidungen für die Bildungslaufbahn der Kinder auf (Erikson und Jonsson 1996). »Je höher die Bildung der Eltern ist, desto eher werden Bildungsaspirationen unabhängig von der Schulleistung und Bildungsempfehlung aufrechterhalten. Dagegen beharren Eltern aus unteren Schichten auch dann auf niedrigeren Schullaufbahnen, wenn für das Kind eine höhere Schullaufbahn empfohlen wird.« (Becker 2000, S. 465)

Die seit den 1970er-Jahren äußerst angespannte Arbeitsmarktlage hat die Bedeutung eines hochwertigen Schulabschlusszeugnisses in Deutschland spürbar erhöht. Um den Sozialstatus zu halten, müssen Kinder heute einen Bildungsabschluss erwerben, der möglichst um eine formale Qualifikationsstufe über dem der Elterngeneration liegt. So stehen auch Kinder aus Arbeiter- und Migrantenfamilien unter dem Druck, den Abschluss wenigstens des zehnten Jahrganges einer Haupt- oder Realschule zu erreichen, weil sie befürchten müssen, mit einem traditionellen Hauptschulabschluss nach neun Jahren keine akzeptable berufliche Tätigkeit zu erhalten. Die Kinder aus den oberen sozialen Schichten müssen ein möglichst gutes Abiturzeugnis anstreben, um sich eine hochwertige Ausbildungs- und Berufsposition nach der Schule zu sichern.

Der Konkurrenzkampf zwischen den sozialen Schichten um die beste Ausgangsposition am Arbeitsmarkt spielt sich also weitgehend im Schulwesen ab. Es ist ein Konkurrenzkampf mit ungleichen Ausgangspositionen, denn das Aufnehmen und Durchhalten der oben erwähnten Optimierungsstrategie gelingt erwartungsgemäß den Kindern aus den Mittel- und Oberschichten, die sich leicht auf die Spielregeln des schulischen Interaktions- und Kommunikationssystems einstellen können, am besten. Diese Familien wahren ihre privilegierte Position, indem sie vermehrt »kulturelles Kapital« investieren und dafür sorgen, dass ihr Nachwuchs die für die Sicherung des Familienstatus notwendigen Bildungszertifikate erwirbt (Bourdieu 1981).

Die Auswirkungen der Bildungsexpansion

In den 1960er-Jahren wurden in Deutschland und vielen anderen Ländern politische Schritte für das Erschließen von »Bildungsreserven« eingeleitet, um dem drohenden Mangel an hoch qualifizierten Arbeitskräften vorzubeugen. Die hierdurch erreichte soziale Öffnung des Bildungswesens (»Bildungsexpansion«) sollte vor allem die intergenerationale Reproduktion von Bildungsungleichheit abschwächen. Diese Wirkungen sind nur begrenzt eingetreten.

- In Deutschland wurde die »Bildungsexpansion« eingeleitet, indem der Übergang von der Grundschule in Realschulen und Gymnasien erleichtert wurde, um auch Kindern aus Familien mit niedrigem sozialen Status grundsätzlich den Zugang zum Abitur zu öffnen (Picht 1964). Das deutsche Schulsystem nimmt nach vier Jahren Grundschule die entscheidende Weichenstellung für die Schullaufbahn vor, weil Eltern im Alter von zehn oder elf Jahren für ihre Kinder die Entscheidung für unterschiedliche Formen der weiterbildendenden Schule treffen müssen. Eine solche Entscheidung wird in anderen europäischen und nordamerikanischen Ländern erst im sechsten oder achten schulischen Ausbildungsjahr getroffen. Durch Erleichterung des Übergangs in weiterführende Schulen sollten die Vorbehalte von bildungsfernen Elternhäusern gegenüber Realschule und Gymnasium abgebaut werden.
- In vielen Bundesländern wurde zusätzlich die Schulform Gesamtschule als Integration der Bildungsprogramme von Hauptschulen, Realschulen und Gymnasien neu eingeführt. Die Gesamtschule konnte sich aber nicht, wie ursprünglich gedacht, als einheitliche Sekundarschule durchsetzen, die das dreigegliederte Schulsystem ersetzt, sondern sie etablierte sich als eine

weitere Schulform und machte aus dem dreigliedrigen Schulsystem aus Hauptschule, Realschule und Gymnasium ein viergliedriges. Nur in wenigen Bundesländern gelang eine Strukturbereinigung derart, dass neben dem Gymnasium nur noch eine weitere Schulform in der Mittelstufe existiert (»Zweigliedrigkeit«) (Struck 1994, S. 129).

- Beide mit großem politischen Aufwand betriebenen Strukturveränderungen haben zwar den Anteil von Schulabgängern mit Abitur spürbar erhöht, aber keine grundlegende Veränderung der schichtenspezifischen Anteile bei Abiturientinnen und Abiturienten bewirkt. Auch die Zusammensetzung der Studierenden an den Hochschulen nach sozialer Herkunft folgt heute fast den gleichen Mustern wie 1960 (Schimpl-Neimanns 2000). Die Bildungsexpansion ist insofern vor allem den sozioökonomisch bevorzugten Familien zugute gekommen.

Durch formelle Strukturveränderungen im Bildungssystem allein, so lassen sich diese Ergebnisse interpretieren, ist noch keine nachhaltige Beeinflussung der Bildungsbeteiligung nach sozialer Herkunft zu erreichen. Es muss eine enge Zusammenarbeit mit den Elternhäusern hinzukommen, indem schon während der Vorschul- und Grundschulzeit, in den formativen Entwicklungsjahren, auf die Leistungs- und Persönlichkeitsentwicklung der Kinder aus Familien mit niedrigem sozialen Status und kultureller Randstellung fördernd eingegangen wird (»kompensatorische Erziehung«). Nur maßgeschneiderte pädagogische Programme, die auf die individuellen Voraussetzungen des Kindes und zugleich auf die sozialen Bedingungen des Elternhauses eingehen, versprechen Erfolg (Huber und Mandl 1991).

Die Eltern aus den niedrigen sozialen Schichten benötigten über einen längeren Zeitraum hinweg ermutigende Impulse und konkrete Hilfestellungen, um mit ihren Kindern zusammen den Schritt in eine Realschul- oder Gymnasiallaufbahn zu wagen. Erst im Zusammenhang mit einer solchen familienbezogenen Förderung des Kindes kann die formale Erleichterung des Übergangs von der Grundschule in weiterführende Schulen und eine flexible und ständig revidierbare Einstufung des Kindes in Lerngruppen je nach individuellem Leistungsstand (wie es das Modell der Gesamtschulen vorsieht) zu Wirkungen führen (Fend 1980, S. 290).

Übergang vom Schul- in das Berufssystem

Eine gute schulische Bildung und ein hochwertiger Schulabschluss sind gute Voraussetzungen für eine günstige berufliche Position. Oft sind sie sogar der entscheidende Faktor, um überhaupt in einen Beruf einmünden zu können. Seit etwa 1980 haben die meisten europäischen Länder, darunter auch Deutschland, erhebliche Schwierigkeiten, die Absolventinnen und Absolventen des Schulsystems in das Erwerbssystem einzugliedern (Buchmann 1989; Meulemann 1995; Konietzka 1999). Erst vom Jahre 2010 an wird voraussichtlich eine Entspannung am Arbeitsmarkt eintreten, weil dann ältere Arbeitnehmerinnen und Arbeitnehmer in den Ruhestand getreten sind und zugleich die Jahrgänge der Schulabsolventen zahlenmäßig spürbar kleiner werden. Bis dahin kann es in vielen Regionen Deutschlands noch zu erheblichen Einmündungsschwierigkeiten mit einem hohen Ausmaß an (Jugend-)Arbeitslosigkeit kommen (Blossfeld und Mayer 1991), die vor allem junge Männer mit niedrigen Bildungsabschlüssen betrifft.

- Die Absolventinnen und Absolventen von Hauptschulen nach nur acht oder neun Jahren und die Abgänger von Hauptschulen ohne einen Schulabschluss sind stark gefährdet. Zu dieser Gruppe gehören mehr Männer als Frauen. Nach einer Untersuchung von Lauterbach und Sacher (2001) drückt sich hierin das insgesamt höhere Qualifikationsniveau der Frauen im schulischen Bildungssektor aus. Heute ist es typisch, dass Frauen nach ihrer schulischen oder beruflichen Ausbildung eine Erwerbstätigkeit aufnehmen, und zwar in der Regel im Vollerwerb. Frauen verlassen immer häufiger die Rolle der Hausfrau und werden in Vollzeit- und Teilzeitstellen am Arbeitsmarkt aktiv. Seit den 1980er-Jahren ist der Anteil von Frauen an den Erwerbsverhältnissen, also die so genannte »Erwerbsquote«, ständig angestiegen, der von Männern hingegen gesunken.

- Vor allem bei Männern treten heute häufig diskontinuierliche Beschäftigungsverhältnisse auf. Ist der Einstieg in den Beruf verunsichert und durch längere Zeiten von Arbeitslosigkeit unterbrochen, wirkt sich das auf den gesamten weiteren Erwerbsverlauf aus. Es kommt zu einer »Destandardisierung« von Arbeitsverhältnissen, weil die Erwerbsarbeit ihren formenden und verbindlichen Charakter für die Gestaltung des gesamten Tagesrhythmus, des Lebensalltags und des Lebenslaufes verliert. Vor allem un- und angelernte Arbeitskräfte ohne berufliche Ausbildung sind hiervon betroffen. Günstiger sind die Absolventinnen und Absolventen von Hochschulausbildungen gestellt, denn bei ihnen ist nach einer (länger gewordenen) schwierigen Übergangsphase nach wie vor ein Vollerwerbsverhältnis und eine berufliche Langkarriere die Regel (Lauterbach und Sacher 2001, S. 277).

Hochschulen als Sozialisationsinstanzen

Der Anteil von Ausbildungen im Hochschulsystem ist in den letzten fünfzig Jahren ständig angewachsen. Er liegt heute in Deutschland bei einem Drittel eines Jahrgangs, wobei die Universitäten nach wie vor die meisten Studierenden anziehen, Fachhochschulen und spezialisierte Hochschulen, teilweise in privater Trägerschaft, in den letzten Jahren aber deutlich an Attraktivität gewinnen.

Im internationalen Vergleich ist der Anteil der Hochschulbesucher und auch der Anteil der Hochschulabsolventen niedrig. Das ist zu einem Teil darauf zurückzuführen, dass die Universitäten eine grundlagenorientierte wissenschaftliche Ausbildung auf hohem Anspruchsniveau anbieten, die sich in den letzten Jahrzehnten inhaltlich immer weiter kompliziert und zeitlich in die Länge gezogen hat. Bei einer durchschnittlichen Studiendauer von sieben Jahren brechen bis zu vierzig Prozent der Studienanfängerinnen und Studienanfänger ihr Studium ab und gehen ohne einen anerkannten Abschluss in das Erwerbssystem über. Immer mehr Hochschulen versuchen, durch ein gestuftes Ausbildungssystem mit mehreren aufeinander folgenden Modulen eine Ausbildungsstruktur zu entwickeln, die besser mit der individuellen Lernmotivation korrespondiert und zugleich zielgenauer auf berufliche Anforderungen vorbereitet. Die Organisation der Lehr- und Lernprozesse und die Formen der Kommunikation zwischen Lehrpersonal und Studierenden entscheiden – ähnlich wie im Schulbereich – auch im Hochschulbereich über die Sozialisationseffekte.

- Zwischen verschiedenen Hochschulen und Fachbereichen sind unterschiedliche Ausprägungen von akademischer Lernfreiheit, Partizipations- und Kommunikationsmöglichkeiten, interdisziplinärer Orientierung sowie Praxis- und Gesellschaftsbezug zu identifizieren. In verschiedenen Untersuchungen wurden fachliche und gesellschaftspolitische Einstellungen und Lebensstile, Unterschiede in der Entwicklung von Problemwahrnehmungen, Lösungsperspektiven und von Weltbildern, Problemdefinitionen und Arbeitstechniken identifiziert (Huber 1991, S. 436).
- Angesichts der zeitlichen Länge des Studiums ist die Prägekraft der Hochschulumwelt für Persönlichkeitsentwicklung, Lebensstil und sozialen Habitus hoch. Zugleich aber zeigt sich, dass das im internationalen Vergleich wenig strukturierte Studium in Deutschland mit nur geringen Anleitungen und Unterstützungen bei Lernschwierigkeiten und Leistungsrückständen den sozialen Ausleseeffekt verstärkt, der bereits das Schulsystem kennzeichnet. Der Anteil von Studierenden aus Elternhäusern mit niedrigem sozioökonomischen Status hat sich seit den 1960er-Jahren nicht verändert, sondern sich auf einem im internationalen Vergleich niedrigen Niveau eingependelt. Ähnlich wie das deutsche Schulsystem ist auch das deutsche Hochschulsystem durch ein hohes Ausmaß an sozialer Selektion gekennzeichnet. Hierdurch werden nicht nur viel versprechende individuelle Ressourcen verschenkt, die für eine Verbesserung der Lebensqualität durch Bildung erschlossen werden können, sondern es gehen der gesamten Gesellschaft innovative und kreative Impulse verloren.

Für den Übergang vom Schulsystem in das Berufssystem ist auch in Deutschland in den nächsten Jahren die konsequente Umstellung auf leistungsfähige, flexible und gut strukturierte Formen der Hochschulausbildung zu erwarten. Sie werden langfristig mindestens das gleiche Gewicht wie die traditionelle Berufsausbildung im »dualen System« von Berufsschule und betrieblicher Lehre einnehmen.

- Das duale System hat sich in Zeiten der Knappheit von Arbeitsplätzen in den 1980er- und 1990er-Jahren als eine leistungsfähige Auffangstruktur für Schulabsolventinnen und -absolventen erwiesen, es ist aber zugleich auch stark auf diese Funktion festgelegt worden und hat dadurch zu wenige innovative Impulse aufnehmen können. Es sollte in den nächsten Jahren einer gründlichen Umstrukturierung unterzogen und als modernes berufliches Ausbildungsprogramm für schätzungsweise die Hälfte der Absolventinnen und Absolventen des Schulsystems weiterentwickelt werden.
- Für die andere Hälfte sind Ausbildungen über ein gestuftes und gegenüber heute deutlich berufsnäher gestaltetes Hochschulsystem anzustreben, was eine spürbare Erweiterung dieses Ausbildungssektors im tertiären Bereich bedeutet. Wird diese Entwicklung nicht in den nächsten zehn Jahren konsequent eingeleitet und mit einer organisatorischen Verselbstständigung der einzelnen Hochschulen verbunden, ist die Leistungsfähigkeit des gesamten Bildungssystems in Deutschland gefährdet.

Sozialisationseffekte von Arbeit und Beruf

Ist der Übergang in den Beruf vollzogen, bewirkt die Auseinandersetzung mit den Anforderungsstrukturen der Erwerbsarbeit einschneidende Veränderungen bei Persönlichkeitsmerkmalen und Verhaltensmustern.

- Mit dem Eintritt in den Beruf ergeben sich Veränderungen von Handlungskompetenzen und Selbstdefinitionen. In der betrieblichen Arbeit werden realistische Einschätzungen der weiteren beruflichen Entwicklungsmöglichkeiten und Karriereperspektiven aufgebaut und frühere Zielvorstellungen korrigiert. Die während der Ausbildung entwickelten Vorstellungen müssen nun auf die tatsächlich zu verwirklichenden Umstände abgestellt werden. Der Prozess der »Abkühlung« hochfliegender Pläne und Wünsche oder alternativ auch des »Aufschaukelns« von Ehrgeiz und Motivation setzt ein. Abkühlungen von Plänen sind heute besonders schmerzlich, weil viele Jugendliche mit hohen Erwartungen an eine kreative und selbst bestimmte Ausübung des Berufs in das Erwerbsleben starten (Kärtner, Otto und Wahler 1986; Regenbogen 1998).

- Nicht nur dieser Laufbahneffekt mit seinem biografischen Stellenwert macht die Bedeutung der beruflichen Sozialisation aus, sondern auch der strukturierende Effekt der Art der Arbeitstätigkeit nach Selbstständigkeitsgrad, Typ der Beschaffenheit der Arbeit und Einbindung in eine Betriebshierarchie. Das »Betriebsklima« mit seiner spezifischen technisch-organisatorischen und kommunikativen Strukturierung bildet über die gesamte Zeit der Erwerbstätigkeit hinweg ein nachhaltig wirkendes »Sozialisationsmilieu«, einen zentralen Bereich der »äußeren Realität«, mit vielen persönlichen Kontakten zu Berufskollegen und Abstimmungen von Werten und Lebensansprüchen (Heinz 1991).
- Arbeitsbedingungen üben einen starken Effekt auf Persönlichkeitsmerkmale und Lebensplanung aus (Hoff 1986; Rosenmayr und Kolland 1988). Die physischen Arbeitsbedingungen, Möglichkeiten des Einsatzes der eigenen Fähigkeiten, Rhythmus der Arbeitstätigkeiten und ihr Abwechslungsgehalt, Tempo und Intensität der Arbeitsabläufe, soziale Bedingungen und interaktive Beziehungen, Prestigestatus und Beförderungsmöglichkeiten, Bezahlungsmodus und Gesamteinkommen erweisen sich als ausschlaggebende Faktoren. Ganz offensichtlich spielt die Komplexität der Arbeit, definiert als der Grad, in dem Arbeit die kreativen eigenen Fähigkeiten und unabhängigen eigenen Beurteilungen herausfordert, die wichtigste Rolle. Umgekehrt wirken sich familialer Kontext, soziale und ökologische Lebensbedingungen, Art und Qualität der schulischen Bildung und eigene biografische Konzeptionen auch auf die Art und Weise aus, wie

die Arbeitsbedingungen erfahren, erlebt und gegebenenfalls gestaltend verändert werden (Heinz 1991). Im Zusammenhang mit der Erörterung der »schichtspezifischen Sozialisation« in Kapitel 3.2 wurde hierauf bereits hingewiesen.

Im Zentrum der arbeits- und berufsorientierten Sozialisationsforschung steht die Frage, wie sich das subjektive Arbeitsvermögen mit den Arbeits- und Berufsperspektiven und den technisch und organisatorisch bestimmten tatsächlichen Arbeitsanforderungen verträgt und welches die Auswirkungen auf Persönlichkeitsstrukturen und Entwicklungen von Persönlichkeitsmerkmalen sind. In Abgrenzung von arbeitswissenschaftlichen Fragestellungen geht es also in erster Linie um subjektorientierte Arbeits- und Berufsorientierungen und darum, wie die persönliche Autonomie und Selbstentfaltung in beruflichen Arrangements gesichert und weiterentfaltet werden kann. Als Leitmotiv der beruflichen Sozialisationsforschung kann die Fragestellung gelten, ob und wie Arbeitserfahrungen die Fähigkeiten zu selbstverantwortlichem Handeln stärken oder schwächen (Heinz 1991, S. 399).

Förderung von Autonomie und Selbstorganisation

Ausgehend vom Konzept der produktiven Verarbeitung der Realität kann nicht von einer mechanischen Anpassung an Arbeitsbedingungen und einer Verinnerlichung der in Arbeitsprozessen ausgedrückten Handlungserwartungen ausgegangen werden. Vielmehr muss bei jedem Berufstätigen eine subjektive Aneignung und Interpretation dieser Bedingungen erwartet werden, die mit der persönlichen Lebensgeschichte und der biografischen Erfahrung in Verbindung gebracht wird.

- So schlagen sich restriktive Arbeitsbedingungen nicht in einer total angepassten Arbeitspersönlichkeit nieder. Auch bei begrenzten Handlungsspielräumen und anspruchslosen Tätigkeiten im Berufsbereich entwickeln die Berufstätigen Bewältigungsstrategien, die der Identitätsverteidigung dienen. Umgekehrt müssen sich viele Berufstätige mit dem heute hohen Maß an Flexibilität und Anpassungsbereitschaft an neue Anforderungen und Tätigkeitsinhalte auseinander setzen, verbunden mit einem hohen Maß an Fähigkeit zum Problemlösen durch Vorausdenken und zur gewissenhaften, zuverlässigen und selbstständigen Erledigung von Arbeitsaufgaben.

- Durch die veränderten Arbeitsbedingungen, insbesondere die Flexibilisierung der Arbeitszeiten, die Erleichterung von Befristungen der Arbeitsverhältnisse, die Reduzierung des Kündigungsschutzes und die Ausweitung von Teilzeitarbeit werden immer mehr Beschäftigte gezwungen, eine Selbstorganisation der Ausgestaltung ihrer Beschäftigungsverhältnisse und der konkreten Arbeitsformen im Betrieb vorzunehmen (Voss 2000). Für immer mehr Arbeitsplätze ist typisch, dass nur noch wenige Strukturvorgaben für die Tätigkeiten und teilweise auch wenige Ressourcen für die Ausübung dieser Tätigkeiten zur Verfügung gestellt werden. Hierdurch tritt eine Dynamisierung der Qualifikationsanforderungen ein und es wird eine verstärkte individuelle Sinngebung und Eigenmotivation für die Berufstätigkeit verlangt. Entsprechend sind die Beschäftigten gezwungen, sich strategisch zu verhalten und ihr Arbeitsvermögen gezielt und kontinuierlich auf die wirtschaftliche Nutzung hin auszurichten. Sie müssen sich gewissermaßen selbst vermarkten und die dafür nötigen Fähigkeiten der Selbstkontrolle und Selbstdisziplinierung entwickeln.

Diese Ergebnisse der beruflichen Sozialisationsforschung unterstreichen die Notwendigkeit, Erziehungs- und Bildungsprozesse in organisierten Sozialisationsinstanzen vor allem danach auszurichten, dass ein hohes Maß an Selbstbestimmung der Persönlichkeit erreicht wird. Hierzu sind organisatorische Rahmenbedingungen notwendig, die klare Anforderungen an die intellektuelle und soziale Leistungsfähigkeit ermöglichen, zugleich aber flexibel auf die individuellen Lernvoraussetzungen eingehen, die durch die familiale Lebenslage und Erziehung ebenso wie durch die persönlichen Voraussetzungen eines Kindes und Jugendlichen bestimmt sind.

Persönlichkeiten mit der Fähigkeit zur Selbstorganisation können nicht in Kindergärten, Schulen und Hochschulen gefördert werden, die ihrerseits keine organisatorische Autonomie besitzen. In Deutschland sind diese Einrichtungen traditionell unselbstständig, denn sie können nicht aus eigener Kraft über ihr inhaltliches Arbeitsprogramm, ihre Lernformen und über ihr professionelles Personal bestimmen, und sie besitzen keine finanziellen Mittel, über die sie in eigener Regie verfügen.

Es ist deshalb eine der dringlichsten Aufgaben der Bildungspolitik, für jede einzelne Erziehungs- und Bildungsinstitution die organisatorische, programmatische, personelle und finanzielle Selbstständigkeit einzuführen, wie sie in anderen europäischen Ländern und in Nordamerika seit Jahrzehnten die Regel ist. Sie sollte mit einer streng strukturierten Rahmenvorgabe für Eckpunkte der pädagogischen Arbeit und klaren Qualitätskontrollen verbunden werden. Die in diesem Kapitel diskutierten Erkenntnisse und Ergebnisse der Forschung zur Sozialisation im Erziehungs- und Bildungssystem sprechen dafür, diesen wichtigen Schritt zur Reform der Organisationsstruktur von Kindergärten, Schulen und Hochschulen schnellstens einzuleiten.

5. Sozialisation im soziokulturellen Umfeld

Nachdem in Kapitel 3 und 4 auf die Instanzen der »primären« und »sekundären« Sozialisation eingegangen wurde, geht es in diesem Kapitel um die Einflüsse der sozialen, kulturellen, medialen und politischen Umwelt auf die Persönlichkeitsentwicklung. Auffällig ist die immer stärker werdende verarbeitende und vermittelnde Rolle der Gleichaltrigengruppen und der Massenmedien. Durch sie werden kulturelle, soziale, ökonomische und politische Strukturen in die Persönlichkeit ihrer Mitglieder und Nutzer transportiert. Ihre sozialisatorischen Leistungen treten immer stärker neben die von Familien und Erziehungs- und Bildungssystemen, weswegen ihnen auch die Funktion der »tertiären Sozialisation« zugeschrieben werden kann.

5.1 Die sozialisatorische Rolle der Gleichaltrigengruppen

Die sozialisatorische Rolle der Gleichaltrigengruppen wurde zuerst von den soziologischen Theoretikern der strukturell-funktionalen Tradition herausgearbeitet. In den Arbeiten von Parsons und Eisenstadt wird der »Peergroup« eine ebenso bedeutende Rolle für die Einübung in universalistische Rollenstrukturen der modernen Gesellschaften eingeräumt wie der Schule. Familien und Verwandtschaftsstrukturen sind nach dieser Theorie für die primäre Sozialisation verantwortlich, die insbesondere die Trieb und Gefühlsregulierungen eines Kindes und seine Identitätsfindung beeinflusst. In Gleichaltrigengruppen erhalten Jugendliche die Gelegenheit, sich zusätzlich zu den familiären Primärrollen auch die abstrakten, nach Leistung und Status aufgebauten Anforderungen des Freizeit- und Erwerbssystems anzueignen. Hierbei spielen die Peergroups eine vermittelnde Rolle (Eisenstadt 1966; Parsons 1968a).

Die soziale Bedeutung von Peergroups

Die Gleichaltrigengruppen bilden ein Verbindungsglied zwischen der Familie und den politischen, wirtschaftlichen und kulturellen Bereichen der Gesellschaft (Eisenstadt 1966, S. 280).

- Gleichaltrigengruppen führen Jugendliche mit ähnlichen Bedürfnissen und Orientierungen zusammen und erfüllen ihr Verlangen nach Gemeinschaft und Beteiligung. Zum ersten Mal werden sie als »vollwertige« Mitglieder wahrgenommen, auch wenn sie sich den strengen Regeln der Gemeinschaft unterwerfen müssen. Sie haben die Gelegenheit, Aufgaben und Funktionen für eine Gruppe zu übernehmen, die sie selbst mit definieren.
- Gleichaltrigengruppen sind aus diesem Grund auch der gesellschaftliche Ort, an dem sich am häufigsten Abweichung und Kriminalität entwickeln kann. Sie stellen also auch eine Gefahr für die Fortführung gesellschaftlicher Werte und die Aufrechterhaltung sozialer Institutionen dar. Ein Mindestmaß von Nonkonformität ist sogar notwendig, damit die Gleichaltrigengruppen ihre Sozialisationswirkung überhaupt erst entfalten können. Durch eine »begrenzte Nonkonformität« gestatten die Gruppen ihren Mitgliedern ein spielerisches Abweichen von gesellschaftlichen Regeln, ein Experimentieren und Neudefinieren dieser Normen und eine selbst bestimmte Aneignung der Umwelt, die Voraussetzung für ein selbstständiges Rollenverhalten in komplexen Gesellschaften ist (Hurrelmann 1998; S 156; Krappmann 1991, S. 365).
- Gleichaltrigengruppen setzen den Prozess der familialen und schulischen Sozialisation fort, begleiten die Emanzipation von den Eltern, ergänzen die Impulse der Schule und bereiten auf soziale Anforderungen in der Freizeit- und Konsumwelt vor. Gelingt es Jugendlichen nicht, in angemessener Weise in der Gleichaltrigengruppe akzeptiert zu werden und eine unangefochtene Position als Mitglied der Gruppe einzunehmen, leiden sie unter mangelnder Beliebtheit und geringer Anerkennung, dann kann es zu einer erheblichen Verunsicherung der Wert-

schätzung der eigenen Person kommen. Der Eindruck, in der Gleichaltrigengruppe nach sozialen und materiellen Standards nicht mithalten zu können und benachteiligt gegenüber den Freunden zu sein, ist im Extremfall ein Auslösefaktor für abweichendes Verhalten und Drogenkonsum (Engel und Hurrelmann 1989, S. 106).

Gleichaltrigengruppen (Peergroups) bauen also eine eigene kulturelle und soziale Welt auf, die für die Entwicklung der Persönlichkeit von Kindern und Jugendlichen bedeutsam ist. In der Gleichaltrigengruppe ist ein Austausch von Sichtweisen und Gefühlen unter Personen gleichen Rangs und mit vergleichbarem Erfahrungshorizont möglich, weil keine überlegene Person in kulturell festgelegtes Wissen und Können einführt. Hier bemühen sich Kinder und Jugendliche, ihre eigene Lebenswelt zu konstruieren, mit eigener Sprache, Kleidung und anderen äußeren Attributen (Frisur, Schmuck, Körpermarkierungen) auszustatten und sich damit einen eigenen Raum für die Selbstentfaltung zu sichern (Krappmann und Oswald 1995).

Spielräume für Selbstorganisation und Selbstdefinition

Die Spielräume für die Selbstentfaltung sind im Verlauf der letzten fünfzig Jahre gestiegen, weil über den Konsumwarenmarkt und die modernen Kommunikationsmedien (Fernsehen, Radio, Computer, Internet) für Kinder und Jugendliche ein direkter, von familiären und schulischen Erziehungseinflüssen und pädagogischen Steuerungsabsichten nur wenig beeinflussbarer Zugang zum gesellschaftlichen Leben entstanden ist. Dieser Prozess wird durch einen teilweisen Rückzug der Eltern, Verwandten und Nachbarschaften aus dem Erziehungsprozess begleitet. Zinnecker (2000) spricht von einer »Selbstsozialisation« in den Gleichaltrigengruppen und sieht hierin die Emanzipation der jungen Generation von pädagogisch-normativen Zielvorstellungen und erzieherischen Methodiken mit bevormundenden Praktiken in Familie und Schule.

- In Gleichaltrigengruppen wird durch selbst geschöpfte, oft frei erfundene, meist von einer Alterskohorte zur nächsten wechselnde Sprach-, Kleidungs-, Verhaltens- und Ausdrucksformen das Lebensgefühl einer Altersgruppe repräsentiert. Die aneignende und gestaltende Tätigkeit bezieht sich dabei auf die eigene Persönlichkeit und die Umwelt, die so umgestaltet werden soll, dass sie der Entwicklung angemessen ist (Baacke 1991, 1999; Zinnecker 2000, S. 280). Jugendliche bekräftigen über die Zugehörigkeit zur Gleichaltrigengruppe ihre Rolle als selbstständige Subjekte, die ihre soziale Wirklichkeit aktiv konstruieren. Sie grenzen sich damit demonstrativ von der Welt der Eltern, Lehrer und anderer Erwachsener ab (Mansel und Hurrelmann 1991; Neubauer und Hurrelmann 1996).
- Gleichaltrigengruppen fungieren in diesem Sinne als soziale Foren der »Individualisierung« und tragen zur Selbstorganisation und Selbstkontrolle im Jugendalter bei. Sie helfen beim Erwerb der Vorstellung von sich selbst als einem handelnden Menschen, der für die Folgen seines Tuns verantwortlich ist. Die Verarbeitung der verschiedenen Handlungserfahrungen führt zum Aufbau eines schrittweise immer stärker reflektierten Selbstkonzeptes mit Kontrollbewusstsein für die persönliche Handlungsfähigkeit (Fend 1991; Krewer und Eckensberger 1991, S. 576) und legt die Basis für den Aufbau einer Identität.

Die Fähigkeit zur reflexiven Selbstkontrolle ist in heutigen Gesellschaften notwendig, weil ein schneller gesellschaftlicher Wandel in den Ausbildungs-, Arbeits- und Wertsystemen eine immer wieder neue und aktuelle Standortbestimmung verlangt, die gerade im Jugendalter als der formativsten Phase im menschlichen Lebenslauf überzeugend gelöst werden muss. Das Wissen und die sozialen Handlungspraktiken der älteren Generation werden durch die schnellen sozialen Veränderungen entwertet, in vielen Bereichen (moderne Medien, Konsumangebote, weltanschauliche Prinzipien) ist die junge Generation sensibler und schneller in der Aufnahme von Entwicklungstrends. Sie bedient sich dabei der Gleichaltrigengruppen als eine Art gesellschaftlicher Probebühne mit der Möglichkeit der experimentierenden Selbstartikulation.

Frühe Hinwendung zu Gleichaltrigengruppen

Die Bildung von Gleichaltrigengruppen setzt heute früher ein als in den 1950er-Jahren. Das hängt zum Teil mit der spürbaren Vorverlagerung des Zeitpunktes der Geschlechtsreife (Pubertät) zusammen.

- Dieser Zeitpunkt hat sich von 1900 bis 2000 um über zwei Jahre im Lebenslauf nach vorn geschoben – wahrscheinlich wegen der ernährungs- und umweltbedingten Beschleunigung der Hormonproduktion – und liegt heute bei Mädchen im Durchschnitt schon etwa bei 11,5 und bei Jungen bei 12,5 Jahren. Entsprechend erfolgt auch die soziale und psychische Ablösung von den Eltern besonders früh (Fend 2000, S. 107).
- Alle für das Jugendalter charakteristischen Prozesse der Selbstorganisation und Selbstfindung haben sich im Lebenslauf vorverlagert (Aries 1987; Bründel und Hurrelmann 1996; Honig 1999). Das Jugendalter beginnt in den hoch entwickelten westlichen Gesellschaften so früh wie noch nie in der Geschichte und zieht sich zugleich über einen sehr langen Abschnitt des Lebenslaufs hin, weil der für das Erwachsensein typische Übergang in die Erwerbstätigkeit und in ein Familienleben mit Kindern entweder sehr spät oder gar nicht aufgenommen wird.
- Die Gleichaltrigengruppe fördert heute besonders früh im Lebenslauf eine kreative Gestaltung und eigenwillige Auseinandersetzung mit der äußeren Realität. Schon immer waren spontane, offene und von der traditionellen Norm abweichende Verhaltensweisen typisch für die junge Generation, war das Ausschöpfen der Experimentier- und Erfahrungsräume bis an die Grenzen des sozial und individuell Verträglichen verbreitet. Offenbar ist mit der »Frühreife« der Persönlichkeitsentwicklung auch die Vielfalt von Anregungen in allen Lebensbereichen, insbesondere im Freizeit- und Medienbereich, und die Pluralität der Ausdrucksformen der Lebensaneignung in den Gleichaltrigengruppen gestiegen (Allerbeck und Hoag 1985; Ferchhoff 1999).

Prozesse der Selbstorganisation der Persönlichkeit, so lassen sich diese Befunde zusammenfassen, werden heute schon beim Übergang vom Kindes- in das Jugendalter immer charakteristischer für die Sozialisation (Corsaro 1999; Cote 2000; Zeiher 1996). Die traditionellen Konzepte der Kindheits- und Jugendpädagogik und der Schuldidaktik, die auf entwicklungspsychologische Phasen und Stadien zurückgreifen und feste Bilder von den Anforderungen an einen pädagogisch strukturierten Erziehungsprozess haben, geraten hierdurch ins Wanken. Die Variationsbreite der körperlichen, psychischen, intellektuellen und sozialen Entwicklung bei Kindern und Jugendlichen hat erheblich zugenommen und verlangt nach flexiblen Verhaltensweisen von Eltern, Erzieherinnen, Lehrerinnen und Lehrern. Jedes Kind und jeder Jugendliche entwickelt – in der Regel mit Hilfe der Gleichaltrigengruppe – eine einzigartige Persönlichkeitsstruktur.

Das Konzept der Selbstsozialisation

Einige Autoren, so zum Beispiel Jürgen Zinnecker, vertreten die Auffassung, angesichts dieser Veränderungen sei das aus der Systemtheorie stammende Konzept »Selbstsozialisation« besser als das Konzept »Sozialisation« geeignet, die Persönlichkeitsentwicklung im Kindes- und Jugendalter zu analysieren. Unter Selbstsozialisation wird dabei verstanden, dass Kinder und Jugendliche unabhängig von der »Fremdsozialisation« durch Eltern, Erzieher und Lehrer sozialen und kulturellen Ereignissen in ihrer Umwelt eine eigene Bedeutung zuschreiben, eine spezielle Handlungslogik für den Umgang mit der sozialen Umwelt entwickeln und hierbei selbstständig eigene Ziele für ihr Handeln formulieren.

Angesichts der großen Spielräume für Eigenaktivität und Gestaltung ihrer persönlichen Entwicklung postuliert Zinnecker ein »Paradigma der Peersozialisation« für die Entwicklung der Persönlichkeit bei Kindern und Jugendlichen.

- Die entscheidenden Impulse für die Persönlichkeitsentwicklung kommen demnach von den Gleichaltrigen und nicht von den Angehörigen der älteren Generation. Belege für diese These sieht Zinnecker aus Studien zum Freizeitverhalten von Jugendlichen (Deutsche Shell 2000) und Untersuchungen zum Alltag von Schulkindern von Eder (1995) und Krappmann und Oswald (1995). Letztere haben den eigenständigen Anteil der Kultur der Gleichaltrigen im schulischen Bereich herausgearbeitet. Umgangsstile und Ziele für das eigene Verhalten werden von Schülerinnen und Schülern demnach teilweise hinter dem Rücken der Lehrerinnen und Lehrer entwickelt. Auch in der Familienforschung zieht Zinnecker Belege heran, insbesondere aus den Studien von Cicirelli (1995) und Sulloway (1997) über die große Bedeutung der Geschwisterbeziehung für die Persönlichkeitsentwicklung und der von Harris (2000) über die strukturell relativ geringen Einflüsse von Eltern auf die Persönlichkeitsentwicklung von Jugendlichen.

- Meiner Ansicht nach werden diese Studien von Jürgen Zinnecker falsch interpretiert. Tatsächlich hat sich, wie in Kapitel 3 und 4 dargestellt, der pädagogische und erzieherische Umgang mit Kindern und Jugendlichen gegenüber den 1950er-Jahren erheblich gewandelt. Das gilt besonders für den Abbau autoritärer Muster der Erziehung in Familien, Kindergärten und Schulen ebenso wie in der beruflichen und hochschulischen Ausbildung. Aber von Kindern und Jugendlichen wird heute genauso wie vor fünfzig Jahren die Umwelt kognitiv und affektiv angeeignet, reflexiv verarbeitet und handelnd verändert, es findet nach der in diesem Buch vorgestellten Definition »Sozialisation« statt. Das geschieht unter Bedingungen, die einen größeren Eigenspielraum zulassen, aber damit ist der Sozialisationseinfluss von Familien und Schulen als »Fremdsozialisation« nicht verschwunden, er hat nur seine Form verändert und sich an die Strukturen einer individualisierten Gesellschaft angepasst.

Die These von der strukturellen Veränderung der Fremdsozialisation greift interessante Facetten im Wandel der Gestalt von Sozialisationsprozessen auf, rechtfertigt aber keineswegs ein Abrücken vom Konzept »Sozialisation« und ein Umschwenken auf das missverständliche Konzept »Selbstsozialisation« (Bauer 2002). Auch unter den heutigen Lebensbedingungen kommen Kinder und Jugendliche nicht um komplizierte Reifungskrisen und Identitätsspannungen herum, müssen sich mit den jeweils typischen Entwicklungsaufgaben auseinander setzen und Lernprozesse bewältigen, für die sie Anregungen aus der gesamten Umwelt einschließlich der Impulse von Eltern, Pädagogen und anderen erwachsenen Personen verarbeiten. Die Entwicklung einer Identität ist auch heute für Jugendliche nur möglich, wenn sie sich mit den Widersprüchen zwischen persönlichen Bedürfnissen und gesellschaftlichen Anforderungen auseinander setzen. Insofern ist Sozialisation auch im Kindes- und Jugendalter durch die permanente Spannung zwischen der Selbstsozialisation und der Fremdsozialisation zu erklären, nicht aber durch einseitige Betonung einer dieser Komponenten.

Freizeit- und Konsumverhalten

Die Gleichaltrigengruppe ist für die Freizeitgestaltung und die hiermit eng verbundenen Muster des Konsumverhaltens ein entscheidendes Forum. Sowohl in Kindergarten und Schule als auch in der Freizeit übernimmt sie nicht nur Aufgaben der Geselligkeit und wird zur »Außenfamilie«, sondern sie hat auch die Funktion, in der immer unübersichtlicher werdenden Konsumwelt zu orientieren.

- Produkt- und Markeninformationen werden zuerst in der Familie angenommen, in der Gleichaltrigengruppe dann aber weiter ausgeformt und mit emotionalisierten Eindrücken versehen. Die Marke eines Produktes, etwa einer Jeanshose oder eines Pullovers, vermittelt ein magisches Image, das einen Hinweis auf die eigene Lebensgestaltung und den gewünschten Lebensstil enthält. Die Wahl einer Marke signalisiert so gesehen die Erfüllung von Sehnsüchten und Wünschen. Die großen »Labels« bieten darüber hinaus die Chance, sofort zu erkennen, wer in die eigene Stilgruppe gehört, sie vermitteln ein Zugehörigkeitsgefühl mit starker emotionaler Komponente.
- Die Orientierung an einer attraktiven Marke ist meist auch mit dem Wunsch der Erhöhung des eigenen Selbstwertgefühls verbunden. Die Marke tritt in vielen Fällen an die Stelle von lebensorientierenden Ideen aus dem religiösen und politischen

> Bereich. Sie hilft bei der Suche nach dem Selbstbild und gestattet es, das Image des Produktes als einen Schutzmechanismus vor sich herzutragen, der die eigene innere Unsicherheit überspielt. Das gilt auch für kosmetische Produkte und Genussmittel wie für Tabak und Alkohol. Eine Zigarettenmarke steht für Freiheit und Abenteuer und nicht nur Tabak, eine Sportschuhmarke repräsentiert nicht nur ein Kleidungsstück, sondern auch Fairness und Sportsgeist. Aus diesen Gründen sind bei Kindern und Jugendlichen vor allem solche Marken wichtig, die sich auf Produkte beziehen, mit denen man sich in der Öffentlichkeit zeigen kann. Die wichtigsten öffentlichen Plätze hierfür sind Schulen und – mit schwindender Tendenz – nachmittägliche Freizeittreffs (Unverzagt und Hurrelmann 2001, S. 19).

Die Konsumorientierung von Kindern und Jugendlichen ist in den letzten fünfzig Jahren deutlich angewachsen. Im Medien- und Freizeitmarkt sind sie ausgefeilten Markt- und Werbestrategien ausgeliefert, die einen hohen Konsumdruck ausüben können. Die meisten Kinder und Jugendlichen haben viel Geld zur direkten Verfügung und können sich auch kostspielige Konsumwünsche erlauben. Sie wachsen in einer Wohlstandsgesellschaft auf, die seit Jahrzehnten durch einen Zugewinn durch Besitz und Genuss geprägt ist und kaum noch konsumfreie (und kostenfreie) Orte kennt.

Hierdurch geraten schon Kinder in den Sog des demonstrativen Konsums. Sie müssen durch ihre Kleidung, teilweise auch durch die Gestaltung von Kleidung und Körper und ihre Gesten und Verhaltensweisen demonstrieren, dass sie zu einer der sozialen Gruppen gehören, die im Schul- und Freizeitbereich Anerkennung genießen. Gelingt ihnen das nicht, können sie schnell ausgegrenzt und diskriminiert werden. Eine aggressive Werbung, die eine Verbindung zwischen Persönlichkeitswert und Konsum herstellt, verschärft diese Dynamik.

Konsumverhalten als Lebensstil

Nach den Untersuchungen von Lange gibt es einen direkten Zusammenhang zwischen einem niedrigen Selbstwertgefühl und einer hohen Konsumorientierung von Jugendlichen. Die Konsumgüter gewinnen vor allem in sozial randständiger Gruppenlage eine starke Faszination, weil sie versprechen, die Selbstbefindlichkeit zu verändern. Hieraus können sich kompensatorischer Konsum und Kaufsucht entwickeln, die Folge einer ausgeprägten Selbstwertschwäche sind (Lange 1997, S. 16).

- Der rauschhafte Konsum kann zum Trostpflaster für Minderwertigkeitsgefühle werden – ein ganz ähnlicher Mechanismus, wie er auch bei Zigaretten, Alkohol und illegalen psychoaktiven Substanzen auftritt (Leppin, Hurrelmann und Petermann 2000). Je stärker ein Jugendlicher auf Konsum setzt, desto weniger ist er es gewohnt, aufwändige und anstrengende Leistungen für sich selbst zu erbringen, um das eigene Leben zu gestalten. Unkontrolliertes Kaufen und Konsumieren ist der symbolische Inbegriff von Freiheit und Selbstentfaltung. Kaufsucht führt zur Zufriedenheit und Erfüllung, die man durch eigene Leistungen und durch die Gestaltung der Beziehung zu anderen Menschen nicht gewinnen konnte.
- Eine weitere Funktion des Konsumverhaltens im Jugendalter liegt in ihrer symbolischen Bedeutung für die Gestaltung des Alltags. Das Jugendalter ist heute durch wenige Rituale und feste Muster geprägt, es verlangt dem Jugendlichen deswegen in hohem Maße eine Eigendefinition des eigenen Standortes ab. Das Konsumverhalten in der Peergroup kann symbolische Strukturierungen vornehmen. Sich nach bestimmten Kriterien anzuziehen, zu frisieren, ausgefeilte Schminktechniken zu vervollkommnen, in einer demonstrativen und selbstbewussten Weise über Telefon und Internet zu kommunizieren – das kann zum Bestandteil der Lösung einer Entwicklungsaufgabe werden. Das Konsumverhalten funktioniert in diesem Sinne auch als Ersatz für symbolische Markierungssteine beim Erwachsenenwerden.

Im Konsumbereich demonstrieren Kinder und Jugendliche Verhaltensweisen, die auch bei Erwachsenen beobachtbar sind. Die Unterschiede im Lebensstil zwischen den Jugendlichen und den Erwachsenen gleichen sich in vielerlei Hinsicht an: Die schulischen Lernbedingungen sind von den Bedingungen einer modernen Arbeitswelt oft nicht mehr zu unterscheiden, dasselbe gilt für die jugendlichen Freizeitbeschäftigungen und das Konsumverhalten.

5.2 Sozialisation in der Freizeit- und Wohnwelt

Kinder und Jugendliche erhalten wichtige Impulse für ihre Persönlichkeitsentwicklung heute nicht mehr durch die »Straßensozialisation«, wie sie noch bis in die 1950er- und 1960er-Jahre charakteristisch war. Seit dieser Zeit haben sich Lebens- und Lernereignisse aus der städtischen Straßenöffentlichkeit in die private Wohnumwelt der Familie verlagert. Zusätzlich haben sich immer mehr geschützte und kontrollierte Innenräume entwickelt, insbesondere im Freizeit- und Geschäftsbereich der Innenstädte. Nur noch wenige Tätigkeiten finden heute im öffentlichen Freiraum statt, hier wird nur noch ein geringer Teil der Freizeit verbracht. Für die Spiel- und Bewegungsanregungen ist durch diese Entwicklung eine enorme Veränderung eingetreten, weil Sinnesimpulse zunehmend auf mediale Vermittlung angewiesen sind (Görlitz, Harloff, Mey und Valsiner 1998; Harms und Mannkopf 1989).

Geringe Nutzbarkeit von Bewegungs- und Begegnungsräumen

Durch diese Entwicklung ist es dazu gekommen, dass öffentliche Räume in den Städten und Kommunen nur eine geringe Nutzbarkeit als Spiel-, Begegnungs- und Bewegungsräume haben. Kinder und Jugendliche benötigen die soziale und physikalische Umwelt aber als unmittelbaren Erfahrungsbereich, um sich körperlich und sozial zu entfalten. Größe, Anzahl und Ausstattung der nutzbaren Freiräume entsprechen heute nicht den Bedürfnissen dieser Altersgruppe. Dadurch werden die Kinder und Jugendlichen zum Aufenthalt in der Privatwohnung der Familie gezwungen (Zeiher und Zeiher 1994).

- Es wäre, wie insbesondere die ökologische Entwicklungstheorie herausgearbeitet hat (Kapitel 2.1.3), für Kinder und Jugendliche günstiger, wenn sie ihrer körperlichen und psychischen Entwicklung gemäß eine allmähliche Ausweitung ihrer Erfahrungsräume vornehmen könnten und dabei offene Spielmöglichkeiten vorfänden, um ihre Fantasie zu entfalten. Die Wohnumgebung ist der erste Erkundungs- und Erprobungsraum, in dem die elterliche Kontrolle über die Kinder eingeschränkt ist. Hier kommt es zur selbstständigen Aneignung von Erfahrungen durch das Spielen ohne elterliche Aufsicht. Vom Wohnumfeld aus können dann Möglichkeiten des Spielens und Bewegens in der weiteren Umwelt erschlossen werden, wobei Autonomie und Selbstständigkeit, Sammeln neuer Erfahrungen und Einüben in Regeln immer wichtiger werden. Schritt für Schritt können Kinder und Jugendliche so in unbekannte Bereiche vordringen und sie mit Eigeninitiative erschließen (Dippelhofer-Stiem 1995).
- Studien machen deutlich, wie günstig für Kinder und Jugendliche solche Freiflächen im städtischen und kommunalen Raum sind, die von den Planern gewissermaßen »vergessen« wurden. Solche Plätze sind für Kinder und Jugendliche oft attraktiver als Kinderspielplätze oder Jugendbolzplätze, die scheinbar auf ihre Bedürfnisse hin geplant worden sind. Besser sind für sie Flächen, die modifiziert, selbst gestaltet und umgewandelt werden können und zugleich eine Rückzugsmöglichkeit von den Erwachsenen bieten.

Für die weitere städtische Planung ist es wichtig, Spielen und Bewegung nicht nur auf speziell ausgewiesene Flächen zu begrenzen, sondern auf solche Räume auszudehnen, die im direkten Wohnumfeld oder im Umfeld der Schulen und Sportplätze liegen. Zusätzlich sollten Schulhöfe und Sportplätze so umgestaltet werden, dass sie für Kinder und Jugendliche frei zugänglich sind. Für Kinder sind zusätzlich Aktionshallen von Interesse, die für verschiedene Bewegungs- und Sportarten freie Entfaltung bieten und von ihnen mit gestaltet werden können (Dippelhofer-Stiem 1995; Häußermann und Siebel 1996).

Die Verinselung der kindlichen Lebenswelt

Vor allem Kinder im Vorschulalter sind heute stark von den Möglichkeiten ihrer Eltern abhängig, durch entsprechende Arrangements Erfahrungen außerhalb der Wohnung zu erschließen. Es gibt nur wenige Felder, in denen sich kindliche Aktivitäten spontan und ungeplant in der räumlichen Umwelt entfalten können. Die speziell für Kinder eingerichteten Spielplätze und Spiel- und Lerngruppen sind sehr stark von pädagogischen Vorstellungen der Erwachsenen oder professionellen Pädagogen geprägt und schränken die Möglichkeiten der Kinder zur Selbstbestimmung und Selbstregulierung ein. Diese Situation wird dadurch geschärft, dass die Kontakte der Kinder von den Eltern vermittelt und die Orte des Spielens von den Eltern ausgesucht und angefahren werden müssen.

- Der Lebensraum von Kindern erweitert sich nicht schrittweise mit der wachsenden Selbstständigkeit des Kindes, sondern er besteht schon von klein an aus verstreuten Einrichtungen in einem größeren Einzugsbereich. Helga Zeiher (1996) spricht deswegen anschaulich von einer »Verinselung« der Lebenswelt von Kindern, weil die Aufenthaltsbereiche voneinander abgetrennt sind und die Lebenserfahrungen in unterschiedlichen sozialen Systemen miteinander koordiniert werden müssen. Die Beziehungen und Kontakte in den verschiedenen verinselten Bereichen hängen nicht miteinander zusammen, sondern folgen jeweils ihrer eigenen Logik und den organisatorischen Anforderungen des Spielplatzes, des Kindergartens oder der Freizeiteinrichtungen.
- Der aktiven und spontanen Eroberung der sozialen und natürlichen Umwelt durch die Kinder selbst sind Grenzen gesetzt (Behnken 1990). Dem Such- und Tastverhalten der Kinder kommt diese Situation nicht entgegen. Kinder brauchen Mög-

lichkeiten zum ungestörten Spielen, das ihnen einen Freiraum für persönliche Produktivität einräumt und sie anregt, sich auf eine intensive Weise mit ihren persönlichen Fähigkeiten und Interessen auseinander zu setzen. In einer durchreglementierten Lebenswelt mit strenger Zeitstrukturierung sind die Möglichkeiten hierfür begrenzt (Melzer und Sünker 1989; Harms und Mannkopf 1989).

- Sobald die Kontakte zu den Gleichaltrigen zu einem wichtigen organisierenden Element im Alltag werden, also etwa mit neun oder zehn Jahren, werden die Möglichkeiten der Kinder größer, eigene Akzente in ihrer Freizeitbeschäftigung zu setzen. Auch in diesem Lebensabschnitt wird aber ein hohes Maß an Organisiertheit der Lebensvollzüge und Disziplinierung der Handlungsabläufe verlangt. Es gibt wenige soziale und räumliche Zonen, die voll auf die Bedürfnisse von älteren Kindern und Jugendlichen zugeschnitten sind. Viel Freizeit außerhalb der Schule wird deshalb heute in der Wohnung der Eltern verbracht (Böhnisch 2001; Krüger 1993).

Spezielle Einrichtungen wie Sportplätze, Sportschulen, Musikschulen, Tanzschulen, Abenteuerspielplätze und Kinder- und Jugendzentren sind hilfreich für ein kreatives Angebot, können aber keinen vollständigen Ersatz für frei gestaltbare Räume bieten. Hier liegt eine große Herausforderung für Freizeitangebote, die so gestaltet werden, dass sie den Kindern und Jugendlichen Freiräume einräumen, um selbstständig Regeln auszuhandeln, Rollen zu verteilen und zu übernehmen, Grenzen zu setzen und offen für neue Impulse und Veränderungen zu sein (Böhnisch und Schefold 1991; Bommes und Scherr 2000).

Entwicklungsgefährdungen durch Umweltbelastung

Nicht nur Bewegungs- und Begegnungsräume für Kinder und Jugendliche sind gefährdet, sondern auch andere natürliche Lebensgrundlagen wie Wasser, Luft und Boden (Fehr 2001). Besonders Kinder und Jugendliche sind hiervon betroffen. Sie nehmen nicht nur in ihrer körperlichen Entwicklung Schaden, sondern auch psychisch, seelisch und sozial. Viele Kinder und Jugendliche bedrückt die Gefahr einer ökologischen Krise, etwa durch die Explosion eines Atomkraftwerkes, Hungersnöte und andere Formen der Umweltzerstörung. Mädchen und junge Frauen zeigen sich sensibler gegenüber solchen Bedrohungen als Jungen und junge Männer (Mansel 1995).

- In vielen westlichen Gesellschaften werden die Wasservorräte rücksichtslos ausgenutzt, die Sauberkeit des Trinkwassers ist gefährdet. Giftige Stoffe im Wasser haben durch den Bau des menschlichen Körpers die Möglichkeit, bis in die letzte Zelle vorzudringen und biologische Vorgänge stark zu beeinflussen. Menschen mit hohem Flüssigkeitsbedarf sind hiervon besonders betroffen. Zu ihnen gehören Säuglinge und Kleinkinder. Bei ihnen haben schon geringe Dosen von Schadstoffen im Trinkwasser große Auswirkungen zum Beispiel auf das Immunsystem. Dort werden allergische, Krebs fördernde und zellverändernde Reaktionen ausgelöst.
- Ein weiteres Problem stellt die Luftverschmutzung dar. Hier sind die wichtigsten Noxen Schwefeldioxid, Stickstoffoxide und Kohlenmonoxid. Schon geringe giftige Dosierungen können bei Kindern und Jugendlichen spürbare Beeinträchtigungen der Gesundheit zu Folge haben, insbesondere Schädigungen der Atemwege, Reizungen der Augen und der Haut, Hals- und Brustbeschwerden, Hustenreiz und allgemeine Beeinträchtigungen der Leistungsfähigkeit. Mit ziemlicher Sicherheit ist insbesondere die starke Ausbreitung von Allergien im Zusammenhang mit der Luftverschmutzung zu sehen (Hurrelmann 2000, S. 14).
- Die Verschmutzung von Wasser, Boden und Luft hat eine Schadstoffbelastung der Ernährung zur Folge. Immer mehr gefährliche Stoffe gelangen in die Nahrungsmittelkette des Menschen, wodurch ebenfalls das Immunsystem zur Abwehr gefährlicher Fremdstoffe und Infektionen beeinträchtigt werden kann. Über eine lange Kette, die von Luft-, Boden- und Wasserbelastung über chemische Saatbehandlung, Düngung, Tierfutter, Tierhormone und -medikamente sowie chemische Hilfsmittel bei der

Verarbeitung, Aufbereitung und Konservierung der Naturprodukte reicht, gelangen Chemikalien in die menschliche Nahrung. Die Tragik dieser Verschmutzung offenbart sich in der Tatsache, dass die Muttermilch von schwangeren Frauen in vielen Regionen stark durch solche Chemikalien belastet ist (Hurrelmann 1990; Kolip 1997; Kolip, Hurrelmann und Schnabel 1995).

5.3 Sozialisation in der Medienumwelt

Schon Kinder leben heute in einer Umwelt, die intensiv mit technischen Geräten und Medien ausgestattet ist. Eine große Rolle spielen dabei Massenmedien wie Fernsehen und Computer, deren Nutzung fest in die Alltagsroutinen von Kindern und Jugendlichen einbezogen sind. Den Medien kommt deshalb eine wachsende Bedeutung im Sozialisationsprozess zu (Schorb, Mohn und Theunert 1991).

Die Sozialisationswirkung von Massenmedien

Medien können als Hilfsmittel verstanden werden, um Kommunikation herzustellen und Probleme der Verständigung zu lösen. Sie beeinflussen die Muster der Wahrnehmung, die Interpretation von kulturellen und sozialen Ereignissen, intellektuelle Verarbeitungsstile und Weltbilder. Sie tragen zur Enkulturation bei, also zum Erwerb von Bedeutungen, Verständigungsmustern und Werthaltungen, die in der Kultur einer Gesellschaft vertreten sind.

Sofern es Medien ermöglichen, große Gruppen von Menschen zu erreichen, werden sie auch als »Massenmedien« bezeichnet. Dazu gehören die Medien Buch, Zeitung, Radio, Fernsehen, Film und Computer. Ihre sozialisatorische Wirkung ist nicht leicht zu erfassen.

- Massenmedien unterscheiden sich von anderen für die Sozialisation relevanten Organisationen (Betriebe, Religionsgemeinschaften), dadurch, dass sie die Adressaten ihrer Aktivität weder als Mitglieder noch als Klienten, sondern in der Regel nur als anonymes Publikum ansprechen. Dieses Publikum ist nicht in ein organisiertes System einer bindenden und dauerhaften Kooperation einbezogen. Der Organisationszweck der Massenmedien liegt in der Information und Unterhaltung breiter Bevölkerungsgruppen, potenziell aller Mitglieder einer Gesellschaft und nicht nur eines Teils von ihnen. Auch hierin unterscheiden sich die Massenmedien von den übrigen organisierten Teilsystemen mit Sozialisationsrelevanz (Neumann-Braun und Müller-Doohm 2000).

- Wie wirksam Massenmedien (etwa das Fernsehen) für die Persönlichkeitsentwicklung sind, hängt nur zu einem Teil von den Inhalten und der Dramaturgie der dargebotenen Botschaften ab, zu einem weiteren Teil von persönlichen Merkmalen des Rezipienten und von der Einbindung in das soziale Umfeld. So ist etwa bei Kindern und Jugendlichen die langfristige Wirkung auf die Persönlichkeitsentwicklung davon abhängig, welche Inhalte des Fernsehens über welchen Zeitraum aufgenommen werden, auf welche Persönlichkeitsstruktur mit welchen Vorinformationen, Einstellungen und Handlungsmustern die Information trifft und in welchem sozialen Kontext die Information aufgenommen wird, ob sie also verarbeitet und bewertet, im Geschwisterkreis oder im Familienkreis diskutiert und nachbereitet wird oder nicht (Fromme, Kommer und Mansel 1999).

Der alltägliche Umgang mit Massenmedien

Durch ständige Neuentwicklungen der Informations- und Kommunikationstechnik ist die Bedeutung der Massenmedien im Lebensalltag der Menschen in allen Lebensphasen in den letzten Jahren angestiegen. Die gesamte soziale und materielle Umwelt wird dadurch stark »mediatisiert«. Massenmedien sind zu einem durchgehenden Bestandteil der sozialen Lebensbedingungen geworden und treten zugleich in allen Lebensphasen und Lebenssituationen als Vermittler der äußeren Realität auf. Sie haben einen Doppelcharakter, weil sie Bestandteil der äußeren Realität sind und zugleich auch durch ihre mediale Funktion eine Vermittlung von äußerer Realität anbieten. Massenmedien durchdringen im Grunde alle anderen sozialen Organisationen einer Gesellschaft (Rolff und Zimmermann 1990).

- Gesellschaftliche Normen, Werte, Wissensbestände und Verhaltensweisen werden der jungen Generation in hohem Ausmaß über elektronische Massenmedien vermittelt, insbesondere Fernsehen und Computer. Viele Wissenschaftlerinnen und Wissenschaftler sprechen von »Medienkindheit« und »Medienjugend«. Unklar ist, ob Kinder und Jugendliche in der jeweiligen Phase ihrer Entwicklung in der Lage sind, mit den vielfältigen Impulsen und Inhalten der verschiedenen Massenmedien angemessen umzugehen. »Eine wesentliche Sorge betrifft dabei die Frage, ob die noch in ihrer kognitiven, moralischen, emotionalen und physischen Entwicklung stehenden Kinder und Jugendlichen die notwendigen Wahrnehmungskompetenzen und die kognitive und moralische Urteilskraft besitzen, um die Künstlichkeit, Zerrissenheit und Widersprüchlichkeit, Vielschichtigkeit und Permanenz von Informationen durch ständige Medienkonfrontation für sich sinnvoll in einen Zusammenhang zu bringen.« (Vollbrecht 2001, S. 136)
- Grundsätzlich kann man sagen, dass Kinder die Medien so für sich nutzen, dass sie für ihre weitere Persönlichkeitsentwicklung von Vorteil und nicht von Nachteil sind (Baacke, Sander und Vollbrecht 1991). Auf lange Sicht gehört dazu der souveräne Umgang mit den Inhalten und Formen und die angemessene Fähigkeit zur Entschlüsselung der formalen Darstellungsformen und der inhaltlichen Botschaften sowie die Kompetenz, diese Impulse sinnvoll und kreativ in den Alltag zu integrieren und einer bloß konsumierenden Rolle zu entgehen (Vollbrecht 2001, S. 136). Da für Kinder und Jugendliche moderne Medien von Anfang an zum täglichen Erfahrungshorizont dazugehören, ist ihr Umgang mit den Medien, den dazugehörigen Techniken und den kulturellen Inhalten und Symbolen spontaner und pragmatischer und insofern auf einem anderen Stand als bei der jeweils vorangehenden Generation.

Medienpädagogisch spricht deshalb vieles dafür, die aktiven und für eine Aneignung geeigneten Fähigkeiten und Kompetenzen von Kindern und Jugendlichen beim Umgang mit Medien und ihren Inhalten früh zu unterstützen und weiterzuentwickeln, während eine abschirmende und schützende pädagogische Haltung eher kontraproduktiv ist, weil sie die Selbststeuerung des Medienverhaltens nicht stärkt.

Die Entwicklung von Medienkompetenz

Zur souveränen Nutzung der Medien bedarf es also einer spezifischen »Medienkompetenz«, der Fähigkeit, mit Medien (sowohl den gedruckten wie den elektronischen und akustischen) und ihren Botschaften so umzugehen, dass sie für die eigene Entwicklung nutzbar gemacht werden. Voraussetzung dafür ist eine Kenntnis des Regelsystems, nach dem die Botschaften in den Medien hergestellt werden.

- Hier ist der in Kapitel 2.2 vorgestellte Begriff der »kommunikativen Kompetenz« von Habermas wichtig: Medienkompetenz setzt die Fähigkeit der Nachkonstruktion des Regelsystems und das Verstehen von Sinn und Absicht von Aussagen voraus. Medienkompetenz ist gegeben, wenn Kinder und Jugendliche die kognitiven und sozialen Fähigkeiten haben, Struktur, Aufbau und Inhalte der Medien in ihrer Regelhaftigkeit zu erkennen und sie zeitlich und situativ so aufzunehmen, wie es ihrem jeweiligen persönlichen Entwicklungsstand entspricht (Vollbrecht 2001, S. 58).
- Der Kern der Medienkompetenz liegt darin, unterschiedliche Macharten und Genres von gedruckten, gehörten und verfilmten Darstellungen erkennen und unterscheiden zu können, also zum Beispiel Nachrichten von Meinungen und fiktionalen Darstellungen. Diese Kompetenz kann in der Regel nur erworben werden, wenn Kinder und Jugendliche Gelegenheit haben, bei der Nutzung von Medien ihre Reflexionsfähigkeit über Inhalt und Struktur zu schulen.

Zur Medienkompetenz gehört, was häufig übersehen wird, auch die Lesekompetenz, denn nicht nur in Printmedien, sondern auch in elektronischen Medien spielt Schriftlichkeit eine große Rolle. Dabei geht es nicht nur um die Fähigkeit zur Entschlüsselung (Dekodierung) von Texten, sondern auch um die Einordnung ihrer Inhalte und Aussagen in das eigene Denken und Handeln. Die Lesekompetenz ist bei Kindern mit einem überhöhten Fernsehkonsum in Gefahr – sie stehen im Risiko, zu Analphabeten zu werden. Damit verlieren sie faktisch eine Schlüsselkompetenz zum sozialen Leben in der »Mediengesellschaft« (Groeben und Hurrelmann 2002).

Kinder und Jugendliche mit Medienkompetenz sind in der Lage, Medien und ihre Botschaften in die Konstruktion ihrer Persönlichkeit und ihrer Biografie produktiv einzubeziehen. Für sie sind die Medien im positiven Sinn des Wortes Hilfe bei der produktiven Verarbeitung der äußeren Realität. Kinder mit Medienkompetenz besitzen die technische Virtuosität im Umgang mit verschiedenen Medien, vor allem aber die Fähigkeit ihrer reflexiven, ästhetischen und kreativen Nutzung. Sie können Struktur, Gestaltungsformen und Wirkungen von Medien einschätzen, ihre Angebote zielgerecht und angemessen einschätzen und sie für die eigenen Interessen und Bedürfnisse aktivieren.

Muster und Wirkungen der Fernsehnutzung

Familien sind der erste Ort für das Entstehen von Medienerfahrungen, hier bilden sich die Muster für den Umgang mit dem Fernsehen und den anderen Medien aus. Das Medienverhalten der Eltern ist für die kindliche Einschätzung der Bedeutung von Medien wichtig. Die Fernsehnutzung ist fest in die Alltagsroutine der Beziehungen und des Umgangs der Familienmitglieder untereinander eingebunden. Insbesondere das Fernsehen stellt in vielen Familien einen Bereich der gemeinsamen Aktivität dar und erfüllt die Funktion der Konfliktvermeidung und Problementlastung.

- Die Nutzung des Fernsehers bei Kindern und Jugendlichen hängt von der familialen Erziehung ab. Ein partizipativer Erziehungsstil und eine verständnisvolle Kommunikation in den Familien sorgen dafür, dass die tägliche Fernsehdauer eher niedrig ist. Kontrollierendes Erziehungsverhalten und stark eingreifende Erziehungsaktivitäten der Eltern hingegen hängen mit einer überdurchschnittlichen Fernsehdauer der Kinder zusammen. Eine hohe Dauer ist ein Indiz für ein wenig anregungsreiches Familienklima mit vergleichsweise autoritären Erziehungsmustern der Eltern. Das »Fernsehverbot« für Kinder und Jugendliche, als Strafe eingesetzt, ist dabei meist ein Indiz für einen unsicheren Umgang mit diesem Medium. Je stärker sich die Eltern auf die Entwicklungssituation ihrer Kinder einstellen, desto geringer ist in der Regel der Fernsehkonsum. Ähnliches gilt für die Computernutzung (Kunczik 1994; Merten 1999).

- Fernsehen stellt etwa vom zehnten Lebensjahr an die wichtigste Freizeitbeschäftigung von Kindern und Jugendlichen dar. Statistisch verbringen Kinder und Jugendliche mindestens so viele Stunden in Kindergarten und Schule wie vor dem Fernseher. Die durchschnittliche tägliche Fernsehdauer der sechs- bis 18-jährigen Kinder beträgt in Deutschland heute etwa zwei Stunden, bei Kindern mit geringen Anregungen aus dem Familienleben liegt der Wert bis um das Dreifache höher. Am Samstag und Sonntag erhöht sich der Konsum in allen Gruppen noch einmal deutlich (Myrtek und Scharff 2000).
- Wirkungsanalysen zeigen, dass intellektuelle Leistungen von Kindern steigen können, wenn sie gut durchgearbeitete Sendungen gezielt nutzen. Zu den negativen Wirkungen des Fernsehens gehört die Vermittlung eines unrealistischen Weltbildes und ein abstumpfender Effekt bei pornografischen und gewalthaltigen Darstellungen. Gewaltdarstellungen im Fernsehen können die Aggressivität von Kindern und Jugendlichen erhöhen, wobei besonders die »Vielseher« gefährdet sind, die aus einem bereits Gewalt praktizierenden sozialen Milieu stammen und einen Mangel an Selbstvertrauen haben (Aufenanger 1995; Grimm 1999; Kunczik 1994).

Kindern sind über die Massenmedien praktisch alle Lebensbereiche des Erwachsenenlebens früh zugänglich. Hierin liegen nicht nur

Gefahren und Risiken der Überreizung und Überforderung, sondern auch Chancen der frühzeitigen Anregung und Förderung von Wissen und Kompetenz. Diese Anregungen erfolgen allerdings typischerweise durch professionell vorfabrizierte und routinisierte Angebote der menschlichen Lebensführung und Lebensbewältigung. Massenmedien transportieren suggestive Leitbilder für soziales Ansehen und Erfolg. Sie bewirken, dass sich andere Freizeitaktivitäten und kulturelle Betätigungen aus diesem privaten und familialen Milieu verflüchtigen. Hierdurch wird das familiengebundene Kulturleben überformt, wodurch die Sozialisationswirkung der Familie strukturell abgeschwächt wird (Rolff und Zimmermann 1990; Schorb und Theunert 2001).

5.4 Politische Sozialisation und Wertorientierungen

Nicht zuletzt durch den intensiven Umgang mit Medien lässt sich die junge Generation als ein »Sozialisationstyp der flexiblen Realitätsverarbeitung« beschreiben, charakterisiert durch ein Persönlichkeitsprofil mit schneller Aufnahme verschiedenster Impulse und Anregungen und einer vielfältigen, oft parallel verlaufenden Kombination von Handlungen und Eindrücken zur selben Zeit, um den kulturellen und gesellschaftlichen Bedingungen gewachsen zu sein. Durch die Massenmedien sind die Angehörigen der jungen Generation genauestens über kulturelle und politische Ereignisse informiert und nicht auf Eltern oder Pädagogen als »Weltdeuter« angewiesen. In diesem Abschnitt sollt untersucht werden, wie sich diese Ausgangssituation auf Wertorientierungen und politisches Engagement von Jugendlichen auswirkt.

Die egotaktische Grundorientierung

Aus Jugendstudien lässt sich ablesen, dass die Angehörigen der jungen Generation großes Gewicht auf eine individualistische und selbstbezogene Wertorientierung legen. Die offenen gesellschaftlichen Strukturen stimulieren ein flexibles normatives Navigationssystem. Die soziale Entwicklung geht mit einem Abbau von sozialen Traditionen und Rollenvorschriften einher und bietet hiermit erhebliche Freiheiten und auch Notwendigkeiten für die Gestaltung des eigenen Lebens. Jugendliche reagieren hierauf mit dem Versuch, ihre Kompetenz bei der Entwicklung einer Lebenskonzeption und der Etablierung der Identität zu entfalten. Dieser Aufgabe stellen sich Jugendliche, aber sie orientieren sich dabei im Unterschied zur mittleren und älteren Generation stark an ihren ureigenen persönlichen Interessen (Deutsche Shell 2000).

- Sucht man nach einem anschaulichen Bild für den vorherrschenden »Sozialcharakter« von Jugendlichen, so bietet sich der Begriff »Egotaktiker« an. Jugendliche sondieren sensibel ihr Umfeld und fragen sich, welche Möglichkeiten und Chancen für ein Engagement und für ihre persönliche Entwicklung sich daraus ergeben. Als Egotaktiker sind sie keine Egoisten, die ohne Rücksicht auf Interessen und Bedürfnisse anderer nur von ihrem eigenen Nutzen ausgehen. Vielmehr sind sie an einer guten Qualität des sozialen Zusammenlebens interessiert, wollen dabei allerdings ihre eigenen Wünsche und Vorstellungen umgesetzt sehen.
- Angesichts des Verlusts von traditionellen Sicherheiten durch Glauben und Autorität suchen Jugendliche nach einer neuen Art und Form der sozialen Einbindung, die sie in ihrer persönlichen Entwicklung nicht hemmt. Sie wenden sich von den Pflicht- und Ordnungswerten (Disziplin, Anpassung, Gehorsam, Unterordnung, Fleiß) ab, die sie als einengend und unproduktiv empfinden. Sie befürworten Werte wie Freiheit, Lebensgenuss, Kreativität, Abenteuer und Mitbestimmung, aber auch Freundschaft, Liebe und Treue.

Diese Grundhaltung überträgt sich auf das politische Interesse und das bürgerschaftliche Engagement. Politischen Entwicklungen gegenüber stellen die Angehörigen der jungen Generation spontan die Frage, was die Entwicklung für sie selbst bedeutet. Aus der Perspektive der älteren Generation entsteht deshalb oft der Eindruck, Jugendliche seien stark auf sich fixiert und klinkten sich aus sozialen Verpflichtungen aus, wodurch das für eine moderne Gesellschaft notwendige Engagement und die Beteiligung in Gruppen, Vereinen, Parteien und Verbänden immer seltener werde. Die politische Stabilität der Gesellschaft sei dadurch gefährdet, weil die junge Generation zu wenig in das Gemeinwesen investiere.

Veränderung der politischen Beteiligung

Untersuchungen zur politischen Beteiligung Jugendlicher bestätigen dieses Bild nur zum Teil.

- Repräsentative Untersuchungen zeigen eine abnehmende politische Beteiligung bei traditionellen Organisationen, Vereinen und Verbänden. Seit Ende der 1980er-Jahre hat sich der Anteil von Jugendlichen, die Mitglied bei Sportvereinen, Jugendverbänden, kirchlichen und religiösen Vereinen und Verbänden, Berufsverbänden, Gewerkschaften und politischen Parteien sind, deutlich reduziert. Nur noch etwa ein Drittel der Jugendlichen nimmt an Aktivitäten dieser traditionellen Organisationen regelmäßig oder wenigstens gelegentlich teil, Ende der 1980er-Jahre waren es noch deutlich mehr als die Hälfte aller Jugendlichen (Gille und Krüger 2000; Hoffmann-Lange 1995).
- Diese Entwicklung ist in der gesamten Bevölkerung zu beobachten, sie tritt allerdings in besonders starker Ausprägung bei der jungen Generation auf. Diese erweist sich als äußerst zögerlich gegenüber einer Mitgliedschaft in Gewerkschaften, kirchlichen Vereinigungen und politischen Parteien. Heute sind nur noch etwa ein Prozent der 16- bis 21-Jährigen Mitglied einer politischen Partei, während es im Bevölkerungsdurchschnitt über drei Prozent sind (Gaiser und de Rijke 2001). Parteien stellen in westlichen demokratischen Gesellschaften die wichtigsten Vermittler im politischen Prozess der Meinungsbildung und Entscheidungsfindung dar. Die Parteimüdigkeit der jungen Generation führt zwangsläufig zu einem Verlust an politischer Lebendigkeit und Gestaltungsfähigkeit der Parteien.

- Im Unterschied hierzu ist die Beteiligung an informellen gesellschaftlichen und politischen Gruppierungen bei Jugendlichen in den letzten zwanzig Jahren gleich stark geblieben. Zu diesen Gruppierungen gehören Umweltschutzgruppen, Friedensinitiativen, Anti-Atomkraftinitiativen, Selbsthilfegruppen, Frauen und Männergruppen, Dritte-Welt-Initiativen und Menschenrechtsgruppen. Diese Gruppen bieten eine themen- und projektorientierte Beteiligung und stellen eine direkte Bindung zu ihren Mitgliedern her, die nicht durch eine fest verankerte formelle Mitgliedschaft besiegelt sein muss. Auch wegen ihrer einfaltsreichen Aktivitätsformen haben diese Gruppierungen eine höhere Anziehungskraft auf Jugendliche als die traditionellen Organisationen. Die Untersuchungen von Gaiser und de Rijke (2001) zeigen, dass etwa zwanzig Prozent der Jugendlichen sich zumindest über einige Jahre hinweg einer solchen Gruppierung anschließen.
- Gegen den Trend zugenommen hat die Beteiligung an punktuellen politischen Aktivitäten, die in der Regel keine oder nur eine vorübergehende Mitgliedschaft in einer Organisation mit sich bringen. Zu diesen Aktivitäten gehören Unterschriftensammlung, Teilnahme an genehmigten Demonstrationen, an öffentlichen Diskussionen, Boykott von Geschäften und Institutionen, Schreiben von Leserbriefen, Teilnahme an nicht genehmigten Demonstrationen, Spenden für politische Zwecke und Briefe an Politikerinnen und Politiker. Bei diesen Beteiligungsformen ist die jüngere Generation etwa im gleichen Ausmaß vertreten wie die mittlere und die ältere Generation.

Werden alle drei Formen der politischen Beteiligung zusammengefasst, dann ergibt sich für etwa fünfzig Prozent der Jugendlichen eine politische Beteiligung. Dieser Wert liegt unter dem der mittleren und der älteren Generation. Die Aktivitätsquote steigt mit dem Bildungsgrad der Jugendlichen. Junge Männer sind eher bereit, sich in den traditionellen Organisationen zu binden, während junge Frauen die informellen Gruppierungen und sozialen Bewegungen bevorzugen. Von einer grundsätzlichen Beteiligungsverweigerung kann also keine Rede sein, aber die konventionelle Politik wird von

Jugendlichen offenbar nicht als zentrales Betätigungsfeld gesehen (Gaiser und de Rijke 2001, S. 15).

Das politische Engagement von Jugendlichen hängt, wie diese Untersuchungen zeigen, mit ihrer sozialen Lebenssituation zusammen. Die Bereitschaft zur Beteiligung steigt dann an, wenn Jugendliche realistische Perspektiven für ihre berufliche und soziale Integration sehen und das Bestreben haben, eine einflussreiche Position im Berufsleben der Gesellschaft einzunehmen. Diese Perspektive kann heute nur noch bei einem Teil der Angehörigen der jungen Generation vorausgesetzt werden, weil für immer mehr Jugendliche eine gezielte Zukunftsplanung angesichts lang gestreckter schulischer und beruflicher Ausbildungszeiten und schwieriger Berufseinmündungen seltener geworden ist. Die Mehrzahl der nicht voll integrierten gegenwartsorientierten, mit ihrer eigenen Lebenssituation stark beschäftigten Jugendlichen hat möglicherweise aus diesem Grund kein hohes politisches Beteiligungsinteresse (Palentien und Hurrelmann 1998).

Extremistische politische Einstellungen

Ein deutliches Krisenzeichen sind rechtsextremistische politische Orientierungen bei Jugendlichen. In Anlehnung an die Gesellschaftstheorie von Ulrich Beck führt Wilhelm Heitmeyer sie auf die Belastungen zurück, die sich aus der Dynamik der Individualisierungsschübe für diejenigen Jugendlichen ergeben, die sozial benachteiligt und wenig integriert sind.

- Durch Vereinzelungsgefühle und das Empfinden eines Verlustes an sozialem Status kommt es nach seiner Theorie zu einer Bedrohung der Identität und damit zu einer für die Selbstdefinition unerträglichen Situation. Heitmeyer übernimmt aus den theoretischen Arbeiten von Döbert und Nunner-Winkler (1975) die These, dass gesellschaftliche Widersprüche in spätkapitalistischen Gesellschaften von Jugendlichen und Heranwachsenden besonders stark empfunden werden und subjektiv als Orientierungsprobleme zu verarbeiten sind. Autoritäre, rechtsextremistische und gewaltorientierte Einstellungen und Handlungsmuster ergeben sich nach dieser Theorie als Art »regressiver Bewältigungsversuch«, um durch scheinbar eindeutige Perspektiven und soziale Rollensicherheit der völligen Irritation der eigenen Identität zu entgehen, besonders als junger Mann (Heitmeyer 1995; Hopf 1995).

- In den Untersuchungen wird deutlich, dass die Anfälligkeit von Jugendlichen für rechtsextremistische Positionen durch die stark verbreitete Fremdenfeindlichkeit, Gewaltakzeptanz und Rücksichtslosigkeit in breiten Schichten der erwachsenen Bevölkerung unterstützt wird. Nach Untersuchungen von Willems (1993) spielen Fremdenangst, Fremdenfeindlichkeit und rechtsextreme Gewalt gegen Ausländer deshalb eine so große Rolle, weil kulturelle Standards unsicher werden, die Lebensgewohnheiten in den kulturell vielfältig gewordenen Stadtvierteln variieren und Konkurrenzsituationen durch zugewanderte Bevölkerungsgruppen entstehen. Viele Jugendliche gewinnen den Eindruck einer relativen Benachteiligung bei der Verteilung von gesellschaftlichen Ressourcen und identifizieren die Migrantenfamilien als Sündenböcke. Der Verlust an orientierender und verlässlicher sozialer Bindung und kultureller Zivilisation wird ganz offensichtlich nachträglich ethnisiert, also in seinen Ursachen auf die kulturellen und wirtschaftlichen Effekte der eingewanderten Bevölkerungsgruppen zurückgeführt (Möller 2000, S. 52).

Rechtsextremismus wird in den meisten Studien als Verbindung einer Ideologie von Ungleichheit mit Gewaltakzeptanz verstanden. Zur Ideologie der Ungleichheit gehört eine nationalistische oder rassische Selbstübersteigerung, die soziobiologische Behauptung von natürlichen Hierarchien und die sozialdarwinistische Betonung des Rechts des Stärkeren. Die Gewaltakzeptanz richtet sich auf die Überzeugung der unabänderlichen Existenz von »natürlichen« Machthierarchien (Heitmeyer 1987; Möller 2000).

Die intellektuellen und sozialen Kompetenzen der Auseinandersetzung mit der inneren und äußeren Realität sind nach diesen Studien der Schlüssel für die Erklärung von rechtsextremen Positionen. Ist das intellektuelle Reflexionsvermögen nicht entwickelt, fehlt es an Fähigkeit zur Perspektivenübernahme und an emotionalem Mitgefühl mit anderen (Empathie) und ist zugleich die Fähigkeiten der verbalen Konfliktregelung nicht ausgebildet, dann sind die vereinfachenden und brutalisierenden Angebote des Rechtsextremismus attraktiv (Möller 2000, S. 362). Die Untersuchung von Möller bestätigt die besondere Anziehung, die rechtsextremistische Positionen auf männliche Jugendliche haben. Ganz offensichtlich hängt die Attraktivität mit der Suche von jungen Männern nach ihrer Geschlechtsrolle zusammen, wobei der Rechtsextremismus als die maskulin akzentuierte Auseinandersetzung um männliche Vorherrschaft interpretiert wird.

Neue Formen der politischen Beteiligung

Wie diese Studien zeigen, sind Wertorientierungen und politische Einstellungen von Jugendlichen eng mit dem gesamten sozialen Sozialisationsprozess verbunden, sie spiegeln die verschiedenen Formen der Bewältigung von Entwicklungsaufgaben und Lebensbelastungen wider. Gegenüber der mittleren und älteren Generation hat sich das Profil von politischen Einstellungen und Mitwirkungsmöglichkeiten verschoben, die junge Generation ist aber keineswegs unpolitisch geworden. Das gilt auch für die Jugendlichen, die extremistischen politischen oder religiösen Einstellungen anhängen. Die Untersuchungen hierzu haben gezeigt, dass die extremistischen Positionen Ausdruck des Gefühls sind, die Kontrolle über die Gestaltung wichtiger Lebensschritte verloren zu haben, in die soziale Isolation zu geraten und unsichere schulische und berufliche Perspektiven vor sich zu sehen. Bei diesen Jugendlichen sind die extremistischen politischen Orientierungen eine Spiegelung von Demoralisierung, Depression und Deprivation, bei den Jugendlichen in gut situierten sozialen Positionen reflektieren die »egotaktischen« Orientierungen auf eine andere Weise Verunsicherung und Perspektivlosigkeit auf einem hohen Wohlstandsniveau.

Insgesamt signalisiert die junge Generation mit ihrem spezifischen Profil von politischen und normativen Orientierungen ein hohes Maß an Unbehagen und Entfremdung gegenüber der politischen Kultur und dem etablierten demokratischen Machtapparat. Kinder und Jugendliche sind Protagonisten für eine Entwicklung, die sich zunehmend auch in der mittleren und älteren Generation zeigt. Sie stehen für eine Lockerung von sozialen Bindungen und eine Minderung des Engagements in traditionellen Organisationen, Vereinen und Verbänden. Die zuverlässige und dauerhafte Beteiligung an solchen sozialen Strukturen und Netzwerken war in der bisherigen Geschichte der westlichen Demokratien immer so etwas wie ein Unterfutter der gesellschaftlichen Integration. Sie bildete ein »soziales Kapital« (Coleman 1988), stärkte das Zusammenleben von Menschen mit unterschiedlichen Herkünften und Auffassungen zum gegenseitigen Vorteil aller Beteiligten.

- Feste Netzwerkstrukturen von Vereinen, Verbänden, Wohlfahrtsorganisationen, Gewerkschaften, Kirchen und Parteien sicherten bislang ein grundlegendes Potenzial von Berechenbarkeit und Verlässlichkeit und symbolisierten zugleich die wichtigsten kulturellen und politischen Einfluss- und Machtzentren. In dem Maße, wie sich die Menschen in einer demokratischen Gesellschaft aus diesen Netzwerken zurückziehen, kommt es zwangsläufig auch zu einem Abbau der politischen und gesellschaftlichen Stabilität.
- Die Identifizierung der jungen Generation mit dem politischen System ist eine elementare Voraussetzung für die Stabilität und Funktionsfähigkeit einer Demokratie. Deshalb müssen die beschriebenen Symptome einer Entfremdung der jungen Generation von Parteien und politischen Machtzentren ernst genommen werden. Ein Kennzeichen einer demokratischen Kultur ist es, dass sich auch die jungen Bürgerinnen und Bürger grundsätzlich an den zu lösenden politischen Aufgaben beteiligen und bereit sind, sich in den Willensbildungsprozess und auch in die direkte politische Arbeit einzuschalten.

Ganz offensichtlich sind in den nächsten Jahren neue Wege der politischen Beteiligung zu eröffnen. Dabei geht es nicht darum, ein politisches Engagement in den traditionellen Strukturen zu forcieren, sondern auf das gewandelte politische Interesse der jungen Generation flexibel einzugehen und zusätzlich auf die politische Gestaltbarkeit ihrer unmittelbaren Lebensbereiche zu achten. In einem elementaren Verständnis wird Politik nicht nur in den Parlamenten und Regierungen gemacht, sondern auch in Familien, Kindergärten, Schulen, Hochschulen, Ausbildungseinrichtungen und Medien, mit denen Kinder und Jugendliche täglich in Kontakt stehen. Hier eröffnet sich ein weites Feld für neue Formen der Mitbestimmung und Mitgestaltung, die den Interessen und Wünschen der jungen Generation entgegenkommen sollten.

6. Sozialisation als Bewältigungsverhalten

In diesem Kapitel wird im ersten Abschnitt ein Belastungs-Bewältigungs-Modell vorgestellt, das sich auf Grundkonzepte der Sozialisationstheorie beruft. Das Modell konzentriert sich auf die Bedingungen und Folgen einer gelingenden oder nicht gelingenden Bewältigung von Entwicklungsaufgaben im Lebenslauf. Gelingt die Bewältigung der erwartbaren Belastungen im Lebensalltag nicht, dann kann es zu Störungen der Persönlichkeitsentwicklung im sozialen, psychischen und körperlichen Bereich kommen. In der Regel beeinflussen sich diese drei Störungsbereiche gegenseitig und haben fließende Übergänge.

6.1 Das Belastung-Bewältigungs-Modell

Sozialisation kann in dieser Perspektive als Prozess der permanenten Bewältigung von Lebensanforderungen verstanden werden.

Unter Bewältigung wird, wie in Kapitel 2 bei der Erörterung von Persönlichkeits- und Handlungstheorien dargestellt, die Bemühung eines Menschen verstanden, Anforderungen und Belastungen in den Griff zu bekommen und sie möglichst zu meistern. Ziel ist es, die persönliche Handlungsfähigkeit zu erhalten, um die Ursachen der nicht zu bewältigenden Belastung zurückzudrängen oder – falls dieses nicht möglich ist – die Belastung durch die Umstellung der Handlungsfähigkeiten und der emotionalen Verarbeitung zu ertragen.

Gelingende und nicht gelingende Bewältigung

Ist der Bewältigungsprozess erfolgreich, sind soziale Integration, psychisches Wohlbefinden und körperliche Integrität gewährleistet. Die erfolgreiche Bewältigung ist Voraussetzung dafür, dass ein Mensch auch weiterhin eine produktive Verarbeitung von Belastungen und Anforderungen mit gesunder Persönlichkeitsentwicklung im sozialen, psychischen und körperlichen Bereich leisten kann (Havighurst 1981). Ist der Bewältigungsprozess nicht erfolgreich, kann es zu einer gestörten Realitätsverarbeitung mit Symptomen der Überbeanspruchung in Form von sozialer Abweichung, psychischen Störungen und körperlichen Krankheiten kommen.

In Abbildung 12 ist dieses »Belastungs-Bewältigungs-Modell« veranschaulicht. Als Belastungen werden neben Entwicklungsaufgaben und Übergängen im Lebenslauf auch dauerhafte Rollenkonflikte (etwa chronische Spannungen in Familie, Bildungs- und Arbeitsbereich, Freizeit und Freundeskreis) und kritische Lebensereignisse (Tod, Trennung, Verlust des Arbeitsplatzes und schwere Krankheit) aufgeführt.

- Das Ergebnis einer gelingenden Bewältigung kann an produktiv-angepassten sozialen, psychischen und körperlichen Verhaltensweisen und Befindlichkeiten abgelesen werden. Sie sichern die Aufrechterhaltung der Identität. Hierzu können auch leichte psychosomatische Störungen, schwache Varianten des aggressiven Verhaltens und noch nicht dauerhaft gesundheitsgefährdende körperliche Beeinträchtigungen gehören.
- Das Ergebnis der nicht gelingenden Bewältigung schlägt sich in der Regel in spürbaren Störungen der Entwicklung und der Gesundheit der Persönlichkeit nieder, die den Schwellenwert des grenzwertig Angepassten überschreiten und sich in sozial abweichendem, dissozialem Verhalten, psychischen und psychiatrischen Störungen und körperlichen Krankheiten ausdrücken und eine Gefährdung der Identität mit sich bringen (Schulenberg, Maggs und Hurrelmann 1997).

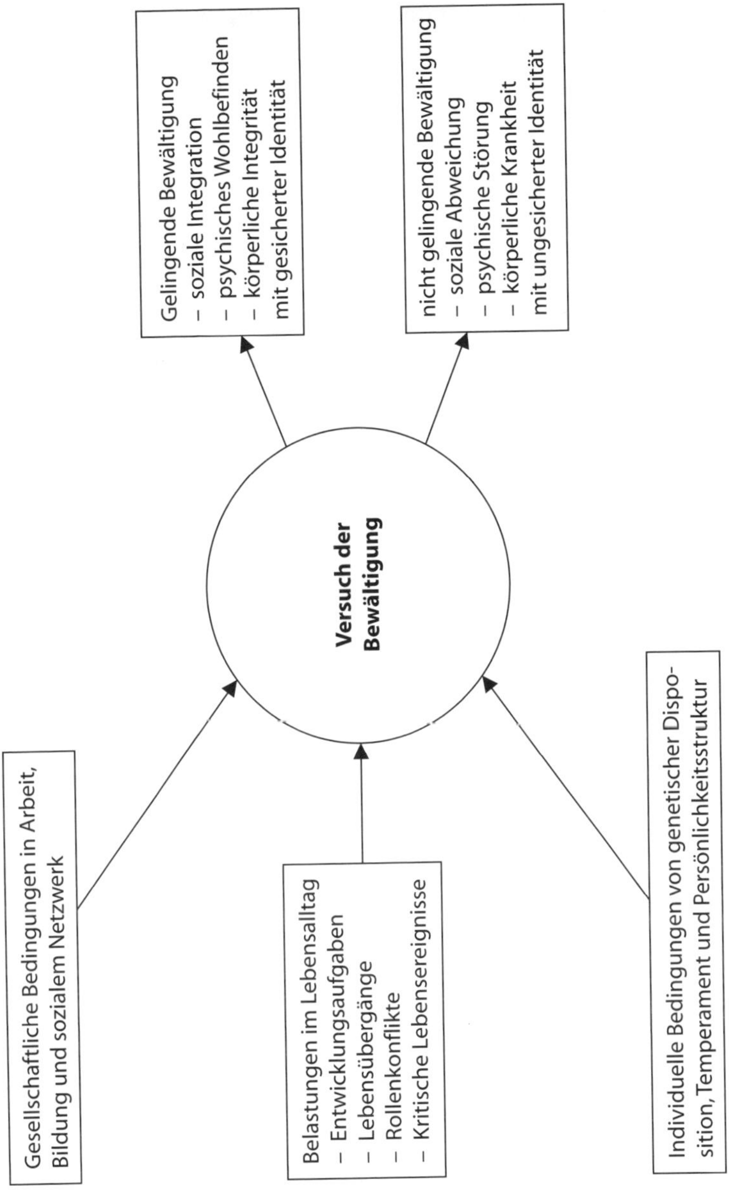

Abb. 12: Das Belastungs-Bewältigungs-Modell

Die Bewältigungsversuche sind auf die Meisterung einer belastenden lebenslagen- und lebensphasenspezifischen Situation gerichtet. Je aktiver und flexibler eine Person sich um die Diagnose einer belastenden Situation und die Mobilisierung von Ressourcen für eine Veränderung bemüht, desto größer ist die Chance, dass sich keine Symptome von abweichendem und störendem Verhalten einstellen. Je passiver die Bemühungen oder je rigider die Steuerungsversuche sind, desto größer wird das Risiko, dass sich solche Symptome zeigen (Lazarus und Launier 1978).

Entscheidend für die gelingende Bewältigung ist der Variationsreichtum bei der Auswahl von Bewältigungsstrategien und die Widerstandskraft (Resilienz) eines Menschen, sich durch herausfordernde und bedrohende Lebenssituationen nicht in Panikreaktionen hineintreiben zu lassen. Der Begriff »Resilienz« wurde durch die entwicklungspsychologischen Arbeiten von Werner und Smith (1982) populär. Die Autoren konnten nachweisen, dass viele Kinder und Jugendliche trotz Armut der Eltern, angeborenen Behinderungen, Spannungen und Trennungen der Eltern und schweren Erkrankungen der Eltern zu sozial integrierten und schulisch-beruflich erfolgreichen Erwachsenen mit einer optimistischen Lebensperspektive wurden. Sie führen dies auf Bewältigungsstrategien zurück, die vor allem durch ein hohes Maß an Selbstkontrolle, sozialer Aufgeschlossenheit und die Bereitschaft gekennzeichnet sind, sich in kritischen Situationen emotional und praktisch unterstützen zu lassen. Die Fähigkeit zur reflexiven Auseinandersetzung mit dem eigenen Leben erwies sich als der entscheidende Faktor (Opp, Fingerle und Freytag 1999).

Gelingende Bewältigung und Gesundheit

Das Konzept »Gesundheit« eignet sich besonders, um die theoretische Idee von Sozialisation als Bewältigungsverhalten auszuarbeiten. Gesundheit lässt sich als Zustand des objektiven und subjektiven Befindens einer Person verstehen, der gegeben ist, wenn diese Person sich in körperlichen, psychischen und sozialen Bereichen ihrer Entwicklung im Einklang mit den eigenen Bedürfnissen und persönlichen Möglichkeiten und den jeweils gegebenen äußeren Lebensbedingungen befindet. Gesundheit ist beeinträchtigt, wenn sich Anforderungen von innen oder von außen ergeben, die von der Person in der jeweiligen Phase im Lebenslauf nicht bewältigt werden können.

In diesem Verständnis, das stark von der Stress- und Bewältigungstheorie und der Handlungstheorie beeinflusst ist, wird Gesundheit als ein Gleichgewichtszustand konzipiert, der zu jedem lebensgeschichtlichen Zeitpunkt immer wieder erneut hergestellt werden muss. Die Balance führt zu körperlicher Stabilität, psychischem Wohlbefinden und sozialer Aktionsfähigkeit. Kann das Gleichgewicht nicht hergestellt werden, kommt es zum Abweichen vom Zustand »Gesundheit« und zu Störungen in den körperlichen, psychischen und sozialen Funktionsbereichen (Hurrelmann und Laaser 1998; Hurrelmann 2000, S. 94).

In dieser Sichtweise wird Gesundheit als Stadium des Gleichgewichts, Krankheit als Stadium des Ungleichgewichts von Risiko- und Schutzfaktoren auf körperlicher und psychischer Ebene definiert. Bildhaft lässt sich diese theoretische Konzeption auch auf die soziale Ebene übertragen.

- Auf körperlicher Ebene spielen innerindividuelle Systeme (Nervensystem, Hormonsystem und Immunsystem) und die Ausprägung von Anpassungsfähigkeit, Widerstand und Plastizität des Organismus in seiner Reaktion auf Umweltanforderungen die entscheidende Rolle für die Risiko-Schutz-Balance.
- Auf psychischer Ebene geht es um eine flexible Anpassung der Bedürfnis- und Motivationslage an die körperlichen Voraussetzungen und die sozialen und ökologischen Umweltbedingungen.
- Auf sozialer Ebene steht die Reaktion auf gesellschaftliche Gegebenheiten, insbesondere im wirtschaftlichen, ökologischen und Bildungsbereich im Vordergrund. Die Ausprägung von Gesundheit und Krankheit auf sozialer Ebene kann auch als eine Widerspiegelung der gesellschaftlichen Verhältnisse gewertet werden. Störungen der Gesundheit gelten in dieser Sichtweise als »Kosten« der gesellschaftlichen Entwicklung, insbesondere der wirt-

schaftlichen und kulturellen Wandlungsprozesse durch die Modernisierung der Gesellschaft.

Gesundheitsprobleme als Bewältigungsstörungen

Im Kindesalter lässt sich der Zusammenhang von Bewältigungsstörungen und gesundheitlichen Beeinträchtigungen besonders deutlich nachweisen. In allen hoch entwickelten Gesellschaften sind die akuten Infektionskrankheiten, die so genannten »Kinderkrankheiten«, zurzeit weitgehend unter Kontrolle. Problematischer sind die chronischen, oft lebenslang beeinträchtigenden Krankheiten wie Herzkrankheiten, Krebs, Diabetes, Rheuma und Haltungsschäden. Insgesamt sind etwa fünf Prozent aller Kinder und Jugendlichen von solchen akuten und chronischen Krankheiten betroffen. Damit ist das Ausmaß von körperlichen Krankheiten auf einem historisch sehr tiefen Niveau angekommen (Steinhausen 2001).

Anders sieht die Situation bei psychischen Störungen und psychosomatischen Beeinträchtigungen aus. Diese Störungen ergeben sich aus einem mangelnden Gleichgewicht der Regulierungssysteme Körper, Psyche und Umwelt. Sind sie nicht im Einklang miteinander, kommt es zu Fehlsteuerungen in jedem Einzelbereich und in der Gesamtkoordination dieser Systeme (Myschker 1994; Remschmidt 1997; Rutter 1989). Störungen dieser Art haben in den letzten Jahren spürbar zugenommen. Sie lassen sich nach fünf Ausprägungen unterscheiden.

- **Fehlsteuerungen des Immunsystems.** Die klassischen »Kinderkrankheiten« sind dank eines sehr hohen Standards von Hygiene und zugleich einer leistungsfähigen medizinischen Behandlung mit pharmakologischen Produkten zurückgedrängt. Immer stärkere und schnellere Verbreitung finden aber Krankheiten des allergischen Formenkreises, die mit Defiziten des Immunsystems zu tun haben. Asthma und Neurodermitis mit einer Verbreitung von jeweils fast zehn Prozent pro Jahrgang sind die schwersten Ausprägungen dieser Störungen. Wahrscheinlich spielt ein mangelhaft trainiertes Immunsystem zur Abwehr von Infektionskrankheiten hierfür eine zentrale Rolle. Weiterhin dürften auch Belastungen von Wasser, Luft und Ernährung zu den Fehlsteuerungen des Immunsystems führen. Zugespitzt formuliert: Enthalten wir Kindern die natürliche Umwelt vor, schirmen wir sie künstlich von Belastungen und Anforderungen bei der physiologischen Auseinandersetzung mit ihrer Umwelt ab, dann nehmen wir ihnen die Möglichkeit, einen widerstandsfähigen und starken Organismus mit einem leistungsfähigen Immunsystem zu entwickeln. Die mangelnde körperliche Bewegung trägt das Ihre dazu bei. Nur durch physische Aktivität erschließen und erobern sich Kinder die natürliche Umwelt. Der heute typische Mangel an Bewegung unterbindet diese Aneignungs- und Trainingsprozesse.

- **Störungen der Nahrungsaufnahme und des Ernährungsverhaltens.** Obwohl heute ein hervorragendes Angebot von Nahrungsmitteln zur Verfügung steht, häufen sich die Muster einer notorisch falschen Ernährung. Die vorgefertigten, leicht verdaulichen, preiswerten, aber zugleich kalorienhaltigen, industriell zubereiteten Produkte werden immer häufiger konsumiert. Diese Produkte sind zu fett, zu süß, zu salzig und enthalten ein zu geringes Angebot an verdauungsfördernden Faser- und Ballaststoffen. Diese Kost ist für Kinder und Jugendliche, die sich noch im Aufbau ihres Körpers befinden, nicht anregend und vielfältig genug. Durch den Überschuss an Kalorien bei gleichzeitig verbreiteter Bewegungsarmut kommt es deshalb bei immer mehr Kindern zur Übergewichtigkeit. Schon mindestens zehn Prozent der Schulkinder sind heute in einer ernsthaften Weise betroffen. Weitere zehn Prozent haben eine mäßige Übergewichtigkeit, die nur durch eine strenge Ernährungsdisziplin und Bewegungsförderung auf ein normales Maß zurückgeführt werden könnte. Übergewicht und Bewegungsarmut zusammen machen mindestens einem Fünftel der Schulkinder zu schaffen.
- **Fehlsteuerung der Sinneskoordination.** Durch die heute vorherrschende sitzende Beschäftigung in Schule, Ausbildung und Beruf und durch die fast allgegenwärtige Verbreitung von akustischen und audiovisiuellen Massenmedien (Radio, Rekorder, Fernsehen, Computer) kommt es zu einer einseitigen Stimulie-

rung des Hörsinns und des Sehsinns, während insbesondere das Riechen und Fühlen, das Atmen und Sprechen verarmen können. Durch den Mangel an Bewegung unterbleibt das für die kindliche Entwicklung so wichtige aktive Erkunden der physischen und sozialen Umwelt, vieles wird nur indirekt über Hören und Sehen erfahren und damit nicht mit allen Sinnen erfasst. Kinder leben insofern mit einer unausgewogenen »Sinneskost«. Die Konsequenz ist, dass die Reizung und Anregung der verschiedenen Sinneszentren im Gehirn vernachlässigt wird und damit ihre Vernetzung unterbleibt. Hier liegen unter anderem die Gründe für motorisch-muskuläre Koordinationsprobleme, die immer mehr Kinder und Jugendliche heute haben. Grob- und Feinmotorik von Kindern ist mangelhaft ausgeprägt. Die Verbindung zwischen den verschiedenen Schaltzentren im Gehirn werden durch die einseitige Sinnesreizung nicht hergestellt, deswegen kommt es zu Unsicherheiten und Ungeschicklichkeiten. Hiervon sind viele der Kinder mit Ernährungs- und Gewichtsproblemen besonders betroffen.

- **Unzureichende Bewältigung von psychischen Beanspruchungen und sozialen Anforderungen.** Diese »Fehlsteuerung des Bewältigungsverhaltens« tritt bei Kindern und Jugendlichen auf, die nicht gelernt haben, mit seelischen Konflikten umzugehen. Sie versagen bei den kleinsten Irritationen und Feindseligkeiten in ihrem familiären oder gleichaltrigen Umfeld und reagieren entweder introvertiert oder extravertiert. Deshalb werden in den letzten Jahren immer mehr psychische und psychosomatische Störungen wie Nervosität und Unruhe, Kopfschmerzen und Magenschmerzen, Rückenschmerzen und Verdauungsstörungen und depressive Störungen (Suizidgefährdung bei schon 11- bis 12-Jährigen) beobachtet. Sie treten etwas stärker bei Mädchen auf. Bei Jungen sind die nach außen gerichteten Störungen vorherrschend: Hyperaktivität, Gereiztheit, Aggressivität bis hin zu schweren Formen von körperlicher Gewalttätigkeit. Das Aufmerksamkeit-Defizit-Hyperaktivität-Syndrom (ADHS) ist ein Ausdruck von Störungen dieser Art. Es ist gekennzeichnet durch motorische Unruhe bei einer kurzen Aufmerksamkeitsspanne. Kindern fällt es schwer, eine begonnene Aufgabe oder ein Spiel zu Ende zu führen. Sie können sich nur für einen kurzen Zeitraum auf eine Aktivität konzentrieren und lassen sich leicht ablenken. Ihre Impulsivität macht es ihnen schwer, Gedanken und Ideen, die ihnen gerade in den Kopf kommen, zurückzuhalten und ihr Verhalten so zu steuern, dass es in den Rahmen der sozialen Situation passt.

- **Konsum psychoaktiver Substanzen.** Diese Variante des unzureichenden Bewältigungsverhaltens ist bei beiden Geschlechtern etwa gleich stark vertreten. Es handelt sich um ausweichendes Verhalten durch den Konsum von psychoaktiven Substanzen, etwa schmerzstillenden Arzneimitteln, Tabak und Alkohol, später auch illegalen Stoffen. Es sind Substanzen, mit denen die Kinder gewissermaßen »aus dem Felde gehen« und sich der Bearbeitung des Ausgangsproblems verweigern. Auch andere Suchtformen können hier eingeordnet werden, insbesondere Esssucht und Glücksspielsucht, die in den letzten Jahren gehäuft auftreten. Insgesamt zählen schätzungsweise zehn Prozent zu den gefährdeten Dauerkonsumenten.

Hintergründe und Ursachen der kindlichen Gesundheitsprobleme

Fehlsteuerungen des Immunsystems, des Ernährungsverhaltens, der sinnlichen Stimulierung und der psychosozialen Belastungsverarbeitung treten meist nicht isoliert voneinander auf, sondern in Überschneidungen und wechselseitigen Beziehungen. Insgesamt kommt es bei zwanzig bis dreißig Prozent der Kinder zu einer Besorgnis erregenden Fehlpassung zwischen den körperlich-physiologischen, psychisch-seelischen und sozial-ökologischen Systemen. Bei ihnen ist die Balance von Risiko- und Schutzfaktoren nachhaltig gestört, weil es zwischen den drei Systemen keine Gleichgewichtsbeziehung und keine befriedigenden Ausgleiche von Anspannungen und Entspannungen gibt. Wie erwähnt, spielt der Faktor »Bewegungsmangel« dabei eine wichtige Hintergrundrolle (Garmezy und Rutter 1983; Hurrelmann 1990; Hurrelmann und Bründel 1997).

- Viele der Gesundheitsstörungen haben eine milieubedingte Komponente. Krisen in der Familie (Trennung der Eltern, Arbeitslosigkeit, Verwahrlosung und Vernachlässigung der Kinder) und der Mangel an außerfamilialer Kinderbetreuung sind offenbar ein großes Risiko für die Gesundheit. Vor allem Kinder aus sozial schwachen Familien sind gefährdet (Smith und Rutter 1995). Dabei zeigt sich ein Zusammenhang mit schlechter materieller Lage, ungünstiger Wohnsituation und mangelhafter Struktur von Freizeitangeboten.
- Offensichtlich sind die Belastungen, die sich Kindern, Jugendlichen und Erwachsenen in sozial und materiell benachteiligten Familien stellen, von ihnen schwieriger zu bewältigen als in anderen Familien. Zugleich sind die Strategien der Bewältigung von Belastungen in diesen Familien weniger effizient (Lukesch, Perrez und Schneewind 1980, S. 173ff.).
- Deswegen sind ökonomische und soziale Unterstützungen dieser Familien dringend notwendig. Sie sollten durch gut abgestimmte, die familialen Defizite ausgleichende pädagogische Förderprogramme in Kindergarten und Schule ergänzt werden, die einen Akzent auf die Stärkung der Kompetenzen der Selbststeuerung und gesundheitssensiblen Lebensführung legen. Auch sollte ein aktives Erleben von selbst bestimmter Gemeinschaftserfahrung mit verbindlichen Umgangsformen und festen Regeln ermöglicht werden, weil die sozial benachteiligten Familien meist sozial zu schwach strukturiert sind, um ihren Kindern Partizipation und Verantwortung zu vermitteln.

Die gesundheitliche Situation der Kinder ist auch – wie in Kapitel 5.2 erläutert – wegen der zunehmend deutlich werdenden Auswirkungen von Umweltbelastungen gefährdet. Diese ökologischen Beeinträchtigungen treffen Kinder offensichtlich besonders stark. Durch die Belastung von Wasser, Boden, Luft und Nahrungsmitteln und durch Lärm sind die natürlichen Lebensbedingungen von Kindern und Jugendlichen erheblich geschädigt. Hier liegen Ursachen für viele der sich schnell ausbreitenden gesundheitlichen Beeinträchtigungen, zum Beispiel der Allergien von Haut und Schleimhäuten und Krankheitsbilder mit psychophysiologischem und chronischem Charakter. Kinder wachsen, um ein altes pädagogisches Bild zu verwenden, wie »Weinreben« auf, die das an Wasser, Luft und Boden für ihre Entwicklung verarbeiten, was sie aktuell in ihrer Umgebung vorfinden. Ist diese Umgebung belastet, dann spiegelt sich das in ihrer Befindlichkeit.

6.2 Interventionen in den Prozess der Sozialisation

Mit vermehrtem wissenschaftlichen Wissen über den Prozess der Sozialisation wächst auch das Wissen darüber, wie die Persönlichkeitsentwicklung eines Menschen durch gezielte Eingriffe direkt oder indirekt beeinflussbar ist. Indirekt vor allem durch die Gestaltung der sozialen und ökologischen Lebensbedingungen und der Interaktions- und Kommunikationsstrukturen in den sozialisationsrelevanten Organisationen, Institutionen und Systemen, direkt durch unmittelbare pädagogische und therapeutische Eingriffe in den Prozess der Verarbeitung der äußeren und der inneren Realität durch ein Individuum.

Formen der Intervention

Je genauer die Bedingungen und die Regelmäßigkeiten der Sozialisation bekannt sind, desto effektiver können Eingriffe (Interventionen) angesetzt werden. Sie werfen Fragen nach ihrer Wirkungsweise und Wirksamkeit auf: Ethisch, politisch und pädagogisch sind sie – wie aus den Überlegungen in diesem Buch zwingend abzuleiten ist – nur legitimierbar, wenn sie die Persönlichkeitsentwicklung eines Menschen fördern und die Voraussetzungen für das Gelingen der Sozialisation verbessern (Hurrelmann, Kaufmann und Lösel 1987).

Für alle Aktivitäten, die eingesetzt werden, um das Entstehen von abweichenden und störenden Verhaltensweisen zu vermeiden, den Verfestigungen dieses Verhaltens entgegenzuwirken und seine Nebenfolgen abzufangen, wird heute der Begriff »Intervention« verwendet. Aus sozialisationstheoretischer Perspektive müssen sich Interventionen sowohl auf die Beeinflussung der äußeren Realität (Umweltfaktoren) als auch der inneren Realität (personale Faktoren) richten. Personzentrierte Eingriffe, die direkt bei Individuen mit Störungen einsetzen, und kontextzentrierte Eingriffe, die sich auf die Umwelt dieser Personen beziehen, ergänzen sich.

- Die auf das Individuum zielenden Interventionen sind darauf gerichtet, die Kompetenzen einer Person so zu fördern, dass eine angemessene Auseinandersetzung mit den Anforderungen der Umwelt (wieder) möglich ist.
- Die kontextzentrierten Interventionen sollen so beschaffen sein, dass die soziale und ökologische Umwelt so verändert wird, dass sie für eine Person mit den ihr zur Verfügung stehenden Kompetenzen (wieder) bewältigbar ist (Hurrelmann, Kaufmann und Lösel 1987).

Für die Bezeichnung der kontextzentrierten Interventionen hat sich seit den 80er-Jahren auch der Begriff »Gesundheitsförderung« durchgesetzt. Von der Weltgesundheitsorganisation (WHO) in den 80er-Jahren entwickelt, wird hierunter eine bevölkerungsbezogene Strategie verstanden, die eine einseitige Betonung verhaltensbezogener Maßnahmen überwinden soll und auf die Entwicklung gesunder Lebensbedingungen abstellt.

- Institutionell gesehen setzt Gesundheitsförderung eine enge Verflechtung von medizinischem, psychologischem und pädagogischem Know-how voraus und verbindet organisatorische, räumliche und inhaltliche Bedingungen in Einrichtungen der Bildungs-, Jugend-, Familien- und Gemeindearbeit miteinander. Gesundheitsförderung bezeichnet die vorbeugenden Zugänge zu allen Strukturen, die die Lebensqualität von Menschen beeinflussen, wobei hygienische, medizinische, psychische, psychiatrische, kulturelle, soziale und ökologische Aspekte berücksichtigt werden (Hörmann 1997).
- Die WHO betont, dass Gesundheitsförderung eine gesundheitsgerechte Gestaltung der sozialen und natürlichen Umwelt anstrebt und zugleich jedem einzelnen Menschen die notwendigen

Kompetenzen vermitteln soll, um seine persönliche Gesundheit zu verbessern. Gesundheit wird als eine Voraussetzung für eine optimale Lebensqualität gewertet. Träger der Gesundheitsförderung können nicht nur professionelle Anbieter und Institutionen, sondern auch informelle Systeme sein.

- Die Verankerung der Gesundheitsförderung soll interprofessionell angelegt sein und sowohl die frei praktizierenden Ärzte, die Krankenhäuser, den öffentlichen Gesundheitsdienst als auch die Sozialarbeit, die Erwachsenenbildung sowie die schulische und die Kindergartenerziehung und die betriebliche Arbeit einbeziehen. Die Idealvorstellung der Gesundheitsförderung schließt eine gleichberechtigte und konstruktive Arbeitsteilung und Zusammenarbeit auf mehreren Ebenen und über mehrere Berufsgruppen ein.

Konzepte der primären, sekundären und tertiären Prävention

Konzepte der vorbeugenden Intervention (»Prävention«) gehen davon aus, prophylaktisch zu wirken, um möglichen Störungen der Persönlichkeitsentwicklung und Beeinträchtigungen der Gesundheit schon in einem frühen Stadium zuvorzukommen. Je früher Unterstützung und Hilfe einsetzen – so die leitende Idee –, desto eher kann der Verfestigung einer Störung und Beeinträchtigung und ihren möglichen Spätfolgen zuvorgekommen werden, zum Beispiel der Verstärkung der Leiden und nachfolgender sozialer Isolation und Stigmatisierung.

Von Caplan und Grunebaum (1977) sind diese Strategien in ein Verlaufsmodell der Belastungs-Bewältigungs-Prozesse als Sequenz von Lebensbedingungen, Risiken und Belastungen für die Persönlichkeitsentwicklung, gelungenen oder misslungenen Bewältigungsversuchen, Störungs- und Krankheitsmanifestationen und biopsychosozialen Folgen und Spätfolgen einbezogen worden. Je nachdem, zu welchem Zeitpunkt ein Eingriff einsetzt, wird er als primär, sekundär oder tertiär bezeichnet. Entsprechend ergeben sich folgende idealtypische Interventionsschritte:

- Die vorbeugende Intervention (»primäre Prävention«) bezieht sich auf die frühe und völlige Verhinderung des Auftretens von für die weitere Entwicklung negativ zu bewertenden Ereignissen wie körperlichen Krankheiten, psychosomatischen Beschwerden, psychosozialen Störungen und Drogenkonsum.
- Die kurative Intervention (»sekundäre Prävention«) bemüht sich darum, eingetretene Störungsereignisse zu korrigieren, abzuwenden oder zu heilen, um negative Folgen des Ereignisses für die weitere Entwicklung zu vermeiden. Diese negativen Folgen können in körperlicher Gebrechlichkeit, psychischem Leiden und sozialer Desintegration bestehen. Ziel der Intervention in diesem Stadium ist die Wiederherstellung einer guten Ausgangssituation für die Bewältigung von Risiken und Belastungen im Alltag.
- Die rehabilitative Intervention (»tertiäre Prävention«) ist die Anpassung an und der Ausgleich von Spätfolgen des negativ zu bewertenden Ereignisses. Hier geht es darum, dass sich Beeinträchtigungen und Störungen nicht weiter verfestigen, die auf den gesamten weiteren Lebensrhythmus ungünstige Auswirkungen haben können und den Gesamtzustand immer weiter verschlechtern. Auch geht es um einen Ersatz für den Ausgleich für Schäden, die bereits eingetreten sind, und um Hilfen, trotz der Störungen und Beeinträchtigungen noch ein erträgliches Leben führen zu können.

»Gesundheitsförderung« ist in dieser Logik eine »primordiale Intervention« und vorrangig durch bevölkerungs-, sozial- und gesundheitspolitische Maßnahmen allgemeiner Art gekennzeichnet, die sich auf die Verbesserung der Lebensbedingungen der gesamten Bevölkerung richten.

Beispiele für Präventionsprogramme

Theoretisch orientieren sich die meisten personzentrierten Programme zur Prävention von Störungen und Krankheiten in der psychologischen, pädagogischen und sozialarbeiterischen Praxis an dem in Abschnitt 6.1 erläuterten Belastungs-Bewältigungs-Modell, stehen also in einer engen Beziehung zu Sozialisationskonzepten. Leitidee ist, durch Interventionen eine Stärkung der positiven Ressourcen (Schutzfaktoren) bei der Bewältigung von krisenhaften Belastungen zu bewirken und hierdurch die persönlichen Verarbeitungsfähigkeiten und die Widerstandskräfte gegen psychische Verletzungen und soziale Beeinträchtigungen zu stärken. Außerdem sollen die Fähigkeiten zur Bewältigung der Risikofaktoren aufgebaut werden.

Im Anschluss an Röhrle und Sommer (1999) lassen sich die folgenden Ausrichtungen von präventiven Programmen unterscheiden:

- **Programme zum Aufbau von allgemeinen Fertigkeiten.** Hierbei handelt es sich um Interventionen, die verschiedene Kompetenzen von Kindern, Jugendlichen und Erwachsenen fördern, um damit gegen Risikofaktoren und Belastungssituationen gewappnet zu sein. Zu den Fertigkeiten gehören Entscheidungsfähigkeit, Problemlösen, kreatives Denken, kritisches Denken, effektive Kommunikation, interpersonelle Kontaktfähigkeit, Selbstwahrnehmung, Empathie, Bewältigung von widersprüchlichen Gefühlen und Bewältigung von Stress. Die Programme gehen von der Annahme aus, dass diese Kompetenzen einen wirksamen Schutz vor der Entstehung von körperlichen und psychischen Störungen bieten. Die Kompetenzen sollen belastungsunspezifisch entwickelt sein, um eine breite Nutzbarkeit bei verschiedensten Anspannungen – von psychischen Störungen über sozial abweichendes Verhalten bis zu körperlichen Beeinträchtigungen – zu gewährleisten. Beispiele sind Programme der frühen kompensatorischen Förderung der Entwicklung von Kindern bei ungünstigen familialen Lebensbedingungen, Übungen zur emotionalen Bewältigung von Belastungen, zum Aufbau von Selbstsicherheit, Übungen zur Entspannung und Rollenspiele zur Kontaktaufnahme. Die Erfahrungen mit diesen Programmen sind insgesamt positiv. Kinder mit Förderung sind leistungsorientierter, schulisch erfolgreicher und im sozialen und kommunikativen Bereich kompetenter und weniger verhaltensgestört und delinquent als andere (Albee und Gollutta 1997).

- **Programme zum Aufbau von belastungsspezifischen Fertigkeiten.** Diese Programme gehen auf besondere Belastungssituationen ein. So gibt es Programme zur Bewältigung von Trennung und Scheidung der Eltern, zum Tod eines Elternteils, zur Bewältigung der Übergänge von einer Lebensphase in eine andere (zum Beispiel bei Schulwechsel oder Arbeitslosigkeit) und Programme zur Bewältigung des sexuellen Missbrauchs. Auch diese Programme zeigen eine positive Bilanz, denn sie können in vielen Fällen erfolgreich Risiken minimieren und Verfestigungen von Störungen und krankhaften Entwicklungen vermeiden (Petermann 2000).
- **Programme mit gezielten und spezifischen Interventionen bei psychischen und körperlichen Krankheiten.** Hierunter fallen präventive Ansätze, die sich auf internalisierende und externalisierende psychische Verarbeitungsprobleme bei Kindern richten, so etwa Programme zur Prävention von Ängsten, Depressionen, suizidalen Tendenzen, Essstörungen, Verhaltensstörungen, Gewalt und Aggression, Delinquenz und Drogenmissbrauch. In diesem Bereich liegen in den letzten Jahren besonders gut abgesicherte Konzepte vor, die systematisch überprüft (evaluiert) wurden. Beim zuletzt genannten Beispiel der Prävention des Drogengebrauchs haben sich Programme bewährt, die aus einer Mischung von Information, Stärkung von Selbstwert, Gefühlsausdruck, Entscheidungsfähigkeit, Problemlösen und Beeinflussung des sozialen Umfelds bestehen. Die Berücksichtigung des »Settings« hat sich ganz allgemein in präventiven Programmen als wirksam erwiesen, weil hierdurch die auf das Verhalten zielenden Interventionsimpulse verstärkt und verstetigt werden können (Leppin, Hurrelmann und Petermann 2000). Zu den Programmen zählen auch solche, die auf spezifische Krankheitsbilder zielen, etwa zur Vorbeugung von Herz-Kreislauf-Erkrankungen, HIV-Infektionen und ungewollten Schwangerschaften.

Besonders für Kinder und Jugendliche wurden in den letzten Jahren viele Präventionsprogramme mit den drei Ausrichtungen entwickelt und erprobt. Aus den bisherigen Evaluationen kann abgelesen werden, dass vor allem jüngere Kinder im Vorschulalter und im Grundschulalter von den Programmen profitieren. Je früher die Kompetenzen zur Bewältigung von Belastungssituationen und sozialen Problemen geschult und gestärkt werden, desto günstiger sind nach diesen Untersuchungen die Auswirkungen auf die kognitive, soziale und emotionale Persönlichkeitsentwicklung der Kinder.

Die Evaluationsstudien zeigen übereinstimmend, wie wichtig die Unterstützung der verhaltensbezogenen Präventionsprogramme durch einen »Verhältnisbezug«, also durch die differenzierte Intervention in die sozialen und ökologischen Umweltbedingungen in Familie, Kindergarten, Schule, Jugendfreizeiteinrichtungen und kommunale Räume ist (kontextorientierte Intervention) und bestätigen damit die Grundannahmen der Sozialisationstheorie, die in Kapitel 1 vorgestellt wurden.

Literaturverzeichnis

Adorno, T.W. (1971): Erziehung zur Mündigkeit. Frankfurt: Suhrkamp.
Albee, G.W., Gollutta, T.P. (Eds.) (1997): Primary prevention works. Thousand Oaks: Sage.
Allerbeck, K., Hoag, W. (1985): Jugend ohne Zukunft? München: Piper.
Allert, T. (1998): Die Familie – Fallstudien zur Unverwüstlichkeit einer Lebensform. Berlin: de Gruyter.
Altvater, E., Huisken, F. (Hrsg.) (1971): Materialien zur politischen Ökonomie des Ausbildungssektors. Erlangen: Buchhandel und Verlag Politladen.
Antonovsky, A. (1979): Health, stress, and coping. London: Jossey Bass.
Apple, M.W. (1979): Ideology and curriculum. London: Routledge.
Aries, P. (1987): Geschichte der Kindheit. München: Piper.
Asendorpf, J.B. (1996): Psychologie der Persönlichkeit. Grundlagen. Berlin: Sigma.
Aufenanger, S. (1995): Wie Kinder und Jugendliche Gewalt im Fernsehen verstehen. In: Friedrichsen, M., Vowe, G. (Hrsg.): Gewaltdarstellungen in den Medien. Opladen: Westdeutscher Verlag, S. 228–234.
Baacke, D. (1983): Die 13- bis 18-jährigen. Einführung in Probleme des Jugendalters. Weinheim: Beltz.
Baacke, D. (1991): Die 6- bis 12-jährigen. Weinheim, Basel: Beltz.
Baacke, D. (1999): Jugend und Jugendkulturen. Darstellung und Deutung (3. Auflage). Weinheim: Juventa.
Baacke, D., Sander, U., Vollbrecht, R. (1991): Medienwelten Jugendlicher. Opladen: Leske und Budrich.
Badura, B., Pfaff, H. (1989): Stress, ein Modernisierungsrisiko? Kölner Zeitschrift für Soziologie und Sozialpsychologie, 41. Jg., H. 4, S. 644–668.
Baldwin, A.L. (1974): Theorien primärer Sozialisationsprozesse (Band 1 und 2). Weinheim, Basel: Beltz.
Baltes, P.B., Featherman, D.L., Lerner, R.M. (Eds.) (1988): Life-span development and behavior, Vol. 8. Hillsdale: Erlbaum.
Baltes, P.B., Reese, H.W., Lipsitt, L.P. (1980): Life-span developmental psychology. Annual Review of Psychology 31, S. 65–110.
Bandura, A. (1979): Sozial-kognitive Lerntheorie. Stuttgart: Klett.
Bandura, A. (Ed.) (1997): Self-efficacy in changing societys. New York: Cambridge University Press.

Bauer, M. (1992): Übergang zur Elternschaft. Erlebte Veränderungen. Psychologie in Erziehung und Unterricht 39, S. 96–108.

Bauer, U. (2002): Selbst- und/oder Fremdsozialisation? Zeitschrift für Soziologie der Erziehung und Sozialisation 22, S. 125–128.

Baumert, J., Lehmann, R. (Hrsg.) (1997): TIMSS – Mathematisch-naturwissenschaftlicher Unterricht im internationalen Vergleich. Opladen: Leske und Budrich.

Baumgart, F. (Hrsg.) (1997): Theorien der Sozialisation. Bad Heilbrunn: Klinkhardt.

Baumrind, D. (1966): Effects of authoritative parental control on child behavior. Child Development 32, S. 887–907.

Baumrind, D. (1989): Rearing competent children. In: W. Damon (Ed.): Child development today and tomorrow. San Francisco: Jossey Bass, S. 349–378.

Beck, U. (1986): Risikogesellschaft. Auf dem Weg in eine andere Moderne. Frankfurt a.M.: Suhrkamp.

Beck, U., Giddens, A., Lash, S. (1996): Reflexive Modernisierung. Eine Kontroverse. Frankfurt: Suhrkamp.

Beck-Gernsheim, E. (1998): Was kommt nach der Familie? München: Beck.

Becker, P. (1995): Seelische Gesundheit und Verhaltenskontrolle. Göttingen: Hogrefe.

Becker, R. (1998): Bildung und Lebenserwartung in Deutschland. Kölner Zeitschrift für Soziologie und Sozialpsychologie 27, S. 133–150.

Becker, R. (2000): Klassenlage und Bildungsentscheidungen. Kölner Zeitschrift für Soziologie und Sozialpsychologie 52, S. 450–474.

Beer, R. (2002): Das Modell des produktiv realitätserzeugenden Subjekts. Münster: Unveröffentliches Manuskript.

Behnken, I. (Hrsg.) (1990): Stadtgesellschaft und Kindheit im Prozess der Zivilisation. Opladen: Leske und Budrich.

Belsky, J., Lerner, R.M., Spanier, G.B. (1984): The child in the family. Reading, Mass.: Addison Wesley.

Berger, P.L., Luckmann, T. (1980): Die gesellschaftliche Konstruktion der Wirklichkeit. Frankfurt: Fischer.

Berger, P.A., Vester, M. (Hrsg.) (1998): Alte Ungleichheiten – Neue Spaltungen. Opladen: Leske und Budrich.

Bernstein, B. (1972): Studien zur sprachlichen Sozialisation. Düsseldorf: Schwann.

Bertram, H. (1981): Sozialstruktur und Sozialisation. Darmstadt: Luchterhand.

Bertram, H. (Hrsg.) (1995): Das Individuum und seine Familie. Opladen: Leske und Budrich.

Bilden, H. (1977): Das unhistorische Subjekt. Zur Kritik sozialisationstheoretischer Grundkonzepte. Weinheim: Juventa.

Bilden, H. (1991): Geschlechtsspezifische Sozialisation. In: Hurrelmann, K.,

Ulich, D. (Hrsg.): Neues Handbuch der Sozialisationsforschung (4. Auflage), Weinheim, Basel: Beltz, S. 279–301.

Bildungskommission NRW (1995): Zukunft der Bildung, Schule der Zukunft. Denkschrift. Neuwied: Luchterhand.

Birg, H. (2000): Perspektiven der Bevölkerungsentwicklung in Deutschland und Europa. Bielefeld: Unveröffentlichtes Manuskript.

Blossfeld, H.P., Mayer, K.U. (1991): Berufsstruktureller Wandel und soziale Ungleichheit. Kölner Zeitschrift für Soziologie und Sozialpsychologie 43, S. 671–696.

Blumer, H. (1969): Symbolic interactionism: Perspective and method. Englewood Cliffs: Prentice Hall.

Böhnisch, L. (2001): Sozialpädagogik der Lebensalter. Weinheim: Juventa.

Böhnisch, L., Lenz, K. (Hrsg.) (1997): Familien. Weinheim: Juventa.

Böhnisch, L., Schefold, W. (1991): Sozialisation durch sozialpädagogische Institutionen. In: Hurrelmann, K., Ulich, D. (Hrsg.): Neues Handbuch der Sozialisationsforschung. Weinheim: Beltz, S. 443–466.

Bommes, M., Scherr, A. (2000): Soziologie der sozialen Arbeit. Weinheim: Juventa.

Boudon, R. (1994): Education, opportunity and social inequality. New York: Wiley.

Bourdieu, P. (1981): Titel und Stelle. Über die Reproduktion sozialer Macht. Frankfurt a.M.: Europäische Verlags-Anstalt.

Bourdieu, P. (1993): Die feinen Unterschiede. Kritik der gesellschaftlichen Urteilskraft. Frankfurt a.M.: Suhrkamp.

Bourdieu, P., Passeron, J.-C. (1971): Die Illusion der Chancengleichheit. Untersuchungen zur Soziologie des Bildungswesens am Beispiel Frankreichs. Stuttgart: Klett-Cotta.

Bronfenbrenner, U. (1976): Ökologische Sozialisationsforschung. Stuttgart: Klett.

Bronfenbrenner, U. (1981): Die Ökologie der menschlichen Entwicklung. Stuttgart: Klett.

Bründel, H., Hurrelmann, K. (1996): Einführung in die Kindheitsforschung. Weinheim: Beltz.

Buchmann, M. (1989): The script of life in modern society. Chicago: University of Chicago Press.

Buggle, F. (1997): Die Entwicklungspsychologie Jean Piagets. Stuttgart, Berlin, Köln: Kohlhammer.

Bundesministerium für Familie, Senioren, Frauen und Jugend (1999): 10. Familienbericht. Bonn: BMFSFJ.

Burisch, M. (1989): Das Burnout-Syndrom. Heidelberg: Springer.

Busch, U.J. (1985): Interaktion und innere Natur. Sozialisationstheoretische Reflexionen. Frankfurt a.M.: Campus.

Caplan, G., Grunebaum, H. (1977): Perspektiven primärer Prävention. In:

Sommer, B., Ernst, (Hrsg.): Gemeindepsychologie. Therapie und Prävention in der sozialen Umwelt. München, S. 51–69.

Chasiotis, A. (1999): Kindheit und Lebenslauf. Untersuchungen zur evolutionären Psychologie der Lebensspanne. Bern: Huber.

Chess, S., Thomas, A. (1986): Temperament in clinical praxis. New York: Guilford.

Cicirelli, V.G. (1995): Sibling relationships across the life span. New York: Plenum Press.

Clausen, J.A. (1976): Die gesellschaftliche Konstitution individueller Lebensläufe. In: Hurrelmann, K. (Hrsg.): Sozialisation und Lebenslauf. Reinbek: Rowohlt, S. 203–220.

Cochran, M. (1990): Extending families. The social networks of parents and their children. New York: Cambridge University Press.

Cohen, S. (Ed.) (1991): Behavior, health, and environmental stress. New York: Plenum.

Colberg-Schrader, H., Derschau, D. von (1991): Sozialisationsfeld Kindergarten. In: Hurrelmann, K., Ulich, D. (Hrsg.): Neues Handbuch der Sozialisationsforschung. Weinheim: Beltz, S. 335–353.

Coleman, J.S. (1988): Social capital in the creation of human capital. American Journal of Sociology (Supplement) 94, S. 95–120.

Collins, R. (1979): The credential society. A historical sociology of education and stratification. New York: Academic Press.

Corsaro, W.A. (1999): The sociology of childhood. Thousand Oaks: Pine Press.

Cote, J. (2000): Arrested adulthood. The changing nature of maturity and identity. New York: New York University Press.

Cowan, C.P., Cowan, P.A. (1994): Wenn Partner Eltern werden. Der große Umbruch im Leben des Paares. München: Piper.

Damon, W. (1984): Die soziale Welt des Kindes. Frankfurt a.M.: Suhrkamp.

Dausien, B. (Hrsg.) (1999): Erkenntnisprojekt Geschlecht. Feministische Perspektiven verwandeln Wissenschaft. Opladen: Leske und Budrich.

Deutsche Shell (2000): Jugend 2000. Opladen: Leske und Budrich.

Deutsches Pisa-Konsortium (Hrsg.) (2002): PISA 2000. Opladen: Leske und Budrich.

Deutsches Jugendinstitut (1994): Orte für Kinder. München: DJI-Verlag.

Dippelhofer-Stiem, B. (1995): Sozialisation in ökologischer Perspektive. Eine Standortbestimmung am Beispiel der frühen Kindheit. Opladen: Leske und Budrich.

Ditton, H. (1992): Ungleichheit und Mobilität durch Bildung. Weinheim: Juventa.

Döbert, R., Nunner-Winkler, H. (1975): Adoleszenzkrise und Identitätsbildung. Frankfurt a.M.: Suhrkamp.

Doise, W., Palmonari, A. (Eds.) (1984): Social interaction and individual development. Cambridge: University Press.
Dollase, R. (1985): Entwicklung und Erziehung. Stuttgart: Klett.
Dreeben, R. (1980): Was wir in der Schule lernen. Frankfurt a.M.: Suhrkamp.
Dubiel, H. (2001): Kritische Theorie der Gesellschaft. Weinheim: Juventa.
DuBois-Reymond, M., Büchner, P., Ecarius, J., Fuchs, B., Krüger, H.H. (1994): Kinderleben. Opladen: Leske und Budrich.
Durkheim, E. (1972): Erziehung und Soziologie. Düsseldorf: Schwann (französisches Original 1907).
Ecarius, J. (1996): Individualisierung und soziale Reproduktion im Lebensverlauf. Konzepte der Lebenslaufforschung. Opladen: Leske und Budrich.
Edelstein, W. (1999): Soziale Selektion, Sozialisation und individuelle Entwicklung. In: Grundmann, M. (Hrsg.): Konstruktivistische Sozialisationsforschung. Frankfurt a.M.: Suhrkamp, S. 35–52.
Edelstein, W., Habermas, J. (Hrsg.) (1984): Soziale Interaktion und soziales Verstehen. Frankfurt a.M.: Suhrkamp.
Edelstein, W., Hoppe-Graff, S. (1993): Die Konstruktion kognitiver Strukturen: Perspektiven einer konstruktivistischen Entwicklungspsychologie. Bern: Huber.
Eder, D. (1995): School talk. Gender and adolescent culture. New Brunswick: Rutgers University Press.
Eickelpasch, R. (1998): Struktur oder Kultur? Konzeptionelle Probleme der soziologischen Lebensstilanalyse. In: Hillebrandt, F., Kneer, G., Kraemer, K. (Hrsg.): Verlust der Sicherheit. Opladen: Westdeutscher Verlag, S. 9–25.
Eisenstadt, S.N. (1966): Von Generation zu Generation. Altersgruppen und Sozialstruktur. München: Juventa.
Elder, G. (2000): Das Lebensverlaufs-Paradigma: Sozialer Wandel und individuelle Entwicklung. In: Grundmann, M., Lüscher, K. (Hrsg.): Sozialökologische Sozialisationsforschung. Ein anwendungsorientiertes Lehr- und Studienbuch. Konstanz: UVK, S. 167–199.
Elias, N. (1987): Die Gesellschaft der Individuen. Frankfurt a.M.: Suhrkamp.
Endruweit, G. (2000): Milieu und Lebensstil – Nachfolger des Schichtenkonzepts? München und Mering: Hampp.
Engel, U., Hurrelmann, K. (1989): Psychosoziale Belastung im Jugendalter. Berlin, New York: De Gruyter.
Engel, U., Hurrelmann, K. (1992): Was Jugendliche wagen. Weinheim: Juventa.
Engstler, H. (1997): Die Familie im Spiegel der amtlichen Statistik. Bonn: Bundesministerium für Familie, Senioren, Frauen und Jugend.
Erikson, E. (1973): Identität und Lebenszyklus. Frankfurt a.M.: Suhrkamp.
Erikson, R., Jonsson, J.O. (Hrsg.) (1996): Can education be equalized? Boulder: Westview Press.
Esser, H. (1993): Soziologie. Frankfurt: Campus.
Faltermaier, T. (1987): Lebensereignisse und Alltag. München: Profil.

Faulstich-Wieland, H. (1995): Geschlecht und Erziehung. Grundlagen des pädagogischen Umgangs mit Mädchen und Jungen. Darmstadt: Wissenschaftliche Buchgesellschaft.

Faulstich-Wieland, H. (2000): Individuum und Gesellschaft. Sozialisationstheorien und Sozialisationsforschung. München: Oldenbourg.

Fehr, R. (2001): Ökologische Gesundheitsforschung. Bern: Huber.

Fend, H. (1969): Sozialisierung und Erziehung. Weinheim: Beltz.

Fend, H. (1976): Sozialisationseffekte der Schule. Weinheim: Beltz.

Fend, H. (1980): Theorie der Schule. München: Urban und Schwarzenberg.

Fend, H. (1988): Sozialgeschichte des Aufwachsens. Frankfurt a.M.: Suhrkamp.

Fend, H. (1991): Identitätsentwicklung in der Adoleszenz. Bern: Huber.

Fend, H. (2000): Entwicklungspsychologie des Jugendalters. Opladen: Leske und Budrich.

Ferchhoff, W. (1999): Jugend an der Wende vom 20. zum 21. Jahrhundert. Opladen: Leske und Budrich.

Flaake, K., King, V. (Hrsg.) (1992): Weibliche Adoleszenz – Zur Sozialisation junger Frauen. Frankfurt a.M.: Campus.

Flammer, A. (1996): Entwicklungstheorien. Psychologische Theorien menschlicher Entwicklung. Bern: Huber.

Fölling-Albers, M. (2000): Entscholarisierung von Schule und Scholarisierung von Freizeit? Zeitschrift für Soziologie der Sozialisation und Erziehung 20, S. 118–131.

Fölling-Albers, M., Hopf, A. (1995): Auf dem Weg vom Kleinkind zum Schulkind. Eine Langzeitstudie zum Aufwachsen in verschiedenen Lebensräumen. Opladen: Leske und Budrich.

Foucault, M. (1984): Überwachen und Strafen. Die Geburt des Gefängnisses. Frankfurt a.M.: Suhrkamp.

Freud, S. (1953): Abriss der Psychoanalyse. Frankfurt a.M.: Fischer.

Freud, S. (1960): Das Ich und das Es. Frankfurt: Fischer.

Frey, H.P. (1974): Theorie der Sozialisation, Integration von system- und rollentheoretischen Aussagen in einem mikrosoziologischen Ansatz. Stuttgart: Enke.

Frey, H.P., Hausser, K. (Hrsg.) (1987): Identität. Entwicklungen psychologischer und soziologischer Forschungen. Stuttgart. Enke.

Fromm, E., Horkheimer, M., Mayer, H., Marcuse, H. (1936): Autorität und Familie. Paris: Felix Aclan.

Fromme, J., Kommer, S., Mansel, J. (1999): Selbstsozialisation, Kinderkultur und Mediennutzung. Opladen: Leske und Budrich.

Fthenakis, W.E. (1985): Väter. 2 Bd.. München: Urban und Schwarzenberg.

Fthenakis, W.E. (1995): Kindliche Reaktionen auf Trennung und Scheidung. In: Familiendynamik 20, N. 2, S. 127–154.

Furth, H.G. (1990): Wissen als Leidenschaft. Eine Untersuchung über Freud und Piaget. Frankfurt: Suhrkamp.

Gaiser, W., de Rijke, J. (2001): Gesellschaftliche Beteiligung der Jugend. Aus Politik und Zeitgeschichte 44, S. 8–15.

Garbarino, J., Schellenbach, C.J., Sebes, J.M. (1986): Troubled youth, troubled families. New York: Aldine de Gruyter.

Garmezy, N., Rutter, M. (Eds.) (1983): Stress, coping, and development in children. New York: Aldine de Gruyter.

Garz, D. (1994): Sozialpsychologische Entwicklungstheorien. Von Mead, Piaget und Kohlberg bis zur Gegenwart. Opladen: Leske und Budrich.

Geißler, R. (1979): Die Sozialisationstheorie von Talcott Parsons. Anmerkungen zur Parsons-Rezeption in der deutschen Soziologie. Kölner Zeitschrift für Soziologie und Sozialpsychologie. 31. Jg., H. 3, S. 267–281.

Gerris, J.R., Grundmann, M. (2002): Reziprozität, Qualität von Familienbeziehungen und die intergenerationale Transmission von Beziehungskompetenz. Zeitschrift für Soziologie der Sozialisation und Erziehung 22, S. 3–24.

Geulen, D. (1973): Thesen zur Metatheorie der Sozialisation. In: Walter, H. (Hrsg.): Sozialisationsforschung. Band I: Erwartungen, Probleme, Theorieschwerpunkte. Stuttgart: Frommann-Holzboog, S. 85–101.

Geulen, D. (1977): Das vergesellschaftete Subjekt. Zur Grundlegung der Sozialisationstheorie. Frankfurt a.M.: Suhrkamp.

Geulen, D. (1987): Zur Integration von entwicklungspsychologischer Theorie und empirischer Sozialisationsforschung. Zeitschrift für Sozialisationsforschung und Erziehungssoziologie 7, S. 2–25.

Geulen, D. (1991): Die historische Entwicklung sozialisationstheoretischer Ansätze. In: Hurrelmann, K., Ulich, D. (Hrsg.): Neues Handbuch der Sozialisationsforschung. Weinheim: Beltz, S. 21–54.

Geulen, D., Hurrelmann, K. (1980): Zur Programmatik einer umfassenden Sozialisationstheorie. In: Hurrelmann, K., Ulrich, D. (Hrsg.): Handbuch der Sozialisationsforschung. Weinheim: Beltz, S. 51–70.

Giddens, A. (1999): Soziologie. Graz: Nausner und Nausner.

Gildemeister, R., Wetterer, A. (1992): Wie Geschlechter gemacht werden. Die soziale Konstruktion der Zweigeschlechtlichkeit und ihre Reifizierung in der Frauenforschung. In: Knapp, G.-A., Wetterer, A. (Hrsg.): Traditionen – Brüche. Entwicklungen feministischer Theorie. Freiburg: Kore, S. 201–254.

Gilgenmann, K. (1986): Autopoiesis und Selbstsozialisation. Zur systemtheoretischen Rekonstruktion von Sozialisationstheorie. Zeitschrift für Sozialisationsforschung und Erziehungssoziologie 6, S. 71–90.

Gille, M., Krüger, W. (Hrsg.) (2000): Unzufriedene Demokraten. Opladen: Leske und Budrich.

Gilligan, C. (1999): Die andere Stimme. Lebenskonflikte und Moral der Frau (5. Aufl.). München, Zürich: Pieper.

Ginsburg, H.P., Opper, S. (1998): Piagets Theorie der geistigen Entwicklung. Stuttgart: Kohlhammer.

Glasersfeld, von E. (1996): Radikaler Konstruktivismus. Frankfurt a.M.: Suhrkamp.

Gloger-Tippelt, G. (1995): Veränderungen der Partnerschaft nach der Geburt des ersten Kindes. Psychologie in Erziehung und Unterricht 42, S. 255–269.

Goffman, E. (1967): Stigma. Über Techniken der Bewältigung beschädigter Identitäten. Frankfurt a.M.: Suhrkamp.

Goffman, E. (1973): Interaktion, Spaß am Spiel, Rollendistanz. München: Piper.

Goffman, E. (1996): Wir alle spielen Theater. Die Selbstdarstellung im Alltag. München: Piper.

Gollin, E.S. (1981): Developmental plasticity. New York: Academic Press.

Gomille, C. (1991): Bio-psycho-soziale Entwicklung und Normalität. Ein programmatischer Vorschlag. Zeitschrift für Sozialisationsforschung und Erziehungssoziologie 11, S. 104–126.

Görlitz, D., Harloff, H.J., Mey, G., Valsiner, J. (Eds.) (1998): Childhood, citys, and psychological theories. Berlin: De Gruyter.

Goslin, D.A. (Ed.) (1969): Handbook of socialization theory and research. Chicago: Rand McNally.

Gottlieb, B.H. (1983): Social support strategies. Beverly Hills: Sage.

Gray, M.R., Steinberg, L. (1999): Unpacking authoritative parenting. Reassessing a multidimensional construct. Journal of Marriage and the Family 61, S. 574–587.

Grimm, J. (1999): Fernsehgewalt. Zuwendungsattraktivität, Erregungsverläufe, Sozialer Effekt. Opladen: Westdeutscher Verlag.

Groeben, M., Hurrelmann, B. (Hrsg.) (2002): Lesekompetenz. Weinheim: Juventa.

Grundmann, M. (1992): Familienstruktur und Lebensverlauf. Historische und gesellschaftliche Bedingungen individueller Entwicklung. Frankfurt a.M.: Campus.

Grundmann, M. (1994): Das »Scheitern« der sozialstrukturellen Sozialisationsforschung oder frühzeitiger Abbruch einer fruchtbaren Diskussion? Zeitschrift für Sozialisationsforschung und Erziehungssoziologie 14, 2, S. 163–186.

Grundmann, M. (Hrsg.) (1999): Konstruktivistische Sozialisationsforschung. Lebensweltliche Erfahrungskontexte, individuelle Handlungskompetenzen und die Konstruktion sozialer Strukturen. Frankfurt a.M.: Suhrkamp.

Grundmann, M., Lüscher, K. (Hrsg.) (2000): Sozialökologische Sozialisationsforschung. Konstanz: UVK.

Grüneisen, V., Hoff. E.U. (1978): Familienerziehung und Lebenssituation. Der Einfluss der Lebensbedingungen und Arbeitererfahrungen auf Erziehungseinstellungen und Erziehungsverhalten von Eltern. Weinheim: Beltz.

Habermas, J. (1973a): Kultur und Kritik. Frankfurt: Suhrkamp.
Habermas, J. (1973b): Stichworte zu einer Theorie der Sozialisation. In: Habermaas, J.: Kultur und Kritik. Frankfurt a.M.: Suhrkamp, S. 118–194.
Habermas, J. (1976): Zur Rekonstruktion des historischen Materialismus. Frankfurt a.M.: Suhrkamp.
Habermas, J. (1981): Theorie des kommunikativen Handelns. 2 Bd.. Frankfurt a.M.: Suhrkamp.
Hagemann-White, C. (1984): Sozialisation: männlich – weiblich? Opladen: Leske und Budrich.
Harms, G., Mannkopf, L. (Hrsg.) (1989): Spiel- und Lebensraum Großstadt. Berlin: Fipp-Vertrieb.
Harris, J.R. (2000): Ist Erziehung sinnlos? Die Ohnmacht der Eltern. Reinbek bei Hamburg: Rowohlt.
Haußer, K. (1983): Identitätsentwicklung. New York: Harper and Row.
Häußermann, H., Siebel, W. (1996): Soziologie des Wohnens. Weinheim: Juventa.
Havighurst, R.J. (1981): Developmental tasks and education. New York: Longman.
Heinz, W.R. (1991): Berufliche und betriebliche Sozialisation. In: Hurrelmann, K., Ulich, D. (Hrsg.): Neues Handbuch der Sozialisationsforschung. Weinheim: Beltz, S. 397–416.
Heinz, W.R., Krüger, H. (2001): Life course. Innovation and challenges for social research. Current Sociology 49, S. 29–45.
Heinze, T. (2001): Qualitative Sozialforschung. München: Oldenbourg.
Heitmeyer, W. (1987): Rechtsextremistische Orientierungen bei Jugendlichen. Weinheim, München: Juventa.
Heitmeyer, W. (1995): Gewalt. Schattenseiten der Individualisierung bei Jugendlichen aus unterschiedlichen Milieus. Weinheim, München: Juventa.
Heitmeyer, W., Olk, T. (Hrsg.) (1990): Individualisierung von Jugend. Weinheim, München: Juventa.
Helfferich, C. (1994): Jugend, Körper und Geschlecht. Opladen: Leske und Budrich.
Hentig, H. v. (1973): Schule als Erfahrungsraum? Stuttgart: Klett.
Herlth, A., Brunner, E.J., Tyrell, H., Kriz, J. (Hrsg.) (1994): Abschied von der Normalfamilie? Partnerschaft kontra Elternschaft. Heidelberg: Springer.
Hettlage, R. (2000): Individualisierung, Postfamilialisierung. Zeitschrift für Familienforschung 12, S. 72–97.
Hildenbrand, B. (1999): Fallrekonstruktive Familienforschung. Opladen: Leske und Budrich.
Hildenbrand, B. (2001): Der abwesende Vater als strukturelle Herausforderung in der familialen Sozialisation. In: Walter, H. (Hrsg.): Der Mann als Vater. Gießen: Psychosozialverlag, S. 20–32.

Hofer, M., Klein-Allermann, E., Noack, P. (1992): Familienbeziehungen. Eltern und Kinder in der Entwicklung. Göttingen: Hogrefe.

Hoff, E.-H. (1986): Arbeit, Freizeit und Persönlichkeit: Wissenschaftliche und alltägliche Vorstellungsmuster. Bern: Huber.

Hoffmann-Lange, U. (1995): Jugend und Demokratie in Deutschland. Opladen: Leske und Budrich.

Holtappels, H.G. (1994): Ganztagsschule und Schulöffnung. Weinheim, München: Juventa.

Honig, M.S. (1999): Entwurf einer Theorie der Kindheit. Frankfurt a.M.: Suhrkamp.

Hopf, C. (1995): Familie und Rechtsextremismus. Weinheim: Juventa.

Hörmann, G. (1997): Von der Gesundheitsaufklärung zur Gesundheitsförderung. In: Seelbach, H., Kugler, J., Neumann, W. (Hrsg.): Von der Krankheit zur Gesundheit. Bern: Huber, S. 73–86.

Horstkemper, M., Kraul, M. (Hrsg.) (1999): Koedukation. Erbe und Chancen. Weinheim: Beltz.

Hradil, S. (1999): Soziale Ungleichheit in Deutschland. Opladen: Leske und Budrich 1999.

Huber, L. (1991): Sozialisation in der Hochschule. In: Hurrelmann, K., Ulich, D. (Hrsg.): Neues Handbuch der Sozialisationsforschung. Weinheim: Beltz, S. 417–441.

Huber, G.L., Mandl, H. (1991): Kognitive Sozialisation. In: Hurrelmann, K., Ulich, D. (Hrsg.): Neues Handbuch der Sozialisationsforschung. Weinheim: Beltz, S. 511–530.

Hurrelmann, K. (1975): Erziehungssystem und Gesellschaft. Reinbek: Rowohlt.

Hurrelmann, K. (Hrsg.) (1976): Sozialisation und Lebenslauf. Reinbek: Rowohlt.

Hurrelmann, K. (1983): Das Modell des produktiv realitätsverarbeitenden Subjekts in der Sozialisationsforschung. Zeitschrift für Sozialisationsforschung und Erziehungssoziologie 3, S. 91–103.

Hurrelmann, K. (1988): Social structure and personality development. New York: Cambridge University Press.

Hurrelmann, K. (1989): Warteschleifen. Keine Berufs- und Zukunftsperspektiven für Jugendliche? Weinheim: Beltz.

Hurrelmann, K. (1990): Familienstress, Schulstress, Freizeitstress. Gesundheitsförderung für Kinder und Jugendliche. Weinheim, Basel: Beltz.

Hurrelmann, K. (1998): Lebensphase Jugend. Weinheim, München: Juventa.

Hurrelmann, K. (2000): Gesundheitssoziologie. Weinheim: Juventa.

Hurrelmann, K., Bründel, U. (1997): Drogengebrauch – Drogenmissbrauch. Darmstadt: WBG.

Hurrelmann, K., Engel, U. (Eds.) (1990): The social world of adolescents. Berlin, New York: De Gruyter.

Hurrelmann, K., Kaufmann, F.-X., Lösel, F. (Eds.) (1987): Social Intervention. Berlin: De Gruyter.

Hurrelmann, K., Laaser, U. (Hrsg.) (1998): Handbuch Gesundheitswissenschaften. Weinheim: Juventa.

Hurrelmann, K., Ulich, D. (Hrsg.) (1991): Neues Handbuch der Sozialisationsforschung. Weinheim: Beltz.

Hurrelmann, K., Wolf, H.K. (1986): Schulerfolg und Schulversagen im Jugendalter. Weinheim: Juventa.

Inglehart, R. (1989): Kultureller Umbruch. Wertwandel in der westlichen Welt. Frankfurt a.M.: Campus.

Joas, H. (1980): Praktische Intersubjektivität. Die Entwicklung des Werkes von G.H. Mead. Frankfurt a.M.: Suhrkamp.

Joas, H. (1991): Rollen- und Interaktionstheorien in der Sozialisationsforschung. In: Hurrelmann, K., Ulich D. (Hrsg.): Neues Handbuch der Sozialisationsforschung. Weinheim, Basel: Beltz, S. 137–152.

Kamper, D. (Hrsg.) (1974): Sozialisationstheorie. Freiburg: Herder.

Karabal, J., Halsey, A.H. (Eds.) (1977): Power and ideology in education. New York: Oxford University Press.

Kärtner, G., Otto, E., Wahler, P. (1986): Berufliche Sozialisation im Zeitverlauf. In: Hurrelmann K. (Hrsg.): Lebenslage, Lebensalter, Lebenszeit. Weinheim: Beltz, S. 104–122.

Kasten, H. (1999): Einzelkinder – Aufwachsen ohne Geschwister. Berlin: Springer.

Kaufmann, F.-X. (1990): Zukunft der Familie. München: Beck.

Kaufmann, F.-X., Herlth, A., Strohmeier, K.P. (1980): Sozialpolitik und familiale Sozialisation. Stuttgart: Kohlhammer.

Keller, H. (Hrsg.) (1990): Handbuch der Kleinkindforschung. Berlin: Springer.

Keller, M. (1976): Kognitive Entwicklung und soziale Kompetenz. Stuttgart: Klett.

Keupp, H., Höfer, R. (1997): Identitätsarbeit heute. Klassische und aktuelle Perspektiven der Identitätsforschung. Frankfurt a.M.: Suhrkamp.

Keupp, H., Röhrle, B. (Hrsg.) (1987): Soziale Netzwerke. Frankfurt a.M.: Campus.

Kieselbach, T., Wacker, A. (1991): Bewältigung von Arbeitslosigkeit im sozialen Kontext. Weinheim: Deutscher Studienverlag.

Klewes, J. (1983): Retroaktive Sozialisation. Weinheim: Beltz.

Klocke, A., Hurrelmann, K. (Hrsg.) (2001): Kinder und Jugendliche in Armut. Wiesbaden: Westdeutscher Verlag.

Koch-Riotte, B. (1999): Gesunde Schule auch für Lehrerinnen und Lehrer. In: Rolff, H.G. (Hrsg.): Handbuch Gesundheit und Schulentwicklung. Stuttgart: Raabe, S. 73–90.

Köckeis-Stangl, E. (1980): Methoden der Sozialisationsforschung. In: Hurrelmann, K., Ulich, D. (Hrsg.): Handbuch der Sozialisationsforschung. Weinheim: Beltz, S. 321–370.

Kohlberg, L.E. (Hrsg.) (1974): Zur kognitiven Entwicklung des Kindes. Frankfurt a.M.: Suhrkamp.

Kohli, M. (1991): Lebenslauftheoretische Ansätze in der Sozialisationsforschung. In: Hurrelmann, K., Ulich, D. (Hrsg.): Neues Handbuch der Sozialisationsforschung. Weinheim: Beltz, S. 303–319.

Kohli, M., Szydlic, M. (Hrsg.) (2000): Generationen in Familie und Gesellschaft. Opladen: Leske und Budrich.

Kohn, M.L. (1981): Persönlichkeit, Beruf und soziale Schichtung. Stuttgart: Klett-Cotta.

Kohn, M.L., Schooler, C. (Eds.) (1983): Work and personality. Norwood: Ablex.

Kolip, P. (1997): Geschlecht und Gesundheit. Opladen: Leske und Budrich.

Kolip, P., Hurrelmann, K., Schnabel, P.E. (Hrsg.) (1995): Jugend und Gesundheit. Weinheim: Juventa.

Konietzka, D. (1999): Ausbildung und Beruf. Wiesbaden: Westdeutscher Verlag.

Krais, B. (1996): Bildungsexpansion und soziale Ungleichheit in der Bundesrepublik Deutschland. In: Bolder, A., Rodax, K. (Hrsg.): Die Wiederentdeckung der Ungleichheit. Opladen: Leske und Budrich, S. 118–146.

Krappmann, L. (1969): Soziologische Dimensionen der Identität. Stuttgart: Klett.

Krappmann, L. (1985): Mead und die Sozialisationsforschung. In: Joas, H. (Hrsg.): Das Problem der Intersubjektivität. Frankfurt a.M.: Suhrkamp, S. 156–178.

Krappmann, L. (1991): Sozialisation in der Gruppe der Gleichaltrigen. In: Hurrelmann, K., Ulich, D. (Hrsg.): Neues Handbuch der Sozialisationsforschung. Weinheim: Beltz, S. 355–375.

Krappmann, L., Oswald, H. (1995): Alltag der Schulkinder. Beobachtungen und Analysen von Interaktionen und Sozialbeziehungen. Weinheim: Juventa.

Kreckel, R. (1998): Klassentheorie am Ende der Klassengesellschaft. In: Berger, P.A., Vester, M. (Hrsg.): Alte Ungleichheiten – Neue Spaltungen. Opladen: Leske und Budrich, S. 31–47.

Kreppner, K. (1991): Sozialisation in der Familie. In: Hurrelmann, K., Ulich, D. (Hrsg.): Neues Handbuch der Sozialisationsforschung. Weinheim: Beltz, S. 321–334.

Kreppner, K. (1999): Beziehung und Entwicklung in der Familie: Kontinuität und Diskontinuität bei der Konstruktion von Erfahrungswelten. In: Grundmann, H. (Hrsg.): Konstruktivistische Sozialisationsforschung. Frankfurt a.M.: Suhrkamp.

Krewer, B., Eckensberger, L.H. (1991): Selbstentwicklung und kulturelle Iden-

tität. In: Hurrelmann, K., Ulich, D. (Hrsg.): Handbuch der Sozialisationsforschung. Weinheim, Basel: Beltz, S. 573–594.
Kromrey, H. (1998): Empirische Sozialforschung. Opladen: Leske und Budrich.
Krüger, H.H. (Hrsg.) (1993): Handbuch der Jugendforschung. Opladen: Leske und Budrich.
Krüger, H.H., Grundmann, G., Köttgers, C. (2000): Jugendliche Lebenswelten und Schulentwicklung. Opladen: Leske und Budrich.
Kunczik, M. (1994): Medien und Gewalt. Köln u.a.: Böhlau.
Kürthy, T. (1988): Geschlechtsspezifische Sozialisation. 2 Bd.. Paderborn: Schöningh.
Lamb, M.E. (Ed.) (1976): The role of the father in child development. New York: Wiley.
Lange, E. (1997): Jugendkonsum im Wandel. Opladen: Leske und Budrich.
Laosa, L.M., Sigel, I.E. (Eds.) (1982): Families as learning environments for children. New York: Plenum.
Lauterbach, W., Sacher, M. (2001): Erweiterungseinstieg und erste Erwerbsjahre. Kölner Zeitschrift für Soziologie und Sozialpsychologie 53, 2, S. 258–282.
Lazarus, R.S., Folkman, S. (1984): Stress, appraisal and coping. New York: Springer.
Lazarus, R.S., Launier, R. (1978): Stress-related transactions between person and environment. In: Pervin, L., Lewis, M. (Eds.): Perspectives in interactional psychology. New York: Plenum, S. 287–327.
Lempert, W. (1982): Moralische Urteilsfähigkeit. Zeitschrift für Sozialisationsforschung und Erziehungssoziologie 2, S. 113–126.
Lenk, H. (1986): Zwischen Wissenschaftstheorie und Sozialwissenschaft. Frankfurt a.M.: Suhrkamp.
Leontjew, A.N. (1979): Tätigkeit, Bewusstsein, Persönlichkeit. Berlin, DDR: Volk und Wissen.
Leppin, A., Hurrelmann, K., Petermann, H. (Hrsg.) (2000): Jugendliche und Altagsdrogen. Neuwied: Luchterhand.
Lerner, R.M., Busch-Rossnagel, N.A. (Eds.) (1981): Individuals as producers of their development. A life-span perspective. New York: Academic Press.
Leu, H.R., Krappmann, L. (Hrsg.) (1999): Zwischen Autonomie und Verbundenheit. Bedingungen und Formen der Behauptung von Subjektivität. Frankfurt a.M.: Suhrkamp.
Liebau, E. (1987): Gesellschaftliches Subjekt und Erziehung. Zur pädagogischen Bedeutung der Sozialisationstheorien von Pierre Bourdieu und Ulrich Oevermann. Weinheim, München: Juventa.
Liegle, L. (1991): Kulturvergleichende Ansätze in der Sozialisationsforschung. In: Hurrelmann, K., Ulich, D. (Hrsg.): Neues Handbuch der Sozialisationsforschung. Weinheim: Beltz, S. 215–230.

Lindesmith, A.R., Strauss, A.L. (1974): Symbolische Bedingungen der Sozialisation. Düsseldorf: Schwann.

Lorenzer, A. (1972): Zur Begründung einer materialistischen Sozialisationstheorie. Frankfurt a.M.: Suhrkamp.

Luckmann, T. (1979): Persönliche Identität, soziale Rolle und Rollendistanz. In: Marquard, O., Stierle, K. (Hrsg.): Identität. München: Fink, S. 102–122.

Luhmann, N. (1984): Soziale Systeme. Grundriss einer allgemeinen Theorie. Frankfurt a.M.: Suhrkamp.

Luhmann, N. (1987): Sozialisation und Erziehung. In: Luhmann, N.: Soziologische Aufklärung 4. Opladen: Westdeutscher Verlag, S. 173–181.

Lukesch, H., Perrez, M., Schneewind, K.A. (Hrsg.) (1980): Familiale Sozialisation und Intervention. Bern: Huber.

Lüscher, K., Schultheis, F. (Hrsg.) (1993): Generationsbeziehungen in postmodernen Gesellschaften. Konstanz: Universitätsverlag.

Lüscher, K., Schultheis, F., Wehrspaun, M. (Hrsg.) (1988): Die postmoderne Familie. Familiale Strategie und Familienpolitik im Übergang. Konstanz: Universitätsverlag.

Maccoby, E.E. (1992): The role of parents in the socialization of children: A historical overview. Developmental Psychology, 28, S. 133–146.

Magnusson, D., Allen, V.L. (Eds.) (1984): Human development. An interactional perspective. New York: Academic Press.

Mahler, M.S. (1985): Studien über die ersten drei Lebensjahre. Stuttgart: Klett-Cotta.

Maier, H.W. (1983): Drei Theorien der kindlichen Entwicklung. New York: Harper and Row – UTB.

Mansel, J. (1995): Sozialisation in der Risikogesellschaft. Neuwied: Luchterhand.

Mansel, J., Hurrelmann, K. (1991): Alltagsstress bei Jugendlichen. Weinheim, München: Juventa.

Markefka, M., Nauck, B. (Hrsg.) (1993): Handbuch der Kindheitsforschung. Neuwied: Luchterhand.

Marx, K. (1966): Ökonomisch-philosophische Manuskripte (Original 1844). In: Marx, K.: Texte zu Methode und Praxis 11. Reinbek: Rowohlt, S. 7–133.

Maturana, H.R., Varela, F.J. (1987): Der Baum der Erkenntnis. Die biologischen Wurzeln der menschlichen Erkenntnis. Bern: Scherz.

McMahon, W.W. (1999): Education and development. Measuring the social benefits. Oxford: Oxford University Press.

Mead, G.H. (1968): Geist, Identität und Gesellschaft. Frankfurt a.M.: Suhrkamp (amerikan. Original 1934).

Melzer, W., Sünker, H. (Hrsg.) (1989): Wohl und Wehe der Kinder. Weinheim: Juventa.

Merten, K. (1999): Gewalt durch Gewalt im Fernsehen? Opladen: Westdeutscher Verlag.

Mertens, W. (1991): Psychoanalytische Theorien und Forschungsbefunde. In: Hurrelmann, K., Ulich, D. (Hrsg.): Neues Handbuch der Sozialisationsforschung. Weinheim, Basel: Beltz, S. 77–97.

Meulemann, H. (1995): Die Geschichte einer Jugend. Wiesbaden: Westdeutscher Verlag.

Michailow, M. (1994): Lebensstil und soziale Klassifizierung. In: Dangschat, J., Blasius, J. (Hrsg.): Lebensstile in den Städten. Opladen: Leske und Budrich, S. 27–46.

Mielck, A. (2000): Soziale Ungleichheit und Gesundheit. Bern: Huber.

Miller, A. (1979): Das Drama des begabten Kindes. Frankfurt: Suhrkamp.

Miller, M., Weissenborn, J. (1991): Sprachliche Sozialisation. In: Hurrelmann, K., Ulich, D. (Hrsg.): Neues Handbuch der Sozialisationsforschung. Weinheim: Beltz, S. 531–549.

Mingers, J. (1995): Self-producing systems. London: Plenum Press.

Mitscherlich, A. (1963): Auf dem Weg zur vaterlosen Gesellschaft. München: Beck.

Möller, K. (2000): Rechte Kids. Eine Langzeitstudie über Auf- und Abbau rechtsextremistischer Orientierungen bei 13- bis 15-jährigen. Weinheim: Juventa.

Montada, L. (1998): Die geistige Entwicklung aus der Sicht Jean Piagets. In: Oerter, R., Montada, L.: Entwicklungspsychologie (4. Aufl.). Weinheim: Beltz, S. 518–560.

Mühlbauer, K.-R. (1980): Sozialisation. Eine Einführung in Theorie und Praxis. München: Fink.

Münch, R. (1988): Theorie des Handelns. Frankfurt: Suhrkamp.

Myrtek, M., Scharff, C. (2000): Fernsehen, Schule und Verhalten. Bern: Hans Huber Verlag.

Myschker, N. (1994): Verhaltensstörungen bei Kindern und Jugendlichen. Stuttgart: Kohlhammer.

Napp-Peters, A. (1985): Ein-Elternteil-Familien. Weinheim: Juventa.

Napp-Peters, A. (1995): Familien nach der Scheidung. München: Pieper.

Nauck, B. (2001): Der Wert von Kindern für ihre Eltern. Kölner Zeitschrift für Soziologie und Sozialpsychologie 53, S. 407–435.

Nauck, B., Schönpflug, U. (Hrsg.) (1997): Familien in verschiedenen Kulturen. Stuttgart: Enke.

Nave-Herz, R. (1994): Familie heute – Wandel der Familienstrukturen und Folgen für die Erziehung. Darmstadt: WBG.

Nave-Herz, R., Markefka, M. (Hrsg.) (1989): Handbuch der Familien- und Jugendforschung. Bd. 1. Neuwied: Luchterhand.

Neidhardt, F. (Hrsg.) (1975): Frühkindliche Sozialisation. Stuttgart: Enke.

Nestmann, F. (1989): Die alltäglichen Helfer. Berlin: De Gruyter.

Nestmann, F., Hurrelmann, K. (Eds.) (1994): Social networks and social support in childhood and adolescence. Berlin, New York: De Gruyter.

Nestvogel, R. (1999): Sozialisation im Weltsystem. Zeitschrift für Soziologie der Sozialisation und Erziehung 19, S. 388–404.

Neubauer, G., Hurrelmann, K. (Eds.) (1996): Individualization in childhood and adolescence. Berlin, New York: De Gruyter.

Neumann-Braun, K., Müller-Doohm, S. (2000): Medien- und Kommunikationssoziologie. Weinheim: Juventa.

Neuland, E. (1975): Sprachbarrieren oder Klassensprache? Frankfurt a.M.: Fischer.

Niederberger, J.M. (1984): Organisationssoziologie der Schule. Stuttgart: Enke.

Niepel, G. (1994): Allein Erziehende. Abschied von einem Klischee. Opladen: Leske und Budrich.

Nickel, H. (1985): Sozialisation im Vorschulalter. Weinheim: VCH.

Nitsch, J.R. (Hrsg.) (1981): Stress. Theorien, Untersuchungen, Maßnahmen. Bern: Huber.

Nunner-Winkler, G. (1991): Ende des Individuums oder autonomes Subjekt? In: Helsper, W. (Hrsg.): Jugend zwischen Moderne und Postmoderne. Opladen: Leske und Budrich, S. 113–119.

Oelkers, J. (2001): Einführung in die Theorie der Erziehung. Weinheim: Beltz.

Oerter, R., Montada, L. (Hrsg.) (1998): Entwicklungspsychologie. Ein Lehrbuch (4. Aufl.). Weinheim: Psychologie Verlagsunion.

Oevermann, U. (1975): Beobachtungen zur Struktur der sozialisatorischen Interaktion. In: Lepsius, M. (Hrsg.): Zwischenbilanz der Soziologie. Stuttgart: Enke, S. 274–294.

Oevermann, U. (1976): Programmatische Überlegungen zu einer Theorie der Bildungsprozesse und zur Strategie der Sozialisationsforschung. In: Hurrelmann, K. (Hrsg.): Sozialisation und Lebenslauf. Reinbek: Rowohlt, S. 34–52.

Oevermann, U. (1979): Sozialisationstheorie. Ansätze zu einer soziologischen Sozialisationstheorie und ihre Konsequenzen für die allgemeine soziologische Analyse. Kölner Zeitschrift für Soziologie und Sozialpsychologie (Sonderbd. 21), S. 143–168.

Oevermann, U. (1976): Die sozialstrukturelle Einbettung von Sozialisationsprozessen: Empirische Ergebnisse zur Ausdifferenzierung des globalen Zusammenhangs von Schichtzugehörigkeit und gemessener Intelligenz sowie Schulerfolg. Zeitschrift für Soziologie. 5. Jg., H. 2, S. 167–199.

Ogburn, W.F. (1969): Kultur und sozialer Wandel. Neuwied: Luchterhand.

Opp, G., Fingerle, M., Freytag, A. (Hrsg.) (1999): Was Kinder stärkt. Erziehung zwischen Risiko und Resilienz. München: Reinhardt.

Ottomeyer, K. (1991): Gesellschaftstheorien in der Sozialisationsforschung. In: Hurrelmann, K., Ulich, D. (Hrsg.): Neues Handbuch der Sozialisationsforschung. Weinheim, Basel: Beltz, S. 153–186.

Palentien, C., Hurrelmann, K. (Hrsg.) (1998): Jugend und Politik. Neuwied: Luchterhand.

Parsons, T. (1951): The social system. New York: The Free Press.
Parsons, T. (1968a): Sozialstruktur und Persönlichkeit. Frankfurt a.M.: Suhrkamp.
Parsons, T. (1968b): Die Schulklasse als soziales System. In: Parsons, T.: Sozialstruktur und Persönlichkeit. Frankfurt a.M.: Fachbuchhandlung für Psychologie, S. 161–193.
Parsons, T. (1976): Zur Theorie sozialer Systeme. Opladen: Westdeutscher Verlag.
Parsons, T., Platt, G.M. (1976): Alter, Sozialstruktur und Sozialisation. In: Hurrelmann, K. (Hrsg.): Sozialisation und Lebenslauf. Reinbek: Rowohlt, S. 196–202.
Pawlow, I.P. (1960): Conditioned reflex. New York: Dover Publications.
Pearlin, L. (1987): The stress process and strategies of intervention. In: Hurrelmann, K., Kaufmann, F.-X., Lösel, F. (Eds.): Social intervention. Potential and constraints. Berlin: De Gruyter, S. 53–72.
Pekrun, R., Fend, H. (Hrsg.) (1991): Schule und Persönlichkeitsentwicklung. Stuttgart: Enke.
Persell, C.H. (1977): Education and inequality. New York: The Free Press.
Petermann, F. (Hrsg.) (2000): Handbuch der klinischen Kinderpsychologie und Kindertherapie. Göttingen: Hogrefe.
Petzold, M. (1991): Paare werden Eltern. München: Quintessenz Verlag.
Piaget, J. (1972): Psychologie der Intelligenz. Olten: Walter.
Piaget, J. (1983): Das moralische Urteil beim Kinde. Stuttgart: Klett-Cotta.
Piaget, J., Inhelder, B. (1977): Die Psychologie des Kindes. Frankfurt a.M.: Fischer.
Picht, G. (1964): Die deutsche Bildungskatastrophe. Analyse und Dokumentation. Olten: Walter.
Plake, K. (1981): Die Sozialisationsorganisationen. Opladen: Westdeutscher Verlag.
Plomin, R. (1986): Development, genetics, and psychology. Hillsdale: Erlbaum.
Regenbogen, A. (1998): Sozialisation in den 90er-Jahren. Opladen: Leske und Budrich.
Reichle, B. (1994): Die Geburt des ersten Kindes – eine Herausforderung für die Partnerschaft. Bielefeld: Kleine Verlag.
Remschmidt, H. (Hrsg.) (1997): Psychotherapie im Kinder- und Jugendalter. Stuttgart: Thieme.
Röhrle, B., Sommer, G. (Hrsg.) (1999): Prävention und Gesundheitsförderung. Band I. Tübingen: DGVT.
Rolff, H.-G. (1980): Sozialisation und Auslese durch die Schule (9. Aufl.). Heidelberg: Quelle und Meyer.
Rolff, H.-G. (1992): Die Schule als besondere soziale Organisation. Zeitschrift für Sozialisationsforschung und Erziehungssoziologie 4, 12, S. 306–324.

Rolff, H.-G., Zimmermann, P. (1990): Kindheit im Wandel. Eine Einführung in die Sozialisation im Kindesalter. Weinheim: Beltz.

Rosenmayr, L., Kolland, F. (Hrsg.) (1988): Arbeit – Freizeit – Lebenszeit. Opladen: Westdeutscher Verlag.

Rosemann, B., Bielski, S. (2000): Einführung in die pädagogische Psychologie. Weinheim: Beltz.

Ross, E.A. (1896): Social control. American Journal of Sociology 1, S. 5–16.

Rowe, D.C. (1997): Genetik und Sozialisation. Die Grenzen der Erziehung. Weinheim: Psychologie Verlags Union.

Rutter, M. (1980): Fünfzehntausend Stunden. Weinheim: Beltz.

Rutter, M. (1989): Studies of psychosocial risk. New York: Cambridge University Press.

Schaeffer, D., Moers, M. (2000): Pflege bei chronischen Krankheiten. In: Rennen-Allhoff, B., Schaeffer, D. (Hrsg.): Handbuch Pflegewissenschaft. Weinheim: Juventa, S. 447–484.

Schimank, U. (2000): Handeln und Strukturen. Weinheim: Juventa.

Schimpl-Neimanns, B. (2000): Soziale Herkunft und Bildungsbeteiligung. Kölner Zeitschrift für Soziologie und Sozialpsychologie 52, S. 636–669.

Schmerl, C. (1978): Sozialisation und Persönlichkeit. Stuttgart: Enke.

Schmidt-Denter, K. (1994): Soziale Entwicklung. Weinheim: PVU.

Schnabel, P.E. (2001): Familie und Gesundheit. Weinheim: Juventa.

Schneewind, K.A. (1982): Persönlichkeitspsychologien. Darmstadt: WBG.

Schneewind, K.A. (Hrsg.) (1994): Psychologie der Erziehung und Sozialisation. Göttingen: Hogrefe.

Schneewind, K.A. (1999): Familienpsychologie. Stuttgart: Kohlhammer.

Schneewind, K.A., Beckmann, H., Engfer, A. (1983): Eltern und Kinder. Umwelteinflüsse auf das familiäre Verhalten. Stuttgart: Kohlhammer.

Schorb, B., Mohn, E., Theunert, H. (1991): Sozialisation durch (Massen-)Medien. In: Hurrelmann, K., Ulich, D. (Hrsg.): Neues Handbuch der Sozialisationsforschung. Weinheim: Beltz, S. 493–508.

Schorb, B., Theunert, H. (2001): Jugendmedienschutz. Berlin: Sigma.

Schulenberg, J., Maggs, J.L., Hurrelmann, K. (Eds.) (1997): Health Risks and Developmental Transitions During Adolescence. New York: Cambridge University Press.

Schulze, H.-J., Künzler, J. (1991): Funktionalistische und systemtheoretische Ansätze in der Sozialisationsforschung. In: Hurrelmann, K., Ulich, D. (Hrsg.): Neues Handbuch der Sozialisationsforschung. Weinheim, Basel: Beltz, S. 121–136.

Schwarz, B. (1999): Die Entwicklung Jugendlicher in Scheidungsfamilien. Weinheim: Beltz.

Seiler, T.B. (1991): Entwicklung und Sozialisation: Eine strukturgenetische Sichtweise. In: Hurrelmann, K., Ulich, D. (Hrsg.): Neues Handbuch der Sozialisationsforschung. Weinheim: Beltz, S. 99–119.

Selye, H. (1984): Stress – mein Leben. Frankfurt: Fischer.

Sennett, R. (1997): Der flexible Mensch. Berlin: Rowohlt.

Seve, L. (1977): Marxismus und Theorie der Persönlichkeit. Frankfurt a.M.: Verlag Marxistische Blätter.

Sigel, I.E., Laosa, L.M. (Eds.) (1983): Changing families. New York: Plenum.

Silbereisen, R. (1986): Entwicklung als Handlung im Kontext. Zeitschrift für Sozialisationsforschung und Erziehungssoziologie 6, S. 29–46.

Skinner, B.F. (1973): Wissenschaft und menschliches Verhalten. München: Kindler.

Smith, D.J., Rutter, M. (1995): Psychological disorders in young people. Chichester: John Wiley.

Stapf, K.H., Herrmann, T., Stapf, A., Stäcker, K.H. (1972): Psychologie des elterlichen Erziehungsstils. Bern: Huber.

Stecher, L. (1999): Bildungsehrgeiz der Eltern, soziale Lage und Schulbesuch der Kinder. In: Silbereisen, R.K., Zinnecker, J. (Hrsg.): Entwicklung im sozialen Wandel. Weinheim: Juventa, S. 337–356.

Stein, R. (2000): Familiensoziologische Skizzen über die vaterlose Gesellschaft. Zeitschrift für Familienforschung 12, S. 49–71.

Steinberg, L., Mounts, N.S., Lamborn, S.D., Dornbusch, S.M. (1991): Authoritative parenting and adolescent adjustment across varied ecological niches. Journal of Research on Adolescence 1, S. 19–36.

Steinberg, L., Lamborn, S.D., Darling, N., Mounts, N.S., Dornbusch, S.M. (1994): Over-time changes in adjustment and competence among adolescents from authoritative, authoritarian, indulgent and neglectful families. Child Development, 65, S. 754–770.

Steinhausen, H.C. (Hrsg.) (2001): Entwicklungsstörungen im Kindes- und Jugendalter. Stuttgart: Kohlhammer.

Steinkamp, G. (1991): Sozialstruktur und Sozialisation. In: Hurrelmann, K., Ulich D. (Hrsg.): Neues Handbuch der Sozialisationsforschung. Weinheim: Beltz, S. 251–277.

Strasser, H., Dederichs, A.M. (2000): Die Restrukturierung der Klassengesellschaft: Elemente einer zeitgenössischen Ungleichheitstheorie. Berliner Journal für Soziologie. 10. Jg., H. 1, S. 79–98.

Strauss, A.L., Corbin, J. (1996): Grounded Theory. Grundlagen qualitativer Sozialforschung. Weinheim: PVU.

Struck, P. (1994): Schulreport. Reinbek: Rowohlt.

Sulloway, F.J. (1997): Der Rebell der Familie. Berlin: Siedler.

Sutter, T. (1997): Bildungsprozesse des Subjekts. Opladen: Westdeutscher Verlag.

Sutter, T. (1999a): Strukturgenese und Interaktion. In: Grundmann, M. (Hrsg.): Konstruktivistische Sozialisationsforschung. Frankfurt: Suhrkamp, S. 53–79.

Sutter, T. (1999b): Systeme und Subjektstrukturen. Zur Konstitutionstheorie des interaktionistischen Konstruktivismus. Opladen: Westdeutscher Verlag.

Tausch, R., Tausch, A.M. (1965): Entwicklungspsychologie. Göttingen: Hogrefe.

Tillmann, K.-J. (2000): Sozialisationstheorien. Eine Einführung in den Zusammenhang von Gesellschaft, Institution und Subjektwerdung. Reinbek: Rowohlt.

Uhlendorff, H. (2001): Erziehung im sozialen Umfeld. Opladen: Leske und Budrich.

Ulich, D. (1991): Zur Relevanz verhaltenstheoretischer Lern-Konzepte für die Sozialisationsforschung. In: Hurrelmann, K., Ulich, D. (Hrsg.): Neues Handbuch der Sozialisationsforschung. Weinheim, Basel: Beltz, S. 57–75.

Ulich, D., Kapfhammer, H.-P. (1991): Sozialisation der Emotionen. In: Hurrelmann, K., Ulich, D. (Hrsg.): Neues Handbuch der Sozialisationsforschung. Weinheim: Beltz, S. 551–571.

Ulich, K. (1991): Schulische Sozialisation: In: Hurrelmann, K., Ulich, D. (Hrsg.): Neues Handbuch der Sozialisationsforschung. Weinheim: Beltz, S. 377–398.

Ulich, K. (2001): Einführung in die Sozialpsychologie der Schule. Weinheim: Beltz.

Unverzagt, G., Hurrelmann, K. (2001): Konsumkinder. Freiburg: Herder.

Vanderstraeten, R. (2000): Autopoiesis and socialization: On Luhmann's reconceptualization of communication and socialization. British Journal of Sociology, 51. Jg., H. 3, S. 581–598.

Vaskovics, L.A. (Hrsg.) (1997): Familienleitbilder und Familienrealitäten. Opladen: Leske und Budrich.

Veith, H. (1996): Theorien der Sozialisation. Frankfurt a.M., New York: Campus.

Veith, H. (2001): Das Selbstverständnis des modernen Menschen. Frankfurt: Campus.

Vester, M. (2001): Soziale Milieus im gesellschaftlichen Strukturwandel. Zwischen Integration und Ausgrenzung. Frankfurt a.M.: Suhrkamp.

Visher, E.B., Visher, J.S. (1987): Stiefeltern, Stiefkinder und ihre Familien. München: Psychologie Verlags Union.

Vollbrecht, R. (2001): Einführung in die Medienpädagogik. Weinheim: Beltz.

Voss, G. (2000): Unternehmer der eigenen Arbeitskraft. Zeitschrift für Soziologie der Erziehung und Sozialisation 20, S. 149–166.

Vygotzky, L.S. (1986): Denken und Sprechen. Frankfurt: Fischer.

Wagner, H.-J. (1993): Sinn als Grundbegriff in den Konzeptionen von George Herbert Mead und Pierre Bourdieu. Ein kritischer Vergleich. In: Gebauer, G., Wulf, Ch. (Hrsg.): Praxis und Ästhetik. Neue Perspektiven im Denken Pierre Bourdieus. Frankfurt a.M.: Suhrkamp, S. 317–340.

Waldron, H., Routh, K. (1991): The effect of the first child on the marital relationship. Journal of Marriage and the Family 43, S. 785–788.

Wallerstein, J.S., Blakeslee, S. (1989): Gewinner und Verlierer. Frauen, Männer und Kinder nach der Scheidung. München: Drömer-Knaur.

Walper, S. (1988): Familiäre Konsequenzen ökonomischer Deprivation. München: Psychologische Verlags Union.

Walper, S., Schwarz, B. (Hrsg.) (1999): Was wird aus den Kindern? Weinheim: Juventa.

Walter, H. (Hrsg.) (1973): Sozialisationsforschung, 3 Bände. Stuttgart: Frommann-Holzboog.

Walter, H. (Hrsg.) (1981): Region und Sozialisation. 2 Bd. Stuttgart: Frommann-Holzboog.

Watson, J.B. (1913): Psychology as a behaviourist views it. Psychological Review 20, S. 157–158.

Weber, M. (1972): Wirtschaft und Gesellschaft. Tübingen: Mohr.

Weinert, F.E. (Hrsg.) (1996): Psychologie des Unterrichts und der Schule. Göttingen: Hogrefe.

Wenzel, E. (Hrsg.) (1986): Die Ökologie des Körpers. Frankfurt a.M.: Suhrkamp.

Werner, E., Smith, R. (1982): Vulnerable but invincible: A longitudinal study of resilient children and youth. New York: McGraw-Hill.

West, C., Zimmerman, D.H. (1991): Doing gender. In: Lorber, J., Farell, S.A. (Hrsg.): The social construction of gender. Newbury Park, London, New Delhi: Sage, S. 13–37.

Willems, H. (1993): Fremdenfeindliche Gewalt. Opladen: Leske und Budrich.

Wrong, D.H. (1961): The oversocialized conception of man in modern sociology. American Sociological Review 26, N. 2, S. 183–193.

Wurzbacher, G. (Hrsg.) (1963): Der Mensch als soziales und personales Wesen. Beiträge zu Begriff und Theorie der Sozialisation. Stuttgart: Enke.

Zeiher, H. (1996): Kinder in der Gesellschaft und Kindheit in der Soziologie. Zeitschrift für Soziologie der Sozialisation und Erziehung 1, S. 26–46.

Zeiher, H.J., Zeiher, H. (1994): Orte und Zeiten der Kinder. Weinheim: Juventa.

Ziegler, F. (1990): Kinder als Opfer von Gewalt. Bern: Haupt.

Zimmermann, P. (2000): Grundwissen Sozialisation. Opladen: Leske u. Budrich.

Zinnecker, J. (1975): Der heimliche Lehrplan. Weinheim, München: Juventa.

Zinnecker, J., Silbereisen, R. (1996): Kindheit in Deutschland. Weinheim: Juventa.

Zinnecker, J. (2000): Selbstsozialisation. Zeitschrift für Soziologie der Sozialisation und Erziehung 20, 3, S. 272–290.

Personenverzeichnis

Sachregister